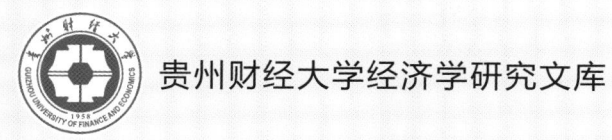
贵州财经大学经济学研究文库

国际投资与贸易规则研究
——基于市场产权视角

龚征旗 / 著

中国社会科学出版社

图书在版编目（CIP）数据

国际投资与贸易规则研究：基于市场产权视角/龚征旗著.—北京：中国社会科学出版社，2017.9
ISBN 978-7-5203-1145-8

Ⅰ.①国… Ⅱ.①龚… Ⅲ.①国际贸易—研究 ②国际投资—研究 Ⅳ.①F74 ②F831.6

中国版本图书馆 CIP 数据核字（2017）第 239107 号

出 版 人	赵剑英
责任编辑	卢小生
责任校对	周晓东
责任印制	王 超

出　版	中国社会科学出版社
社　址	北京鼓楼西大街甲 158 号
邮　编	100720
网　址	http：//www.csspw.cn
发 行 部	010-84083685
门 市 部	010-84029450
经　销	新华书店及其他书店
印　刷	北京明恒达印务有限公司
装　订	廊坊市广阳区广增装订厂
版　次	2017 年 9 月第 1 版
印　次	2017 年 9 月第 1 次印刷

开　本	710×1000　1/16
印　张	15.5
插　页	2
字　数	216 千字
定　价	80.00 元

凡购买中国社会科学出版社图书，如有质量问题请与本社营销中心联系调换
电话：010-84083683
版权所有　侵权必究

摘　　要

　　20世纪80年代以来，国际投资与贸易的浪潮汹涌澎湃。国际投资与贸易通过全球的资源配置而促进生产增长，财富增加，这是正面效应，但是，在国际投资与贸易全球化过程中，由于收入分配不公导致全球贫富差距的扩大以及由此而带来的种种弊端和灾难，许多发展中国家在全球化过程中并没有得到所希望的发展；相反，它们遭遇到更多的危险、更多的损害。所以，必须建立合理的国际投资与贸易的国际经济新秩序来促进全球化的健康发展。正如江泽民2000年9月7日在出席"联合国千年首脑会议"分组讨论会上说，我们需要世界各国"共赢"的经济全球化。他认为，所有国家都应该是经济全球化的受益者。江泽民指出，经济全球化关键在于建立公正合理的国际经济新秩序。而联合国理应在这方面发挥自己的作用，尽可能使各国都有权平等地参与世界经济的决策和规则的制定，建立新的、合理的国际投资与贸易规则。那么，国际投资与贸易的本质是什么？国际投资与贸易新秩序应该如何建立？国际投资与贸易规则应该如何建立和完善？

　　在以往加强科技创新和拓展市场空间等研究的基础上，从维护市场竞争交易关系中的正当权益的视角（"市场产权"的视角）研究国际投资与贸易规则无疑具有十分重要的意义。为此，以"市场产权"范畴为起点建构一个市场产权理论假说，并以此为基础，建立一个关于国际投资与贸易规则的理论和应用分析新框架，成为本书的主要内容。

　　本书力图在现有研究成果的基础上进行新的探索，进一步丰富、发展和完善市场产权的理论及其应用，填补产权理论研究领域的一个空白。把市场产权理论和国际投资与贸易理论结合，丰富国际投资与贸易理论，并在此基础上提出基于市场产权的国际投资与贸易规则理论。为国际投资与贸易规则问题的研究提供新的理论基础和分析框架。希望对于丰富和发展政治经济学、世界经济学和国际贸易学与投资等学科体系建设有所裨益。

本书分为六章。

第一章首先分析本书的研究背景并提出问题，然后分析本书研究的意义，最后指出了本书的基本思路、研究方法与创新之处。

第二章对与本书相关的理论文献进行归纳。首先，提出产权理论和市场产权理论，分析产权理论的产生及其在中国的发展。同时归纳市场产权理论的提出和意义。20世纪80年代后期，西方产权理论开始进入中国。产权理论作为一门独立的研究学科在中国经济体制改革中兴起。自90年代以来，中国逐步形成了产权理论研究的高潮。西方产权理论模型强调交易费用的比较、市场机制的发挥和私有产权的精细化或明晰化，虽然开展了宏观产权研究并拓宽了研究视野，但更多的是注重个别案例的研究，没有进一步拓宽对产权理论与实践研究的视野，忽视了对微观产权赖以存在的基础和实现条件即宏观产权、"大产权"或"基础产权"——"市场产权"问题的研究。为此，曾繁华教授提出了市场产权理论。在对市场产权理论的研究方面，目前除曾繁华教授之外，很少有人对该问题进行更深入的研究，因此，重视市场产权理论相关内容的研究，填补了产权理论研究领域的一个空白。其次，对国际贸易和国际投资理论进行归纳和总结。

第三章首先对市场产权理论进行比较详细的阐述，分析市场产权的内涵、市场产权的构成要素和市场产权的三种基本形式。然后对市场产权和国际投资与贸易的关系进行总体上分析，并提出相关的理论。

第四章着重从市场产权角度对当前国际投资规则进行分析，首先归纳当前国际投资格局的基本特征，然后分析当前国际投资过程中存在的一些不公平的表现，最后从市场产权角度对当前国际投资规则中的问题进行总结和完善。

第五章试着从市场产权角度对国际贸易规则进行分析，首先总结当前国际贸易格局的特征，然后针对当前国际投资过程中存在的一些不公平的表现进行分析，最后从市场产权角度对当前国际贸易规则提出完善的建议。

第六章提出基于市场产权的国际投资与贸易规则对策。从软规则来看，首先要给予外商国民待遇，完善国际投资与贸易规则；其次积极参与区域经济一体化组织合作与规则博弈；最后努力完善"游戏规则"，极力谋求中国在全球市场经营权收益最大化。从硬规则来看，首先，在宏观政策层面，构建创新型国家，以科技创新驱动经济增长。其次，在中观产业层面，大力发展民族产业并提升其全球技术垄断竞争力。目的是对内维护国内市场安全，对外全力扩张中国产业全球市场经营权网络。最后，在微观企业层面，提出要全力支持企业技术创新，以核心知识产权引领全球投资与贸易，并以核心知识产权为基石，构建中国企业的国际投资与贸易网络。

目　录

第一章　导论 … 1

第一节　研究背景及问题的提出 … 1
一　跨国公司全球投资与贸易扩张已危及中国产业安全 … 2
二　国际投资与贸易"游戏规则"的完善已提上议事日程 … 10

第二节　选题研究的重大意义 … 11
一　理论意义 … 11
二　现实意义 … 12

第三节　研究思路、研究方法及创新之处 … 13
一　研究思路 … 13
二　研究方法 … 13
三　创新之处 … 14

第二章　相关理论文献综述 … 17

第一节　产权和市场产权理论 … 17
一　西方产权理论 … 17
二　国内产权理论研究 … 18
三　市场产权理论的提出 … 21

第二节　国际贸易相关理论 … 23
一　古典国际贸易理论 … 23

二　新古典国际贸易理论 …………………………………………… 28
　　　三　现代国际贸易理论 ……………………………………………… 31
　　　四　国际贸易保护理论与政策 …………………………………… 38
　第三节　国际直接投资相关理论 ……………………………………… 42
　　　一　国际直接投资微观理论 ……………………………………… 42
　　　二　国际直接投资宏观理论 ……………………………………… 50
　　　三　发展中国家对外直接投资理论 ……………………………… 56
　　　四　相关理论评述 …………………………………………………… 58

第三章　国际投资与贸易规则的市场产权分析 …………………… 60

　第一节　市场产权理论概述 …………………………………………… 60
　　　一　市场产权的内涵及主体属性 ………………………………… 60
　　　二　市场产权的组成要素 ………………………………………… 67
　　　三　市场产权的三种基本形式 …………………………………… 73
　　　四　市场产权成本经济学分析 …………………………………… 77
　第二节　国际投资与贸易规则的市场产权要素分析 ……………… 81
　　　一　市场所有权和国际投资与贸易规则 ………………………… 82
　　　二　市场经营权和国际投资与贸易规则 ………………………… 84
　　　三　市场占有权和国际投资与贸易规则 ………………………… 87
　　　四　市场收益权和国际投资与贸易规则 ………………………… 89

第四章　基于市场产权的国际投资规则 ……………………………… 94

　第一节　当代国际投资格局特征分析 ………………………………… 94
　　　一　发达国家是国际直接投资的主要力量 ……………………… 94
　　　二　国际直接投资规模呈波浪式增长趋势 ……………………… 95
　　　三　跨国公司成为国际直接投资的主导力量，国际
　　　　　战略联盟势不可当 …………………………………………… 96
　　　四　国际直接投资自由化仍在继续，但保护主义
　　　　　渐趋显现 ………………………………………………………… 97

五　发展中国家吸引和利用外资能力有所提升，
　　　　但依旧处于弱势地位 ································· 98
　　六　跨国并购仍是国际直接投资增长的主要驱动
　　　　因素 ··· 102
　　七　国际直接投资向知识经济转型，跨国公司
　　　　本土化趋势增强 ·· 103
第二节　当代国际直接投资不公平性的表现 ··············· 106
　　一　跨国公司全球生产网络的市场垄断性 ··········· 106
　　二　国际并购中的市场垄断分析 ·························· 113
　　三　国际直接投资中的技术垄断分析 ··················· 120
第三节　市场产权与国际投资规则完善 ······················ 126
　　一　国际直接投资自由化应该以维护国家市场安全为
　　　　前提 ··· 126
　　二　国际直接投资技术转移应该以提升当地技术能力
　　　　为次目标 ·· 133

第五章　基于市场产权的国际贸易规则 ························ 140

第一节　当代国际贸易格局特征分析 ·························· 140
　　一　发展中国家地位上升 ······································ 141
　　二　区域贸易成为主流 ··· 141
　　三　服务贸易迅速发展 ··· 142
　　四　产业内贸易成为主要方式 ······························ 142
　　五　贸易保护主义升温 ··· 142
第二节　当代国际贸易不公平性的表现 ······················ 143
　　一　南北贸易体现的劳动分工差异 ······················ 143
　　二　产业内贸易与公司内贸易及其消极影响 ······· 145
　　三　非关税壁垒增加 ··· 149
　　四　商品倾销与原产地规则的不合理性 ··············· 157
第三节　市场产权与国际贸易规则完善 ······················ 162

一　国际贸易自由化的市场边界界定 …………… 162

　　二　非关税壁垒应体现发展中国家市场经济水平及
　　　　市场产权利益 ………………………………… 165

　　三　合理运用反倾销以维护发展中国家市场产权
　　　　利益 …………………………………………… 168

第六章　基于市场产权的国际投资与贸易规则的中国对策 …… 170

　第一节　软规则：建立健全有关国际投资与贸易规则 …… 170

　　一　适用世界贸易组织国民待遇原则，完善
　　　　国际投资与贸易规则 ………………………… 170

　　二　积极参与多边体制下的双边和区域经济一体化
　　　　合作与规则博弈 ……………………………… 178

　　三　按照市场产权原则制定新"游戏规则"的博弈
　　　　路径与对策选择 ……………………………… 188

　第二节　硬规则：将市场产权优势转化为市场竞争优势，
　　　　　提升中国企业核心竞争力 ………………………… 197

　　一　宏观政策层面：从要素驱动到创新驱动，促进
　　　　经济增长 ……………………………………… 198

　　二　中观产业层面：提升产业全球技术垄断竞争力 … 205

　　三　微观企业层面：以企业核心知识产权引领全球
　　　　投资与贸易 …………………………………… 209

参考文献 ……………………………………………………… 219

后　　记 ……………………………………………………… 238

第一章 导论

第一节 研究背景及问题的提出

2005年10月15日，胡锦涛在20国集团财长和央行行长会议开幕式上发表题为"加强全球合作　促进共同发展"的讲话中指出，建立公正合理的国际经济秩序，形成良好的国际经济贸易体制和规则，是促进世界经济平衡有序发展的重要保障。他说："我们要积极支持建设公开、公正、合理、非歧视的多边贸易体制，为世界经济增长构建良好的贸易环境，使世界各国特别是发展中国家能从中受益。"①

20世纪80年代以来，全球化浪潮汹涌澎湃。全球化通过全球资源配置而促进生产增长，财富增加，这是正面效应，但是，在全球化过程中，由于收入分配不公导致全球贫富差距的扩大以及由此而带来的种种弊端和灾难，许多发展中国家在全球化过程中并没有得到所希望的发展；相反，它们遭遇到更多的危险、更多的损害。而要避免这些危险和损害，在经济全球化过程需要建立一个合理公正的国际新秩序、新规则来进行规制。国际投资与贸易作为全球化过程中的重要组成部分，其规则的合理、公正就显得尤为重要。目前，跨国公司作为国际投资与贸易的主体和载体，按照现行的国际投资与贸易规则，它的全球扩张已经危及广大发展中国家（包括中

---

① http://www.china.com.cn/chinese/sy/999012.htm，2005年10月15日。

国）的产业安全和国际新秩序的建立。所以，必须建立新的、合理的国际投资与贸易规则来规范跨国公司国际投资与贸易行为，促进经济全球化的健康发展。

一　跨国公司全球投资与贸易扩张已危及中国产业安全

世界投资与贸易相互融合、相互渗透、相互影响增强，从而使每一个国家面临世界经济波动、跨国贸易冲击和国际金融风险所造成的不安全的可能性都大大提高了，2007年美国的次贷危机再一次在全球范围内敲响了这一警钟。

由于历史原因，发展中国家在国际经济秩序中的地位、在国际贸易格局中的位置，以及在国际分工中的作用，都使它们的处境相对来说更为不利。世界闻名的发展经济学专家阿明指出："在发达国家努力对相对落后的国家或者发展中国家进行剥削和压迫，使其成为自己的附属品的过程中，发达国家的跨国公司也在进行相类似的过程，正试图实现这些落后的或者发展中国家的产业、市场和经济为跨国公司的发展服务，成为自身产业的附庸"。①

跨国公司对东道国产业安全的严重影响主要表现在两个方面：一是跨国公司很可能因为战略的需要，或者是出于母国的国际政治要求，会引导东道国的不同收入阶层进行超额的消费与开支，或者把和东道国发展战略不适合的社会目标和价值尺度引进东道国，或者集中生产奢侈消费品来满足东道国的高收入阶层，这样必然导致东道国的产业结构发展的畸形。二是跨国公司通常会代表母国的国家利益和国际政治利益，带有敌意地压制东道国的战略性产业，比如，自然资源性产业和新兴幼稚性产业等，如此则会对东道国的经济发展产生比较严重的影响。在这两种情况当中，一般第二种发生的可能性会大一些。

另外，跨国公司为了实现维护本民族或者本国利益、盈利甚至

---

① ［埃及］萨米尔·阿明：《不平等的发展》，高铦译，商务印书馆2000年版，第160页。

获得高额垄断利润的目的，努力在国际市场中处于竞争优势地位，并且在对外投资过程中输出企业先进技术时，跨国公司会更加不考虑东道国的利益，这些技术和产业对于东道国经济和产业发展的促进作用也更加不显著。"发达国家的技术在输出的过程中可能与落后或者发展中的东道国的市场环境等条件并不完全适合，并且在传输技术的过程中也很难去考虑得如此周全；另外，跨国公司毕竟有自己的利益驱动，所以很可能不愿看到自身先进技术对投入国产生很强的促进作用，因此可能会部分转让先进技术或者转让的技术创新性并不高，同时也不会在考虑当地的具体条件和环境的基础上来输出技术和相应的设备。"（于新东，2000）[①] 跨国公司之所以会这么做，是为了维持自身在国际市场竞争中的优势地位，同时可能会带有所在国政治利益而对东道国的相关产业实施威胁和抑制。也就是说，跨国公司的发展战略或者利益驱动可能会与东道国的发展需求和社会目标等不符，可能会对东道国诸如服务业、金融产业以及高新技术产业等产生消极影响。

跨国公司在对我国企业并购过程中可能会形成市场垄断，由此会影响市场竞争的公平性，从而会对我国的民族产业和经济产生巨大冲击，可能会严重阻碍其中相关企业的生存和发展，最终会对我国的产业和市场等方面的安全构成严重威胁。近几年，国外跨国公司对我国企业的并购不断增多，甚至在有些行业或者领域内跨国公司形成市场垄断的趋势越来越强。相关学者或者经济学家也指出："当前跨国公司所采取的并购方式都是近乎掠夺或者廉价并购，并且还附带相关条件和基本要求，例如，必须在企业中形成控股、并购企业的收益在未来必须达到甚至超过15%以及并购企业必须在所处行业中处于龙头地位等。"[②] 建立在种种不平等条件下的并购必然

---

① 于新东：《跨国公司和东道国的产业保护与产业安全》，《社会科学战线》1999年第6期。
② 王红茹：《跨国巨头中国展开廉价掠夺式并购》，《中国经济周刊》2006年第2期。

会挤压东道国的民族产业和民族品牌，对东道国民族产业的创新能力的培养也会产生严重的消极影响，跨国公司也因此进一步控制了相关产业或者领域中的龙头企业和核心部分、关键性的领域以及能够产生较高附加值的部分，从而跨国公司在某些行业或者领域中的市场垄断趋势也在不断加强。这些主要体现在以下五个方面：

（一）跨国公司投资中的市场控制

跨国公司在华直接投资迅速增长的主要动因是开拓和抢占中国市场。跨国公司直接投资从区位角度进行分析主要有三种类型：以开发自然资源为目的的投资、以获取劳动力低成本优势的投资和市场区位型的投资。就我国而言，如果说1992年以前跨国公司看重的是劳动力成本低廉和优惠政策的话，那么，1992年以来，一个成长中的具有巨大潜力的中国市场已成为吸引跨国公司的主导因素，致力于全球发展战略的跨国公司纷纷抢占中国市场"先入者"优势。国际货币基金组织报告也指出："现在看来，吸引外国直接投资的主要因素是能进入中国的国内市场而不是低廉成本生产基地。"跨国公司对外投资主要就是为了对东道国的市场实施控制，为了实现这一目的，近几年来，跨国公司为了实现对产业内部的全方位一体化掌控，通常利用并购相关产业中的龙头企业和骨干企业或者对这些龙头企业和骨干企业实施投资以达到控股等目的，从而进一步实现其在相关产业或者领域中的垄断局面。跨国公司在进入中国市场之后，相关企业在中国市场中所占份额不断提高，例如，相关"三资"企业在轿车行业中所占比重已经达到68%，在机床行业中所占比重达到62%，彩色显像管行业中所占比重也达到65%，而在电梯行业中所占市场份额更是达到惊人的70%，等等（王浩泳、孔娴，2003）。由此我们可以看出，跨国公司在相关市场或者领域中的产销所占比重逐年上升。例如，国外正大集团对我国养殖业实施合资，并在随后的投资过程中对整个养殖业的所有产业展开了相应的投资，逐步实现了生产饲料、养殖以及相关畜牧产品的加工等方面的一体化，建立了完整的控制体系，对我国的养殖业实施了全方位一体化的掌控。这些事例和现象都说明了跨国公司已经开始对我国相关产业或者领域实施了严格的掌控，特别是在新兴产业或者领域中已经具有了较为完全的优势地位。跨国公司对我国一些产业和领域所形成的垄断局面已经起到相应的预警作用，预示着如果再不采取相应的措施和政策，势必会给我国产业和经济安全构成严重威胁。

(二) 跨国公司直接投资中的技术控制

对于跨国公司来说，确保先进技术具有垄断性的重要性程度明显要高于市场，这是由技术本身的特性所决定的。也就是说，在高新技术产业或者领域内，技术所具有的高额垄断利润使先进技术本身具备有限的溢出效应，并且发达国家为了本国利益也会对先进技术的传播和输出进行严格控制，这就导致我国在与跨国公司的合作过程中难以吸收到发达国家的先进技术，更不用说适用技术了，这种情况下甚至会造成东道国在引进跨国公司的过程中既没有吸收到先进技术，同时还可能使自身市场和产业等面临跨国公司的威胁。这么多年的现象和事实都证明了企图用市场换取先进技术的道路是行不通的，我国通过对相关产业或者领域市场份额的转出来换取的技术，实际上大多都是发达国家的二流甚至是三流技术，对我国产业和经济发展的促进作用甚小，甚至在让出市场份额的过程中使我国自身原本掌握的关键性核心技术也逐渐被外国跨国公司掌控。另外，现阶段，由于大部分"三资"企业都设有属于自己的技术研发机构，因此，使"三资"企业的研发费用在其销售收入中所占比重的平均水平仅占 0.4%，对 120 家合资企业的调查结果显示，在这些企业中有 51% 的企业建立了属于自己的企业技术研发机构。跨国公司在对我国企业形成控股之后，一般情况下，都会逐渐削弱甚至废除企业原本所拥有的技术研发机构，从而使这些企业被迫对跨国公司的母公司所属技术研发机构传播和输出的技术形成依赖，进而使跨国公司对这些企业的控制力度进一步加强，并且削弱东道国在企业技术研发和技术进步过程中所起的作用。日本经济学家小岛清曾提出"逆贸易导向性对外投资"的理论，他指出，在向国外输出技术和产业的过程中，只有输出在本国市场中已经或者将要处于竞争劣势地位的技术和产业，才能以此来发挥"出口替代"的效用。另一位日本经济学家赤松对小岛清的理论进行了补充和扩展，进而引入了"雁行发展模式"的相关理论。该理论指出，在发达国家，由于劳动力成本不断上升，使劳动密集型产业以及技术相对落后的产业竞争力不断削弱，甚至完全失去竞争力，必须对这些竞争劣势的产业进行处理以达到对国家产业结构进行优化升级的目的，而最好的方式就是将这些产业和相应的技术转移到相对落后国家或者说发展中国家，而小岛清的"逆贸易导向性对外投资"相关理论和赤松的"雁行发展模式"相关理论在对外投资和输出技术的过程中已经被大多数西方投资者推崇。因此，东道国在吸引外资的过程中吸收的往往都是发达国家已经淘汰或者即将淘汰的技术和产业，对东道国自身发展收效甚微；相反，可能会形成吸引跨国公司和外资越多，对发达国家的技术依赖程度越高的恶性循环，从而严重阻碍了东道国相关产业和技术的发展。随着东道国相关产业自身所拥有的核心技术被外国投资者掌控以及国内优秀品牌不断被跨国公司挤压，势必会使东道国沦为世界加工厂，处于世界经济的最底层，只能遵循依靠其廉价劳动力的高消耗、高污染和低收益的发展模式，从而抑制了本国民族产业的发展，使国家沦为那些发达国家的经济殖民地，对本国的经济发展和经济安全产生严重的消极影响。

（三）跨国公司对我国品牌的控制

随着跨国公司大规模地进军中国市场，对我国的民族品牌构成了严重威胁。中国本土诸如"中华""熊猫""白猫"等日用品品牌在曾经很长一段时间内处于辉煌时期，但是，随着跨国公司的进入，这些品牌产品的知名度不断降低，渐渐地被大量外国品牌所取代，已经快要消失在我们的视野中。由于中国很多品牌都是依靠国有企业创立的，而这些企业在转型期间因为发展需要和缺乏必要的资金等各方面因素而最终走向合资的道路，进而将所拥有的品牌和相关资产转让给了跨国公司，并且在合资过程中最终的控股权归跨国公司所有，从而导致了中国很多品牌被束缚和搁置了。例如，原本属于北京日化二厂生产的"熊猫"牌洗衣粉曾在20世纪90年代风靡全国，在当时也是国内知名品牌。但是，在1994年企业选择与美国的宝洁公司合资，北京日化二厂以品牌和厂房设备等相关资产入股并持有35%的股份，而宝洁公司则拥有65%的股份并由此形成控股。随后宝洁公司便买下"熊猫"品牌的50年使用权并支付相关费用1.4亿元。宝洁公司为了使国外品牌更快地取代"熊猫"在市场中占据更大份额，企业在随后七年内将熊猫洗衣粉的价格提高了50%，从而使熊猫洗衣粉的产量在七年期间下降到只有原来产量的6.67%，合资公司利用强有力的经济杠杆抑制了"熊猫"品牌的发展，同时为宝洁公司旗下的相应品牌进军国内市场开辟了道路，清除了障碍。跨国公司通过并购和合资等多种方式，在现成的生产能力和劳动力的基础上服务跨国公司自身的品牌和产品，努力实现垄断的目标，从而抑制了中国国内知名品牌的事例还有很多，诸如"天府天乐"等（汪浩泳、孔娴，2003）。这些行为都是国内品牌被无限打压，最终形成国外品牌在市场中占据主导地位甚至拥有垄断地位，对国内民族品牌和产业产生严重影响。长期下去，势必会导致在国内市场上本国产品和品牌越来越少，而国外产品和品牌越来越多的局面。

（四）跨国公司在并购中形成垄断和行业控制

近几年，跨国公司在对外投资过程中越来越重视对目标企业实施控股。各项数据显示，绝大部分国外跨国公司与中国企业在并购或者合资等过程中，超过半数的跨国公司在企业中都拥有控股权，例如，法国的达能公司在我国的乐百氏和娃哈哈公司中持股比例分别占有92%和51%；法国米其林公司在我国上海轮胎橡胶集团中的持股比例达到70%，而上海轮胎橡胶集团在我国的轮胎行业中也是处于龙头地位；荷兰的飞利浦公司在我国苏飞公司中的持股比例由原来的51%增加到80%；等等。跨国公司在刚进入中国市场的时期,其目的主要还是获取利润和投资收益,但是,随着进入中国市场的进程不断深入,跨国公司的目的逐渐演变为通过对企业实施控股以掌握主导权,进而在相应市场中处于优势地位,为更好更快地实现全球性的经营战略服务。为了达到现阶段的目的,在跨国公司对外投资过程中明显体现为跨国公司所附带的条件不仅仅局限于控股权,还涉及销售权、品牌使用权以及财务权等各个方面,尤其是控股权方面表现得更为明显,例如,跨国公司由最初的参股或者相对控股变为希望通过增股等方式以实现绝对性的控股,正是这样一种附带诸如实施控股权等各个方面条件的并购或者合资行为很大程度上推动了跨国公司在我国相关市场或者领域垄断局面的形成。

在商务部发布的《2004跨国公司在中国报告》中指出,跨国公司已经实现了在轻工、化工、医疗、电子以及机械等行业中所占的市场份额达到甚至超过1/3。根据《中国产业地图(2005—2006)》的数据,我们可以发现,跨国公司对我国所有已经开放的产业中的前五名都享有控股权,在28个主要产业中,跨国公司拥有相应控制权的产业占75%。例如,在啤酒行业,60多家大中型企业几乎选择合资,唯独剩下的两个民族品牌是燕京啤酒和青岛啤酒;玻璃行业,最大的五家企业也已经选择合资的道路;电梯行业更加残酷,跨国公司对占全国产量80%的所有5家企业都享有绝对的控股权;在家电行业,国家定点的18家企业中有超过60%的企业都选择合资;汽车工业更是完全由外国品牌主导,外国品牌的销售额占全国销售额的90%;感光材料行业中,外国公司在市场中所占份额已经超过75%,其中美国的柯达公司占有率至少为50%,其在1998年凭借3.75亿美元就对我国全行业实施了并购,并且在2003年又对乐凯所持有的20%国有股实行了收购,另外25%左右的市场份额则是由富士公司掌握。①

---

① 中国产业地图编委会、中国经济景气监测中心编:《中国产业地图(2005—2006)》,社会科学文献出版社2006年版,第84页。

（五）跨国公司投资的其他负面影响

跨国公司进入中国市场后所产生的负面影响除上述所说的品牌、技术以及市场等方面外，还涉及产业结构的其他一些影响，主要体现在以下三个方面：

第一，跨国公司的投资行为加剧了我国产业结构的不平衡性，因为跨国公司对外投资企业大多属于第二产业，尤其是加工业等劳动密集型的产业，虽然投资这些产业具有回收期短、收效快等优点，可以确保投资收益的稳定，但是，过多地集中于这些产业势必会导致我国产业结构失衡，加剧我国的重复建设以及结构性过剩等问题。

第二，跨国公司的对外投资行为最终可能会削弱国家的宏观调控能力，跨国公司对外投资的最终目的是占据东道国的市场甚至在某些市场和领域实现垄断，进而赚取超额利润。因此，跨国公司发展战略的制定主要也是围绕这一目的来进行，从而对于东道国的社会利益以及社会基本需要很少考虑，进而造成其相应的投资行为很可能与东道国的调节经济和社会的政策和措施不相符。

第三，国外大型跨国公司往往具有很强的政治背景，可能代表着发达国家的政治利益，因此，在采取相应的政策和措施来约束其行为的过程中不仅要考虑经济因素，还要考虑到政治、文化等其他方面的因素，这样，一旦考虑不周，势必会使宏观调控的政策措施效果大打折扣甚至出现失灵的情况。同时，中国加入世界贸易组织后，在经济全球化的影响下会使宏观调控的法律手段能够产生的作用降低，并且也使在产业结构调整过程中协调统一地使用财政政策、货币政策以及汇率政策的难度大大增加，进而导致东道国最终陷入"蒙代尔三角"的困境中，从而进一步削弱了东道国政府宏观调控的能力。

除上述列举的普遍存在的问题外，跨国公司在进入我国市场、对我国企业进行投资等行为的过程中还存在诸多的其他问题，例如，攫取资源、将本国高污染产业转移到我国、对并购相关方实施权益保护，等等。需要注意的是，我国对于这些方面没有明确的法律规范，或者对于这些方面的操作仍受到原则化和简单化的约束，抑或缺乏相应的预见性和操作难度太大；等等，这些都导致外国跨国公司有机可乘。

二 国际投资与贸易"游戏规则"的完善已提上议事日程

国际投资与贸易的推动，总需要有规则去加以规范，约束参与者的行为。"众所周知，没有社会秩序，一个社会就不能运转。制度安排或工作规则形成了社会秩序，并使它运转和生存。"[①] 而规则的制定是以实力为基础的。所谓规则，总是体现不同的利益，现有国际"游戏规则"历来是强者的专利，由于发达国家主导着国际市场运行规则与惯例，必然使发达国家在全球市场"分享"中攫取的市场经营权与市场控制权最多最大，它不能反映包括广大发展中国家在内的大多数国家的基本愿望和利益。因此，对国际投资与贸易"游戏规则"的重新修改与制定自然就提出来了。

一位西方学者曾尖锐地指出："对于一个国家来讲，失去市场比失去领土的后果更为严重，占领市场比占领领土能够享受更多的好处。"大量事实表明，在国际投资与贸易全球化的条件下，发达国家产品的长驱直入，已影响到许多发展中国家的经济与市场安全。在国际投资与贸易规则不健全的条件下，如果没有市场产权规则和制度的合理安排，广大发展中国家一旦失去国际投资与贸易规则的"自主市场空间"，经济与技术的边缘化不可避免，后发的领先优势将难以形成，赶超发达国家将成为可望而不可即的心理泡影。因此，对市场产权和国际投资与贸易规则的研究关系到我国经济技术赶超的"市场路径选择"。从理论上讲，"市场产权"是经济学的一个基本范畴，有着极为广阔的应用领域。开展对市场产权与国际投资与贸易规则的关系研究填补了产权理论研究的一个空白，

---

① [美] 布罗姆利：《经济利益与经济制度》，陈郁、郭宇峰等译，上海三联书店1996年版，第55页。

有利于为国际投资与贸易规则问题研究提供新的理论基础。而且从实践来讲，对于按照市场产权的原则和要求建立国际投资与贸易规则、把中国市场所有权优势转化为国际投资与贸易的竞争优势、进一步提升国家竞争力等，都具有重大理论意义和现实意义。

第二节 选题研究的重大意义

在学术界，曾繁华首先提出了"市场产权"范畴，并对市场产权理论及应用进行了积极探索，在学界形成了一定的影响，获得了普遍的好评。本书力图在现有研究成果的基础上进行新的探索，进一步丰富、发展和完善市场产权的理论及其应用。本书研究的主要理论与实践意义如下：

一 理论意义

武汉大学谭崇台（2002）认为，"市场产权问题的提出，是首次在国内产权研究方面的一个大胆尝试"，"填补了产权理论研究领域的一个空白"，"市场所有权作为经济学的一个基本范畴有着较为广阔的应用前景"。陈正（2002）认为，"提出市场本身也具有所有权属性的观点，对深化产权理论研究是大有裨益的"。吴光炳（2002）认为，从历史和现实出发提出市场产权理论、市场产权的唯一主体是中央政府、市场经营权可以交换、中国最大的优势是市场所有权优势，关键是如何把市场所有权优势转化为竞争优势等观点，"值得经济学界重视"。卢现祥（2002）发表了《解读市场所有权优势理论》等。本书力图在现有研究成果的基础上进行新的探索，进一步丰富、发展和完善市场产权的理论及其应用，填补产权理论研究领域的一个空白。把市场产权理论和国际投资与贸易理论结合，同时丰富国际投资与贸易理论，并在此基础上提出基于市场产权的国际投资与贸易规则。为国际投资与贸易规则问题的研究提供新的理论基础和分析框架。希望对于丰富和发展政治经济学、世界经济学和国际贸易学与投资等学科体系建设有所裨益。

二 现实意义

本书应用市场产权理论对国际投资与贸易问题进行了研究，使其有了一个较为新颖的理论视角，并获得了较强的解释力，对解决面临的一些重要问题具有较大的实际意义。具体而言，主要是以下两个方面：

（一）可以为完善国际投资与贸易规则提供对策参考

目前，国际投资与贸易游戏规则主要是按照发达国家的企业竞争力及西方大国强权利益原则制定的，这些规则几乎完全锁住了广大发展中国家实施经济技术赶超的"市场路径选择"，遏制了发展中国家的经济与技术赶超。按照市场所有权原则，重新修改与制定全球化贸易游戏规则，不仅有利于实施公平交易，缩小贫富差距，建立和形成全球公平合理的市场竞争机制，而且还可以为发展中国家提供实施经济与技术赶超的"市场路径"通道和规则。

（二）可以为中国高新技术产业的企业技术创新和"走出去"提供政策建议

企业通过技术创新提高核心竞争力，是参与国际投资与贸易规则博弈和制定的有力措施；是扩展企业的市场经营规模，提高市场占有率和市场的控制能力，维护中国市场所有权安全的有力保障。在科技迅猛发展的今天，谁拥有较多的核心技术、知识产权，谁就能在国际投资与贸易的市场竞争中掌握主动权，因此，发展中国家必须走自主创新之路。

中国高新技术企业应坚持走改革开放之路，既要引进来，也要走出去，要处理好市场开放与中国市场产权的保护关系。目前，在引进外资中，地方政府存在急功近利和观念上的偏差，致使"以市场换技术"的绩效低下。地方政府为显示自己的"政绩"，一味地追求外资数量，不惜给予外国企业过多优惠政策，任意降低市场进入门槛，把国内市场拱手出让，使外商几乎不花成本或花较少的成本就可获得更多的市场经营权。而且在利用外资中低效、重复引进，重硬件设备轻软件技术，重引进轻消化吸收，从而削弱了国内企业的自主技术创新能力。当前，跨国公司正进军中国，为此，必须抓住机遇，提高利用外资的质量，优化经济结构，增强国际竞争力。同时，对跨国公司进行有效监督和控制，防止其对中国市场经营权、占有权和收益权的控制，切实保护好中国市场所有权安全。

第三节 研究思路、研究方法及创新之处

一 研究思路

中国最大的优势是市场所有权优势，关键是如何把市场所有权优势转化为国际投资与贸易的竞争优势。沿着这一思路，本书首先深入研究了市场产权新理论，在此基础上研究当代国际投资与贸易规则，并构筑了一个新的基于市场产权的国际投资与贸易规则理论和应用分析框架。然后，在此理论基础上，从国际贸易规则、生产投资规则的具体方面研究市场产权与之的关系。最后，提出基于市场产权的国际投资与贸易规则的构想和对策。

二 研究方法

（一）规范分析与实证研究相结合

从大量的社会经济现象出发，以产权日益泛化为背景，以国内复杂的市场结构等实践为根据，依据市场产权理论假说，对国际投资与贸易规则理论进行研究。通过对大量经济现象和案例的实证剖析，进一步论证理论假说存在的基石及其普遍意义。

（二）制度分析法

制度分析法是本书采用的基本分析方法之一。本书站在马克思主义的基本原则、立场和观点，借鉴和吸收西方新制度经济学的部分理论成果，结合我国产权理论的新成果，分析国家市场产权制度安排的变迁路径，导出国际投资与贸易规则理论，为我国在经济全球化迅猛发展背景下完善国际投资与贸易规则提供一个新的方法。

（三）比较研究方法

用比较研究方法比较研究了中外国际投资理论与国际贸易理论、马克思的产权理论与西方产权理论及其在市场产权理论中的应用、发展中国家的国际投资与贸易同发达国家的国际投资与贸易、市场所有权优势与企业竞争力优势等问题。

（四）文献分析法

本书所采用的资料主要有：正式的法律文本、政党与政府的法规、文件等各种统计资料，如《国际经济法资料选编》《中国统计年鉴》等；各种报纸如《人民日报》《经济日报》以及其他报纸上的相关报道或评论；各种与决策相关的人物或学者的回忆录等中外研究成果，包括著作或文章；未出版的学位论文，包括硕士或博士论文等。

总之，本书力图将理论分析、模型构造、实证分析、案例研究和对策研究有机地结合起来。在研究方法上，做到理论与实践相结合、实证分析与规范分析相统一、定性分析与计量研究相结合，并采用演绎归纳法、比较分析法、成本收益分析法以及博弈论等多种研究方法；从马克思主义经济学、新制度经济学、国际经济学、政府经济学、法理学、伦理学等多重理论视角，对市场产权与国际投资与贸易规则进行综合研究。

三　创新之处

（一）提出了一个基于市场产权的国际投资与贸易新"新游戏规则"理论

根据笔者对国内外相关文献的检索，目前还没有发现前人对市场产权和国际投资与贸易"游戏规则"关系问题进行深入研究，本书分析并研究市场产权理论及市场所有权优势理论和国际投资与贸易"游戏规则"问题，填补了市场产权理论研究领域的一个空白。而且"市场所有权"范畴是经济学的一个基本范畴，它具有非常广阔的应用前景。市场产权和国际投资与贸易"游戏规则"问题的深入研究，对于丰富和发展政治经济学、世界经济学和国际投资与贸易等学科体系，均大有裨益。本书在选题上具有前沿性和开拓性，它是一个原创性的理论创新项目。

（二）构建了一个新经济技术成长和赶超理论与应用分析框架即MIG范式

中国应该充分发挥"市场所有权优势"（Market Ownership Advantage），按照"以市场产权"的制度安排（Institutional Arrangements），来制定国际投资与贸易"游戏规则"（Game rules），来获取发达经济体先进技术，此为MIG范式。

（三）构建了一个新的国际投资与贸易背景下市场产权的国家博弈模型和发展中国家（如中国）参与博弈的"市场路径选择"及对策

"以市场换技术"实质上存在一个中国市场与跨国公司先进技术的非零和博弈问题。博弈的中方主体应该是中央政府及其行业主管部门，中国通过对所让与市场在经营权、控制权、收益权等方面进行规制与调整，对来自不同发达国家的跨国公司的技术进行选择。博弈的外方是不同发达国家的跨国公司，它们将以先进的技术博得中方所让与市场的经营权、控制权和收益权等。在博弈矩阵中，构成纳什均衡结果的是：外方获得中方市场的经营权而中方获得了技术。

（四）提出了一个国际投资与贸易"新游戏规则"即应按照市场产权规则来调整国际投资与贸易关系

国际投资与贸易"游戏规则"在很大程度上决定着不同国家在市场全球化中获取利益的大小。"新游戏规则"的形成过程是发达国家集团与发展中国家集团之间相互博弈的过程。

第一，主导这一过程的是以跨国公司为微观基础的经济力量。发展中国家要想在市场全球化中争取更有利的地位和更大的财富份额，必须抓住全球化中的每一个契机发展自己，利用西方跨国公司的资本和技术实现跨越式发展，并迅速打造自己的"航空母舰"以加强经济基础。

第二，以国家市场所有权（如构建类似日本的产业组织和行业协会）为博弈筹码，博取发达国家跨国公司的先进技术。

第三，积极组建或参加区域经济集团，以区域市场共享制为博弈筹码，通过合作博弈来获取发达经济体的先进技术，此乃改变国际经济力量对比的有效途径，即以市场区域共享制的市场共同力量，提高国际投资与贸易"游戏规则"讨价还价的筹码，并影响国际投资与贸易"游戏规则"的修订等。

第二章　相关理论文献综述

第一节　产权和市场产权理论

一　西方产权理论

产权理论是西方发达国家在发展资本主义市场经济中的一种重要经济理论。一般认为，其产生于20世纪20年代，现代西方产权理论的主要代表人物是科斯、艾尔奇安、德姆塞茨、诺斯、威廉姆森等。特别是科斯在1960年发表了《社会成本问题》论文，奠定了产权理论的基础，后来进一步发展为"新制度经济学"。西方产权理论研究是在马克思已有研究基础上的进一步突破。其主要表现在：(1)它使产权研究成为一个独立化、专门化的研究领域，从而初步建立起新型的学科体系。(2)它把产权研究与经济效率联系起来，它研究的核心是一个"效率"问题，即在于探讨、寻找产权制度效率最大化。

西方产权理论主要对以下三个方面进行了系统的研究：第一，在微观层面即企业层面，产权及产权制度对经济活动的影响及运行机制；第二，国家和法律对财产关系的调节机制；第三，在宏观层面，产权制度的发展规律等。

西方产权理论的基石是交易费用和科斯定理，它以交易费用理论为出发点，始终以效率为中心，形成一个"效率成本—效率认定—效率制度选择与调整"的研究模式。比如，科斯关于权利的初始界定先于权利转让和重组的市场交易的观点；德姆塞茨关于产权的主要功能是引导人们事先将外部性较大地内在化的激励的观点，关于新的产权的形成是人们对新的收益—成本的可能渴望进行调整的回应的观点；张五常关于合约的选择是有风险分散所带来的收益与不同合约相关联的交易费用的加权来决定的观点；菲吕博腾关于产权学说拓展了传统的生产与交换理论的观点；等等。

西方产权理论开始了对产权认识多角度、多层次、多侧面地研究，拓宽了产权研究的视域。其主要表现是：一是它从所有权研究拓宽到对所有权权利多种结构的研究，而且把研究的重点转移到对所有权结构组合及其效率合理性的研究。二是它从只研究生产资料所有权拓宽到对诸多社会权利关系、权利形式的研究。除了生产资料所有权，还有人身权、劳动权、无形资产权等，西方产权理论进一步泛化了对产权的研究。三是它从早先的宏观性研究拓宽到宏观和微观两个层次上的研究，而且微观层面的研究越来越多样化。

二 国内产权理论研究

20 世纪 80 年代后期，西方产权理论开始进入中国。产权理论作为一门独立的研究学科是在中国经济体制改革中兴起的。自 90 年代以来，中国逐步形成了产权理论研究的高潮。这一时期，中国大多数学者对产权理论的研究主要集中在产权的定义、内容、权能、结构，或者是马克思产权理论与西方产权理论比较，还有多元化产权结构选择问题、国有企业产权制度改革、产权理论与经济改革发展的关系，尤其是产权理论与市场经济理论等基本问题进行了研究，并取得了一定的理论成果。

（一）关于产权的定义

关于产权的定义，代表性观点主要有：一是产权不等于所有权。这又可分为两种情况：第一，产权大于所有权。刘大生认为，产权大于所有权，产权除包括占有、使用、收益、处置等所有权四项权能外，还包括财产获得权、财产利用权等所有权之外的权利。① 第二，将产权分为广义产权和狭义产权，广义产权包括所有权和债权。狭义产权实际上就是债权，"是所有权在市场关系中的体现，本质上，它是在市场交易过程中财产作为一定的权利所必须确立的界区"。② 二是产权等于所有权。这是中国产权理论界最为流行的观点。程恩富认为，"广义的产权和广义的所有权在内涵上可以相等"。③ 吴宣恭认为，"所谓财产权，就是广义的所有权，简称产权"。④

（二）关于产权的内容和权能

中国产权理论界研究也存在分歧：一是"四权能论"。黄少安认为，产权作为广义的所有权，具体包括财产归属权、占有权、支配权和使用权四个方面的内容。这里，所谓归属权是指狭义的所有权，它和占有权、支配权和使用权一起构成广义的所有权，即产权。二是"三权能论"。有些学者以《民法通则》第五章的表述为依据，将产权分为三类：财产所有权和与财产所有权有关的财产权、债权和知识产权。在这里，财产权是指以所有权为实质内容而形成的一系列有内在联系的综合权利，包括经营权、收益权、相邻权等权利。造成以上产权定义和内容的分歧，实际上，与对现实中国有企业改革的不同理解有关。

（三）关于国有企业产权改革

国内研究强调论证产权明晰对企业微观效率与资源配置的关键作用，产权理论的提出和发展一直与企业制度紧密相连。刚开始，国有企业将明确产权作为改革的主线。胡岳岷、张志刚等认为，一是国有企业的产权主体是虚置的；二是国有企业的产权边界是模糊

---

① 刘大生：《产权基本内容研究》，《唯实》1999年第8期。
② 刘伟、平新乔：《经济体制改革三论：产权论、均衡论、市场论》，北京大学出版社1990年版，第2页。
③ 程恩富：《西方产权理论评析》，当代中国出版社1997年版，第74页。
④ 吴宣恭：《论法人财产权》，《中国社会科学》1995年第1期。

的;三是国有企业的产权关系也没有理顺,政府往往用自己的行政职能来代替股东职能,对财产的关切度极低,使国有资产大量流失。由于国有企业产权不明晰,使国有企业负盈不负亏,国家对国有企业承担无限责任,是国有企业改革的一大障碍,因而明晰国有企业产权是非常必要的、不可或缺的。刘伟(1991)指出,"两权分离"本质就是将产权简略地对等为所有权,无法接近关键问题。黄少安(1990)认为,承包制与股份制两者的实质相同,都是一种主线在不同发展阶段的两种表现,两者均将"两权分离"作为根据、产权制度多维前提,明确的产权制度改革仅为承包制的加深。1995年以后,国内产权研究内容更加全面,不再局限于探究产权明确的益处和怎样明确产权。

与以往研究相比,李稻葵(1995)的"模糊产权"理论不再以产权界定为前提,而是阐释在市场机制不健全、政府过多干预的前提下,模糊产权(依靠政府之力)无疑为最佳选择之一。田国强(1996)基于缺乏产权清晰界定的转型经济,提出内生产权所有制模型,以社会福利效益视角衡量最佳产权安排与经济自由程度和市场体系健全程度相契合,产权安排是对制度环境的回应。上述两类模型着重对产权界定的实证研究,不再固守产权明晰的教条。

汪丁丁(1996)在《产权博弈》一文中尝试以均衡分析来研究演进过程,他指出,产权应是博弈的结果,不应是博弈的前提。该观点在一定程度上丰富了阿姆拜克的产权理论。随后,李军林(1998)将政府行为融入产权模型,并利用政府来明确产权。该模型预先设定一个多人囚徒困境,均衡结果为没有人愿意遵守其他人的"产权"。融入政府行为后,博弈转化成一个两阶段动态博弈。实际上,李军林的模型仅论证了政府保护一个人对其他人的产权的行为是一个均衡结果,但该模型并未意识到政府行为的侵权。

(四)关于产权制度与市场经济

对产权制度与市场经济的关系,卢现祥认为:"市场经济作为产权经济的一种,其产生和发展与新的产权制度存在内在关联,市场经济的建立本质上是建立一个产权制度的过程。"① 刘伟认为："作为一种历史的生产方式，产权制度与市场机制是统一整体，产权制度为市场机制的存在创造基础，市场运动只是产权的运作方式。"② 程启智认为："建立现代产权制度是健全社会主义市场经济体制的核心，其解释是：社会主义市场经济体制以现代产权制度作为制度基础的核心；产权制度是一个社会经济制度框架中核心组成部分；市场经济的一切制度安排都与产权制度相联系；产权制度关系着一国的兴衰和经济增长状况；产权制度是现今中国改革和发展面临的主要体制性障碍的核心。"③ 曾繁华在《论市场所有权》（2002）一文中首次提出了市场所有权新理论，并对其构成要素、基本特征、基本形式等做了分析；在《市场所有权的起源与归宿》（2002）一文中探讨了市场产权的起源与归宿，并在《市场产权成本及其经济学意义》（2006）一文中论述了市场产权成本构成及其经济学意义。

三 市场产权理论的提出

西方产权理论模型强调交易费用的比较、市场机制的发挥和私有产权的精细化或明晰化，虽然开展了宏观产权研究并拓宽了研究视野，但更多的是对个别案例的探究。我国产权理论研究在获取多方面丰硕成果的同时，还总结出了许多启发，尤其是曾繁华教授率先提出市场所有权理论，这大大拓宽了产权理论研究的视域，丰富了产权理论的内涵，为进一步研究市场产权奠定了基础。然而，随着社会经济发展，产权理论为了更好地指导实践，市场产权理论研究仍需要不断向前推进。事实上，当前关于产权理论与实践问题的研究，无论是国外还是国内，其研究仍然没有达到成熟的程度，仍然需要作进一步的深入研究。

---

① 卢现祥：《论产权失灵》，《福建论坛》2002年第10期。
② 刘伟：《经济学导论》，中国发展出版社2002年版，第23页。
③ 程启智：《建立现代产权制度是完善社会主义市场经济体制的关键》，《学习论坛》2004年第8期。

根据笔者对国内外相关文献的检索，除曾繁华教授对市场产权理论进行研究外，目前发现，其他很少有人对该问题进行更深入的研究，尤其是对中国经济学界来说，存在的主要问题是：对产权制度的研究仅仅局限于或只注重企业有形产权与无形产权的研究，在处于产权问题逐渐泛化的环境下，为深入拓展对产权理论与实践研究视角，忽略了对微观产权赖以存在的基础和实现条件即宏观产权、"大产权"或"基础产权"即"市场产权"问题的研究。同时，市场本身也存在产权界定问题。市场的构建是建立在大量有形资产、制度成本、人力资本的投入和公平且具有竞争性市场结构的基础上的，且市场产权主体是中央政府；市场产权包括市场所有权、市场经营权（使用权）、市场占有权（控制权）及市场收益权四个方面；市场产权的特点包含稀缺性（稀缺物品）、准资本属性与排他性、无形资产属性，市场所有权收益具有可计量性，市场经营权具有可交换性等特点，所以，市场存在产权界定与产权制度安排问题。实际上，市场是企业有形产权运作的基础，也是企业无形产权评估与测量的工具。缺乏市场产权本身的理性制度安排，不仅会造成微观产权难以厘清、价值评估困难或微观产权要素运作过程中难以合理增值等问题，而且还难以化解企业的市场进入、运作及退出等问题，难以形成公平有效的竞争性市场结构，势必造成市场运作的无序化，引发市场安全（包括经济安全）问题和利益分配的极度扭曲。所以，注重市场产权理论研究，可以说，它填补了产权理论研究领域的一个空白，该研究具有一定的前沿性和开拓性。

近年来，中南财经政法大学曾繁华教授带领其博士生进行了有关市场产权理论与应用的系列研究（见表2-1），其中，在有关国家经济安全、区域经济发展、政府间关系等研究中，不仅强调了市场产权的重要性，而且对市场产权理论范式进行了初步的实证研究。

表 2-1　　与市场产权相关的文章数量统计（1999—2008）

序号	篇目	作者	刊名	发表时间
1	论市场所有权的起源与归属	曾繁华	财政研究	2002 年
2	论市场所有权	曾繁华	中国工业经济	2002 年
3	应重视对市场产权的研究	曾繁华	财政监督	2003 年
4	市场产权与经济效率	杨宏翔	广西社会科学	2004 年
5	市场产权成本及其经济学意义	曾繁华	财政研究	2006 年
6	论市场产权及其成本构成要素	曾繁华	中南财经政法大学学报	2007 年
7	国家经济安全的维度、实质及对策研究	曾繁华	财贸经济	2007 年
8	基于市场产权的中小企业国际化经营分析	鲁贵宝	宁夏大学学报（人文社会科学版）	2007 年
9	从市场产权视角看我国和谐社会构建	鲁贵宝	经济问题探索	2007 年
10	基于市场产权的政府宏观调控理论依据再探讨	鲁贵宝	江南大学学报（人文社会科学版）	2007 年
11	基于市场产权角度的国家经济安全分析	鲁贵宝	江西财经大学学报	2007 年
12	从市场产权角度看我国政府经济职能的调整	吕红梅	中国市场	2007 年
13	基于市场产权的国家干预新论	吕红梅	江苏商论	2008 年
14	政府经济职能的定位：基于市场产权的视角	吕红梅	时代经贸（下旬刊）	2008 年
15	市场与地方保护主义：一个基于市场产权的分析框架	龙苗	商业研究	2008 年

第二节　国际贸易相关理论

一　古典国际贸易理论

（一）重商主义理论

重商主义是最早的国际贸易学说，产生于 15 世纪，盛行于

17—18世纪中叶,是资本主义生产方式准备时期建立起来的代表商业资产阶级利益的一种经济学说。重商主义认为,金银是财富的唯一表现形式,货币是社会财富的代表和国家富强的象征。而对外贸易则可以改变一国的货币总量,对外贸易是增加一国货币持有量的源泉。希望通过对外贸易即出口,使他国的货币流入本国,从而使本国财富增加,国家富强。

所以,重商主义在对外贸易的主要观点有:一是反对金银出口。因为金银就是财富,应该尽量使本国的金银留在国内,防止外流。还要通过贸易顺差来增加本国的金银数量。二是反对商品进口。任何商品的进口都是有害的,而进口本国能生产的商品则危害更大,主张禁止外国产品特别是奢侈品进入国内,以免出现贸易逆差使货币流出本国。三是反对原材料出口。除防止金银外流之外,还应采取积极的"纠正贸易对策"。因为原材料出口价格低,而产成品价格会成倍增长。因此,应大力发展本国具有原材料优势的加工业,然后将产成品销往国外,从而换取更多的货币。同时,对原材料出口课以重税。

不过,晚期的重商主义已经开始认识到,在贸易交易的不同时期,可能出现顺差,也可能出现逆差。但是,如果在特定的时期内,只要在贸易总量上保持顺差,则贸易对本国有利。这种观点也称为"贸易差额论"。

重商主义贸易叙述是最早的国家贸易思想,其中,有一些合理的成分。但是,由于受当时生产力水平的限制,这一学说存在许多缺陷和不足。首先,把货币和财富混为一谈,认为货币是衡量一个国家富裕的尺度。其次,重商主义贸易学说过于表面和肤浅,没有对生产过程的实质进行探讨。

(二) 绝对优势理论

绝对优势理论的创始人是亚当·斯密,他在1776年出版的著名著作《国民财富的性质和原因的研究》中提出了绝对优势理论。亚当·斯密的绝对优势理论是建立在劳动价值论的基础之上的,并对国际贸易的形成基础、利益分配和动力机制进行了第一次科学的理论解释，具有划时代意义。他在批评重商主义学说的同时，提出了分工理论。

绝对优势理论的主要观点有以下四个方面的内容。

（1）分工可以提高劳动生产率。亚当·斯密特别重视分工，他认为，分工使人们专门生产各自具有优势的产品，分工不仅能够提高劳动者的熟练程度和操作技法，节省时间，而且有利于改进工具和进行技术创新。最后导致生产率的大大提高。

（2）分工的原则是绝对优势。亚当·斯密认为，既然分工可以提高生产率，那么每个人只要生产他最具有优势的产品，然后进行交换，则对每个人都有利。推广到国家之间也是如此。如果每个国家都按照其绝对有利的条件去进行专业化生产，任何彼此交换，对所有交换国家也都有利。斯密在《国民财富的性质和原因的研究》中写道："如果外国能比我们自己制造还便宜的商品供应我们，我们最好就用我们有利地使用自己的产业生产出来的物品的一部分向他们购买……"①

（3）国际分工的基础是有利的自然禀赋或后天的有利条件。斯密认为，自然禀赋和后天的优势条件因国家而不同，这为国际分工提供了基础。由于以上原因，每个国家都会在一些产品具有绝对有利的条件，以此进行生产就可以达到生产成本绝对最低和劳动生产率绝对高。如果大家都按照此原则进行国际分工合作并进行国际贸易的话，那么世界各国的资源、劳动力、资本就会得到充分利用，财富大大增加。

（4）反对国家干预经济，提倡自由贸易。斯密认为，重商主义学说的贸易保护政策危害极大，限制了本国的自然禀赋或后天的有利条件的发挥，极力主张自由经济和自由贸易。但斯密同时认为，

---

① ［英］亚当·斯密：《国民财富的性质和原因的研究》上卷，商务印书馆1972年版，第30页。

在自由贸易条件下，国家仍要发挥作用，为保护国家利益和本国企业利益，政府对于国防用品、本国已征过税的同类进口产品、外国对本国实施高关税产品应征收进口税。

绝对优势理论为古典国际贸易理论建立了基础性框架，但它也存在一定的缺陷和错误，如交换引起分工。还有绝对优势理论是建立在两个国家各自具有优势的前提下，如果一个国家在两种产品生产上都处于劣势地位，而另外个国在两种产品生产都具有优势，则两国不能开展国际贸易，这与实际不符。

（三）比较成本优势理论

19世纪初期，西方国家的经济正处于高速发展阶段。生产方式的重大变革，极大地促进了生产力的提升。当时，英国历经工业革命，最先建立了发达的纺织工业、冶金工业、煤炭工业和机器制造业，进而确立并巩固了其"世界工厂"的地位。同时，在工业革命的影响下，英国人口数量、粮食的需求、国内粮价都呈现高速增长态势。然而，面对这些问题，英国依然实施保护关税政策，导致英国对外经济发展处于停滞状态。在此种状态下，英国工业资产阶级与土地贵族、金融贵族和大垄断商人就《谷物法》的存废问题进行了激烈的争论。

工业资产阶级期望利用大批进口廉价谷物的手段，来减少工业成本，增加工业利润，因此，竭力主张废除保护关税政策，实现自由贸易，就这样"比较成本说"应运而生。英国经济学家大卫·李嘉图于1817年出版的《政治经济学及赋税原理》一书中最先提出比较成本理论。该理论的主旨在于阐明主导国际贸易的根基为比较利益，而不是绝对利益，一国即便是生产任何产品的效率都处于绝对不利地位，依然存在与他国进行贸易的可能性，并能够由此获得利益。

比较利益，顾名思义，即为利益之间的相互比较。当发生利益比较时，理性人所依照的原则为：两利相权取其重，两弊相衡取其轻。每个国家都可能不会生产每类商品，而是选择利益较大或损益较小的商品进行集中生产，随后利用国际贸易来提高生产总量，保持原有资本和劳动力消耗，最终为贸易参与者带来利益。

通过以上论述，不难发现，比较成本理论深入地揭示了当时西方国家经济对外发展的客观需求，丰富了国际分工和贸易理论。因此，它同时具备突出的历史和现实意义。

第一，比较成本理论阐明了国际分工和国际贸易的广泛性，即同其他国家比较，不管一国商品竞争力大小，都能通过国际贸易取得利益，在理论上进一步论证了发展水平不同的国家可以并且应积极参与国际分工和贸易，特别是为在国际贸易过程中产品竞争力低的发展中国家开启了实行国际贸易的诱因——比较成本优势的存在，大大拓宽了世界市场。本书将每类产品都处于劣势的发展中国家为追求比较利益而实行的国际贸易称为"比较成本优势诱发的国际贸易"。

第二，比较成本理论反映了价值规律对世界市场产生作用的极大改变。其表现为：优胜劣汰是价值规律对国内市场的基本作用，劳动生产率决定了生产者在市场上的生存能力；相反，在国际上，劳动生产率低的国家依然有机会进入市场，并可能从国际分工和贸易中取得利益。

然而，比较成本理论也存在着鲜明的理论缺陷。

第一，比较成本理论仅以两国贸易进行论证，欠缺多国进行贸易的分析。

第二，比较成本理论模式能说明各国进行替代性商品贸易的状况，但很难说明进行互补性商品贸易的状况。针对互补性商品，各国进行贸易的出发点为各国内部相关资源的匮乏而必须进口的现实，商品成本并不在贸易探究之内。

第三，李嘉图未能分析两国家贸易的实际交换比率，强调各国都能依靠国际贸易取得利益，但未明确哪国能在贸易交换中取得较多利益。之后，李嘉图的学生穆勒就该问题进行了分析。穆勒指出，在明确比较优势的范围内，国际贸易实际交换比率取决于两国彼此需求力度，如 A 国对 B 国商品的需求力度越大，那么 B 国商品的国际价格会越高，由此相对于 A 国，B 国就能在国际贸易中取得较多利益；反之亦然。

第四，比较成本理论依照的劳动价值论仍有较多需要商讨之处。该理论未能考虑贸易对方的需求因素，因此，它对贸易形态（方向）的鉴定是不科学的。

此外，李嘉图仅局限于比较成本的静态分析，未能就利益的具体来源和形成机制做出论证，上述不足需要后续研究的修正和填补。

二 新古典国际贸易理论

新古典国际贸易理论是对比较优势学说的补充和完善，就国际贸易问题存在的原因进行阐释，是对比较优势学说的丰富和发展。其中，主要包含哈伯勒的替代成本论，艾奇沃斯、马歇尔等的一般均衡论与相互需求论。

以哈伯勒（G. Haberler）为代表的经济学家，在对古典学派的劳动价值论质疑的基础上，提出了机会成本理论。该理论指出，机会成本偏小的产品其价格较低、比较利益较大，此类产品应由一国负责生产和出口。用机会成本替换劳动作为成本的主导因素，更加科学地反映国际贸易问题存在原因，其表现为：劳动仅是产品生产的要素之一，产品成本是所有要素成本的总和，单纯将劳动视为生产成本的主导因素显得较为简化，假如运用机会成本概念，就表明了生产成本是各种生产要素共同作用而形成的。

虽然众多经济学家对比较成本学说理论进行了丰富和修正，但比较成本学说依旧是国际贸易的中心。不少发展中国家制定对外贸易政策仍会参照比较成本学说。新古典贸易理论最具代表的莫过于赫克歇尔—俄林的资源禀赋论，即 H—O 模型。

（一）赫克歇尔和俄林的"资源禀赋论"

由比较成本学说可知，该理论仅说明了各国生产要素生产率造成的比较成本差异性，而未探究各国生产要素供给的差异同样对比较成本差异起作用，因此，运用该理论不能论证各国在要素生产率相同条件下是否会产生比较成本差异，并且为什么会出现比较成本差异。然而，瑞典经济学家赫克歇尔和俄林创建的资源禀赋理论对上述问题进行了解答。资源禀赋理论对西方国家影响深远，俄林也因此获得了1997年诺贝尔经济学奖。

资源禀赋理论将比较成本的产生归结为两个原因：一是两国生产要素禀赋比率的差异。生产要素禀赋即为各国生产要素的充裕情况，像有的国家劳动力丰富、有的国家资本充足、有的国家科技发达等。通常而言，一国生产要素丰富但其价格就会偏低，以劳动力为例，在劳动力丰富的国家，工资（劳动力价格）相对就低。相反，生产要素的稀缺性也决定了其价格相对较高。现实中，每一个国家各种生产要素的充裕程度都存在差异，这就决定了其生产要素价格或高或低。认清生产要素禀赋的不同，倘若各国使用本国禀赋较多、价格相对便宜的生产要素生产商品用来出口，这样，贸易双方都能获取利益。二是为生产商品需要投入的生产要素的组合或比例，就是使用生产要素的密集度。比如，服装产品的生产需投入较多的劳动力而被称为劳动密集型产品。依照商品投入比重较大生产要素的不同，商品大致可分为劳动密集型、资本密集型、土地密集型、技术密集型等类型。不过，由于各国禀赋的不同，即使生产同种商品也不会存在相同的生产要素组合。比如，泰国和美国同样生产大米，前者依靠大量劳动力，而后者依靠资本与科技。由上述分析可知，不管是生产相同产品还是不同产品，只要各国使用生产要素的密集度不同，最终都会造成比较成本的差异，进而为生产贸易分工奠定基础。显然，任何一国只要投入比例最优、价格偏低的生产要素，就会使该产品拥有较低价格。

资源禀赋理论的结论是：贸易的首要前提是某一地区投入生产出口商品中的包含数量较多、价格相对其他地区偏低的生产要素，进口则是其他地区生产的价格更低的商品。简言之，进口的是消耗昂贵生产要素比重大的商品；出口的是消耗廉价生产要素比重大的商品。因此,国际贸易的形成和发展的基础是各国生产要素价格之比的差异,一国出口的是生产中投入本国较为充裕的生产要素的商品,进口的是生产中投入本国较为匮乏的生产要素的商品。各国比较利益的地位则取决于各国所拥有的生产要素的相对充裕程度。该理论依照贸易国最重要的经济发展水平来阐释贸易产生的诱因,还利用经济框架中土地、劳动力和资本的相对比重论证了贸易的走向。利用"靠山吃山、靠水吃水"的资源优理论在一定程度上说明19世纪到第二次世界大战前的国际贸易格局是相对准确的。因此,不得不认同各种生产要素的充裕程度在决定各国的对外贸易中起着重要作用。此外,该理论还深远地影响了西方国家的经济生活。

(二)"里昂惕夫之谜"

在俄林的国家贸易理论观点公布之后,国际上掀起了热烈的反响,人们一方面对该理论产生浓厚兴趣,另一方面也期待该理论契合实际。因此,多数经济学家开始对俄林的理论展开实证分析,其中,里昂惕夫最具代表性。依据俄林的理论,一国进口的是消耗昂贵生产要素比重大的商品,出口的是消耗廉价生产要素比重大的商品。根据上述理论,美国作为资本十分充裕、劳动力十分缺乏的国家,其必然应该出口资本密集型产品,进口劳动密集型产品,而事实论证却非如此。里昂惕夫使用投入产出分析法,将1949年和1951年两年数据作为样本数据,演算了美国200家企业的进口商品结构,结果显示,在1949年和1951年,美国出口的是劳动密集型产品,进口的是资本密集型产品,恰恰和俄林的观点相异。由此认为,劳动密集型生产专业化与资本密集型生产专业化相比,前者才是美国参与国际分工的基础,对外贸易是美国节省资本和安置剩余劳动力的手段。通过上述检验得出的这个结论是里昂惕夫始料未及的。此后,美国经济学鲍德温又将1962年美国统计数据作为样本数据再次进行检验,结果结论与里昂惕夫一致。鉴于里昂惕夫与俄林完全不同的结论,哪一个结论为真就成了难解之谜,因而被称为"里昂惕夫之迷"。

针对上述之谜，里昂惕夫认为，导致上述相反结论的原因是劳动力质上的差别。在各方面条件的制约下，各国劳动生产率都不相同。美国劳动生产率约为其他国家的 3 倍。因此，在计算美国工人数量时，要将实际人数乘以 3，这样，与其他国家相比，美国就成了劳动力相对充足的国家。而美国劳动生产率相对较高是完善的科学管理、高素质教育、优良的培训等多方面作用的结果。

里昂惕夫是第一个使用投入产出法演算剖析贸易结构，开了利用统计数据完整检验贸易理论的先河。同时，也阐释了传统俄林贸易理论已无法诠释战后国际贸易的实际，重新探索势在必行。第二次世界大战之后，科技的迅猛发展推动了劳动和技术从生产要素中分解出来，逐步成为影响国际贸易的重要因素。恰恰是上述原因，里昂惕夫在俄林原理的基础上变成"L×3"（L 表示劳动）。由此，不仅能和俄林原理保持一致，而且更加与贸易的实际相符。

里昂惕夫仅对俄林原理提出了一些补充和修正，但未创立另一种全新的理论。他的研究对贸易理论研究起到了极大的促进作用，它给我们的启示是：理论研究必须与实际相结合，才能确保理论的科学性。由于"里昂惕夫之谜"已被他自己解开，说明资源禀赋理论是成立的，因而资源禀赋优势也是一个国家开展对外贸易的诱因之一。

三 现代国际贸易理论

（一）规模经济理论

传统的国际贸易理论中，除假设不存在完全竞争外，还假设规模报酬不变。但在现实中却大量存在规模经济，为此，美国经济学家保罗·R. 克鲁格曼（Paul R. Krugman）和默雷·C. 肯普（Murray C. Kemp）创立了规模经济理论。所谓规模经济，是指随着产量的增加，产品的平均成本不断降低，又称为规模报酬递增。它分为内部规模经济和外部规模经济两种类型。内部规模经济是由于企业所需特种生产要素的不同分割性和企业内部进行专门化产生的。企业的长期平均成本曲线随着产量的增加先降后升，形成"V"形。

因此，内部规模经济是与一定行业内的企业的生产规模相对应的。外部规模经济来源于行业内而不是单个企业内部。它常常因企业的"聚集效应"而产生，所谓聚集效应，是指集中在一起的企业比单个孤立的企业更有效率。因为企业集中在一起能促进专业化供应商的形成，有利于劳动力市场共享和知识外溢。将规模经济作为国际贸易研究的假设，可以揭示国际贸易发生的新的原因。根据上述观点，具有规模经济的企业，在一个相当大的产量范围内，随着产量的增加，单位产品成本递减。产品成本递减就具有贸易的优势。因此，规模经济使国与国之间在资源上或在技术上存在差异一样，也应该成为国与国之间从事专业化生产、开展国际贸易的基础。

首先，在存在内部规模经济的行业中，规模大的企业比规模小的企业更能降低成本，也就更有优势，竞争的结果就会形成不完全竞争的市场结构。因此，内部规模经济对国际贸易原因的影响是用垄断竞争模型分析的。

其次，外部经济在国际贸易中也发挥重要的作用。广义的外部经济包括纯粹技术的外溢效应和市场规模效应。传统理论由于坚持完全竞争假设，因而只能将纯技术的外溢效应视为唯一的外部经济。现在，人们已经知道，外部经济可以提高生产效率，与要素禀赋的差异一样创造了产品的比较优势，通过国际贸易从国外得到的规模经济甚至比国内的规模经济更为有益。因此，外部经济也提供了贸易的基础。

（二）产业内贸易理论

产业内贸易与产业间贸易是不同的。从亚当·斯密到俄林贸易学说所探讨的都是产业间贸易现象。产业间贸易是指两国所交易的必然是不同生产部门所生产的产品，而资本充裕的国家成为资本密集型制造品的净出口国和劳动密集型产品的净进口国；而劳动充裕的国家进出口模式则正好相反。产业内贸易是指一个国家在出口的同时又进口某种同类产品。这里的同类产品是按国际贸易标准分类至少前三位数相同的产品，即至少属于同类、同章、同组的商品，它们既出现在一国的进口项目中，又出现在该国的出口项目中。①可见，产业内贸易模式反映出，即使两国具有完全一样的资本和劳动比率，它们的企业也会生产同类但有差异的产品，而消费者对这些产品的需求，既会促进各国扩大某种产品的规模，又会促使两国之间进行这些产品的贸易，有进有出，形成产业内贸易。格鲁贝尔（H. G. Grubel）认为，与产业内贸易有关的类别产品有三种类：一是完全能替代但生产投入很不相同的产品，但如尼龙毛线与羊毛毛线，这可以用要素禀赋学说来加以说明。二是生产投入极为相似但不大能替代使用的产品，这些产品是关联产品，如提炼原油时可以得到不同程度的石油产品，但同样可以用要素禀赋学说来解释。三是完全能够替代功能极为相似、生产投入也几乎一样的产品，这些产品在款式、质量、功能等方面存在细微的差别。这些产品的贸易大多发生在工业国之间，形成竞争性贸易，这是要素禀赋学说所不能解释的。

第二次世界大战后，随着工业发达国家之间产业内贸易的大量出现，尤其是制成品贸易，传统的比较利益模式无法正确地解释这种现象。为此，许多经济学家开始提出了各种不同于传统理论的说法，如林德的偏好相似理论、格鲁贝尔的产业内贸易。20 世纪 80 年代以来，在产业内贸易理论中，已开始成功地引用了规模经济和不完全竞争两种假设。可以说，产业内贸易是规模经济和不完全竞争起关键作用的结果。一般来说，规模经济导致完全竞争的崩溃，由于规模经济的存在，没有一个国家能单独生产所有制造品，虽然两国可能都生产一些制造品，但不会是相同的产品。因而分析有规模经济存在的贸易必须运用不完全竞争模型。在运用垄断竞争模型分析产业内贸易时，特别强调国际贸易的作用。国际贸易能够创造出更大的一体化市场，使那些具有规模经济的产业能够突破本国市场规模的限制，在一个扩大的一体化市场中进行产品销售，从而带

---

① 陈家勤：《当代国际贸易新理论》，经济科学出版社 2000 年版，第 22 页。

动该产业进行大规模的产业化生产，由于消费者需求多种多样，从而促进国际贸易量的扩大。

到目前为止，产业内贸易仍然集中在发达国家之间展开，而且集中于制成品贸易。加上发达国家之间目前的技术水平差异也在缩小，自然资源禀赋在各贸易国之间的重要性在减弱，因而发达国家的对外贸易仍将以产业内贸易为主。与此同时，新兴工业化国家或地区的某些产业内贸易也在逐渐增加。

（三）技术差距理论

要素禀赋学说在考察国际贸易原因时，假定两个国家在生产中使用相同的技术，同种产品的生产函数相同，并且都是一次齐次函数，但是，当国家之间所使用的技术随时间变化时，两个国家的生产函数就不再相同了，要素禀赋理论就不再适用，现实中各国使用的技术确实存在差距，并且差距还是动态的，那么，建立在技术变化基础上的贸易原因与模式是什么样的？1961年，美国经济学家波斯纳（M. V. Posner）建立的技术差距模型率先给出了解释，在此基础上，1966年，雷蒙德·弗农（Romond Vernon）提出了产品生命周期理论，并引入"技术创新"因素来分析工业制成品贸易现象，这是对要素禀赋学说的重大突破。

按照技术差距理论，工业国家之间的大量贸易建立在新产品和采用新工艺生产的基础上。新产品和新工艺使技术创新的企业在世界市场竞争中具有暂时的垄断地位，它们出口高新技术产品。进口国进行技术模仿，并开始生产这些产品，当它们最终掌握了和创新国一样的新技术时，在这种产品生产上，就与创新国具有相同的生产函数，它们可以发挥要素禀赋优势，大量对外出口，甚至完全占领创新国的国内市场。然而，与此同时，创新国的企业也许已经开发了更新的产品，采取了更先进的技术工艺，并开始出口，新的技术差距又产生了。该思想的核心在于持续的创造发明进程会导致贸易的产生。即使那些要素禀赋和嗜好相似，在一个静态的H—O模型的世界里不会开展贸易的国家之间技术进步也会导致贸易。

该理论的缺陷是：它没有解释技术差距的规模有多大，也没有探讨技术差距产生的原因或者技术差距究竟是如何随着时间而消失的。产品的生命周期理论是对技术差距理论的延伸。

（四）产品生命周期理论

随着科学技术的发展，国际贸易越来越受到技术进步的深刻影响。一种使生产效率提高从而使商品价格变得便宜的新技术的产生和运用具有生产要素供应量扩大的效果。因此，贸易越来越以技术差距为基础。如果一个国家发明了新技术、垄断了新产品制造技术，新产品就成为技术先进国家的主要出口产品。但是，国家很难长期垄断制造新产品的技术。如果新产品的制造技术流传到国外，当国外企业大规模仿效生产这种产品时，发明国的优势就逐渐消失了。美国哈佛大学教授弗农和威尔士等研究了这种现象，提出了产品生命周期理论。

他们认为，要素比例的配置随产品发展阶段的变化而变化。也就是说，在制造某种新产品时，它的生产要素比例的配置会发生有规律的变化。按照这个理论，许多新产品都有一个划分为四个阶段的生命周期。（1）创新阶段。这一阶段是创新国对某一种新产品的出口垄断时期。（2）发展阶段。这一阶段是外国生产者开始生产这种新产品的时期。（3）成熟阶段。这一阶段是外国产品在出口市场上进行竞争的时期。（4）标准化阶段。这一阶段是在创新国开始进口的时期。这个周期在创新国结束时，开始生产这种产品的其他发达国家，产品生命周期还在继续着，它可能处在生命周期的第二或第三阶段。这时，由于这种产品已成为标准化产品，技术容易掌握，低收入的发展中国家也开始生产这一产品，当产品成为标准化产品时，生产成本低廉便成了重要的竞争力量。

收入低下的发展中国家，由于其低廉的劳动力资源和土地资源使其在标准化生产市场领域的竞争具有极大优势。所以，当标准化生产和技术专利保护期过去之后，产品的生产将从发达国家向发展中国家转移。最终发展中国家反而成为这些产品的主要提供者，向世界市场输出产品并获取大量外汇。现阶段，计算机行业作为此类行业的新兴代表已经开始将其生产工厂纷纷转入发展中国家，而纺织、橡胶制品等一系列早起此类传统行业则已经趋于夕阳行业了。曾有位英国学者认为，汽车也接近标准化生产了，这是因为连韩国的汽车都已经开始向日本出口了。

因此，我们可以得出产品生命周期理论的一大特点：随着科学技术的发展进步，生产某一件产品所需的生产要素的比例也在不断地发生改变，而这种改变则在日趋激烈的国际贸易中产生了巨大的影响，将导致参与国际贸易的世界各国的既得利益分配发生变化。该理论较早地对贸易与投资之间的关系进行了比较系统的理论研究。弗农作为早期理论的提出者，他认为，生命周期的主要视角应该放在收益与成本之间的关系上来研究，之后随着研究的深入，他对此又有所改变，他开始对当时的美国大型企业的市场寡头和垄断行为进行了深入的研究，并发现大型企业为了维持其市场份额会着力形成一种独特的市场结构来防止其他企业进入市场，而在这种市场结构产生变化的过程中所显露的投资与贸易的关系则是产品生命周期理论所关注的。在该理论框架下，产品市场的结构随着产品的生产技术的逐步普及、生产成本的逐步降低依次从完全垄断市场经过寡头市场、垄断竞争市场最后成为完全竞争市场，而在此过程中投资与贸易之间的相互作用也是随之而不断变化的。产品生命周期理论通过其"线性特征"对这一复杂的过程进行了一定的简化，从而进一步强化了人们对投资与贸易之间线性关系的认知，进而使贸易可由国际投资来线性表示。① 这种所谓的"线性特征"就是：并不是说投资与贸易在数量上单纯的线性关系，而一般是指制造企业在走向国际的过程中所经历的一系列经济活动在顺序上的"线性化"表现。② 这种顺序表现为：大多数制造业企业在产品走向国际

---

① 陈家勤：《当代国际贸易新理论》，经济科学出版社 2000 年版，第 18 页。
② 联合国跨国公司与投资司：《1996 世界投资报告》，储祥银等译，对外经济贸易大学出版社 1997 年版，第 135 页。

市场时，首先是通过在国外寻找代理进行销售，然后再在国外设立自己的出口部门进行销售，之后再进一步通过非股权参与的方式在国外进行生产，最终在一国或者多国建立生产基地，通过国外子公司进行国际贸易。在这种线性的经济活动中，国际直接投资在一定程度上被看成贸易的替代经济活动。而且产品生命周期理论将产品从刚刚创新出来到生产技术的成熟的这一过程和制造企业将产品从国内生产到国外投资生产相联系。这是因为，当产品的技术足够成熟时，国外的模仿者生产的产品质量已经逐渐赶上，原创企业在国外直接投资生产销售将减少出口成本，有利于产品在国际市场上的竞争。因此，在生产技术仍未成熟以前，产品的原创企业只会进行国际贸易。而这种模仿者生产的产品质量的逐渐赶上也将一步步迫使创新者国际化进程的加速。

我们再将这一结论与产品生命周期理论的产生背景相联系，可以发现，该理论为 20 世纪五六十年代美国制造业大规模的对外投资提供了理论支撑，为制造企业通过投资方式进入外国市场进行了生动的描述。因此，现在仍有许多企业在其国际化进程中参考了该理论有关"线性特征"经济活动的内容建议。虽然近年来随着商品更新换代的速度越来越快，用产品生命周期理论来分析当代跨国公司的投资贸易活动越来越力不从心。但是，对于那些老牌的国际跨国公司来说，该理论在记录它们的发展历程上有着十分重要的作用。当今社会经济全球化正越来越成熟，市场上各类产品的更新换代越来越快，其生命周期也在日益缩短，甚至有些产品其技术还未成熟时就已经被其他产品淘汰。这种快速的发展使许多创新企业正面临着所谓的"领先惩罚"——领先迫使领先者持续领先。这也更进一步拉近了国际直接投资与国际贸易的联系。这已经不是简单的"谁导致谁"或者"谁代替谁了"，这也不是一句简单的互补关系所能描述的。在哪里投资，从哪里开始贸易——这已经成为各个跨国公司在开展国际经济活动时需要考虑的最主要和最直接的问题。现在越来越多的跨国公司将其内部的投资与贸易部门整合成一个综合部门,这是因为,随着投资与贸易之间联系的越来越紧密,孤立地将这两者分开处理是难以在现阶段跨国经济活动中保持竞争力的。因此,从这一层面来看,产品生命周期理论已经不能适应当今时代社会经济的发展了。①

四 国际贸易保护理论与政策

在国际贸易理论中,自由贸易和保护贸易是两条最基本的理论主线。如果我们回顾国际贸易的历史,我们可以发现,自由贸易只不过是高举的旗帜,而贸易保护才是各个国家都不愿意放弃的政策。所以,我们不得不说自由贸易只是贸易的"理想国",而贸易保护才是现实的历史进程。下面我们来梳理一下几种主要贸易保护理论。

(一)汉密尔顿学说

美国独立战争胜利后,受到战争的影响,给美国的经济带来了严重的打击。由于刚开始独立,南北双方还处于磨合阶段,观点存在分歧。北方的工业资产者提倡要实施贸易保护政策,而以种植业为主的南方代表则提出了不同的意见。当时,出任美国财政部长的汉密尔顿站在工业资产者的角度,他极其重视对制造业的发展,认为加强对制造业的保护有利于促进社会分工,加快人口的流动,推动美国就业规模的快速扩张,以及加快资本的增长,增强国家的竞争力和美国经济的发展具有极其重大的战略意义。因此,他于1791年向美国国会阐述了关于制造业的报告。

然而,汉密尔顿没有对自己的观点和理论进行深入的阐述,仅仅是向国会强调了制造业以及保护制造业的想法,当时的想法显得并不是那么成熟和有力,随后的一些经济学家对汉密尔顿的这一主张进行了系统化和理论化的研究,从而推动了保护制造业理论的形成。

---

① 陈家勤:《当代国际贸易新理论》,经济科学出版社2000年版,第19页。

（二）李斯特贸易保护思想

19世纪初期，当时德国的经济要远远落后于英国和法国。英国和法国凭借着发达的工业，在国际市场上大力提倡自由贸易，使大量的廉价商品涌入了德国，这给当时的德国市场带来了严重的冲击。在此情形之下，李斯特看到了德国资本家急需从国外自由竞争的威胁中逃离出来，摆脱自由竞争的束缚，从而他提出了保护贸易的学说，以此来对德国工业的发展起到促进的作用。保护贸易学说是与自由贸易相对的，这一学说的特点有：

第一，他认为，比较利益学说并不能够对提高德国生产力起到促进作用。李嘉图指出，商品不需要在本国进行生产，在其他国家生产与在本国生产比起来要更能够节约成本，因此，通过对外贸易就能够获得这种商品。而李斯特则不同意这种观点，他认为，虽然从国外购买商品能够极大地节约成本，但长期以来，会阻碍本国的工业发展，使本国的工业水平和地位一直处在边缘化状态，不利于国家的整体利益。保护贸易政策的实施正是为国家工业的发展提供了保障。一开始所生产出的产品的价格可能会比较高，但随着本国工业的不断进步，生产效率的不断提高，与国外产品比起来，本国产品将获得价格上的优势，进而反过来将促进本国工业的发展。

第二，李斯特认为，古典贸易学说脱离了历史，没有把各个国家的经济特点考虑进去，从而他对该学说进行了批判。他将一个国家的经济发展分为原始、畜牧、农业、农工业和农工商五个阶段，并指出，根据经济发展时期的不同，所适用的对外贸易政策也会有所不同。那些经济发达的国家使用自由贸易政策有利于促进其国家的经济发展水平的提高，而处于经济发展初期阶段的国家则使用贸易保护政策比较合适。因此，英国应该采取自由贸易，德国则倾向于实现贸易保护。

此外，李斯特还主张贸易保护政策有利于生产力的提高。一开始，通过实施贸易保护政策，从而对自身的工业生产进行保护，给予工业生产一定的保障，避免其受到外来竞争的威胁。当工业不断发展，自身竞争实力的不断增强，贸易保护则可适当放开，进而向自由贸易转化。他还特别强调了实施关税的重要性，把关税作为工业保护的一种主要方式。保护贸易学说对德国政策产生了有效影响，19世纪40年代，德国进口关税开始逐渐提升。此后，李斯特在《政治经济学的国民体系》中对保护贸易学说进行了详细阐述，并对西方学术界产生了重大影响。

（三）超保护贸易学说

随着资本主义生产方式的不断发展和改良，比较成本理论也在不断充实和完善。比较成本理论是在自由竞争时期出现的，到了垄断时期，国际竞争程度的加剧，垄断资本家为了维护自身的垄断利益，从而使该理论不断更替和演变成一种新的国际贸易理论。这其中最具代表性的人物是凯恩斯。

1936年，凯恩斯出版了《就业、利息和货币通论》一书，在这书中，他对国际贸易方面的相关观点和政策进行了阐述。

1929—1933年，西方多个国家爆发了严重的经济危机，在这次严重的经济危机之前，凯恩斯与贸易保护挂不上钩，他那时候提倡自由贸易。随后爆发的经济危机改变了他当初的这一做法。经济危机给西方各国的经济带来了惨烈的影响。加之国际市场上竞争的越发激烈，使西方的经济基本上处于萧条状态。在这种情形下，凯恩斯认识到了自由贸易的弊端，对自己之前的观点进行了转变。越来越认识到贸易保护政策对促进经济增长、扩大就业规模的重要性，从而他提出了"扩大出口、限制进口"的贸易政策。

首先，凯恩斯指出，古典的贸易理论将不再适应整个国际经济贸易的发展，它将成为时代发展进步的淘汰品。古典贸易理论中所提到的充分就业其实是一种虚幻理想化的状态，在实际社会中，是不存在的，甚至是与实际情况截然相反的。

其次，古典贸易理论并没有涉及市场调节的作用，市场调节对一个国家的国民经济和就业情况都会产生必要的影响。

最后，凯恩斯进一步强调了贸易顺逆差对经济的影响作用。他认为，在经济危机发生时，贸易顺差能够有效地提高国内需求，能够增强制造业的发展能力，对带动就业、缓和经济危机起到一定的作用。因此，他主张国家参与到对外贸易活动中来，为对外贸易活动提供保障，不断扩大出口，减少进口，扯开贸易顺差的口子。从而他认为，古典贸易理论与现代资本主义相脱节。

本书认为，保护贸易学说一旦获得了大量支持，那么肯定会造成出口国的产品出口造成阻碍，并形成关税或非关税壁垒，而在这种情形下，出口国为了继续扩大出口，就有可能向进口国进行直接投资，形成直接投资对贸易的替代关系。

（四）战略性贸易政策理论（新贸易理论）

战略性贸易政策理论是20世纪80年代由巴巴拉·斯宾塞和詹姆斯·布兰德首次提出，后经过保罗·克鲁格曼等的进一步完善，逐渐形成一个比较完整的理论体系，该理论也称为新贸易理论。该理论在不完全竞争和规模经济的前提下，依据产业组织理论和博弈论的最新成果，提出各国应积极实行政府干预的主张。该贸易理论概括了在寡头垄断市场结构下企业参与国际贸易的形式，构建了产业组织和国际贸易紧密结合的理论框架，总结了发达国家政府实施产业政策与国际贸易的部分实践。

总的来说，战略性贸易政策理论，是指一国政府在不完全竞争和规模经济条件下，凭借生产补贴、出口补贴等保护国内市场的政策手段，扶持本国战略性产业的成长，以增强其在国际市场的竞争能力，提高本国生产者从双头垄断的共同出口市场中所获得的利润。如日本战后对国内主导产业实施的战略性贸易保护政策，还有美国对高新技术产业、农业和国防工业等行业也实施了有效的战略性贸易扶持政策。

传统的贸易保护理论只强调保护国内的幼稚产业，而新的贸易保护理论不仅要求保护国内的幼稚产业，而且强调保护国内具有一定规模的垄断产业，即战略性产业。传统的贸易保护理论只提出用关税手段，保护国内产业，而新贸易保护理论提出除关税之外，还有出口补贴、生产性补贴等奖出限入的措施。

除了以上几种主要的贸易保护理论，20世纪80年代以来，公共选择理论也开始逐渐被应用于国际贸易中。该理论认为，在对外贸易政策的制定过程中也同样存在"寻租"行为。当然，贸易保护理论的盛行，还有对经济利益的谋求和政治的压力等。总之，贸易保护是一个漫长的历史过程，是对自由贸易理论的修正和补充。

第三节 国际直接投资相关理论

国际直接投资，也叫作外商直接投资（Foreign Direct Investment，FDI），国际货币基金组织（IMF）将它定义为："从事获取投资者所在国之外的企业长期利润的投资活动，投资者的目的是能够对企业的管理拥有有效的控制。"第二次世界大战以后，特别是自20世纪50年代后期起，跨国公司对外直接投资迅猛发展，日益成为国际投资的主流和世界经济发展的主导因素，并引起西方经济学者的普遍关注。于是，从20世纪60年代初期开始，以美国、英国为代表的西方经济学者从政治、经济、文化等方面对跨国公司海外直接投资行为进行了深入、系统的研究，形成了分析视角各异、理论派别众多的当代国际直接投资理论。跨国公司国际直接投资理论是从宏观和微观两个层面分别展开的，即基于完全竞争假设条件下的宏观分析和以不完全竞争为前提的微观分析。基于微观层次的跨国公司国际直接投资理论，因其更贴近实际，故在国际直接投资理论中居主流地位。

一 国际直接投资微观理论

一般而言，国际直接投资的微观理论主要回答以下三个方面的问题：（1）国际直接投资的动因，即企业为什么要到国外去从事生产经营？（2）国际直接投资的条件，即企业为什么能到国外去从事生产经营？（3）国际直接投资的区位，即企业应到国外什么地方去生产经营？对于这三大问题的研究与探讨，就构成国际直接投资微观理论的基本内容及发展主线，主要代表人物和理论是海默等的垄断优势理论，巴克莱的市场内部化理论，弗农等的产品寿命周期理论，邓宁将所有权优势、内部化优势和区位优势融为一体的国际生产折中理论等。

（一）垄断优势理论

垄断优势理论也称为特定优势论、产业组织论，是关于跨国公司凭借其特定的垄断优势从事国际直接投资的一种跨国公司理论。这种优势主要体现在知识资产上，使用知识资产生产出当地企业无法与之竞争的高技术产品或异质化产品，创造额外利润，就能弥补从事海外经营的额外成本，克服国际直接投资中碰到的诸多不利因素，进而能够胜过当地企业一等，获得生存与发展。垄断优势理论是关于大公司依靠其特定的垄断优势拓展对外直接投资的一种跨国公司理论。

20世纪60年代初，美籍加拿大学者海默（S. H. Hymer）首先发现，以利率的差别来说明资本国际流动的理论难以解释战后对外直接投资现实。早在1960年经济学家海默在其麻省理工学院的博士毕业论文《国内企业的国际化经营：一项对外直接投资的研究》中，首先提出了以垄断优势来解释跨国公司对外直接投资的理论，从而开创了以国际直接投资为研究对象的新的研究领域。① 海默认为，国际直接投资不仅仅是一个简单的资产交易过程，它还包括非金融和无形资产的转移，是跨国公司发挥其内在组织优势的过程。美国企业之所以能够从事海外直接投资，其主要决定因素在于美国企业拥有技术和规模等垄断优势，而垄断优势缘于美国企业控制了技术的使用以及实行水平一体化和垂直一体化经营。尽管海默的理

---

① Hymer, S. H., "International Operations of National Firms: A Study of Direct Foreign Investment", *Doctoral Disseration*, Massachusetts Institute of Technology, 1960. 此后其导师金德伯格（C. P. Kindleberger）又对此理论做了完善，Kindleberger, C. P., *American Business Abroad*; *Six Lectures on Direct Investment*, New Haven, Yale University Press, 1969。

论最初便得到了其导师金德尔伯格（Charles P. Kindleberger）的认同和支持，但当时其在学术上的重要贡献并没有受到应有的重视。1974年，海默英年早逝，随后金德尔伯格系统地阐述了垄断优势理论，使该理论得以在西方学术界广为重视。而直到1976年，海默关于对外直接投资的开创性著作才得以正式出版。也正因为如此，金德尔伯格和海默被并称为垄断优势理论的创立者，该理论也被称为"海默—金德尔伯格学说"（The Hymer–Kindleberger Theory）。

垄断优势理论对于传统资本国际活动理论的突破与发展在于：（1）提出了直接投资与证券投资的区别，即直接投资注重对国外企业经营管理的控制权，而证券投资则不涉及企业的控制权；（2）摒弃了传统理论关于完全竞争的假设，主张从不完全竞争出发来研究企业对外直接投资；（3）把资本国际流动研究的重点从流通领域转到生产领域。

（二）市场内部化理论

市场内部化理论是西方学者为建立所谓跨国公司一般理论所形成的理论观点，是当代解释跨国公司国际直接投资动机及决定因素的一种广为流传的跨国公司理论。通过建立内部市场，跨国公司将赢得内部化所孕育的全部优势和潜在利益。

内部化这一概念是由美国学者科斯（R. H. Coase）在其所著的《企业的性质》一文中首先提出的，但当时并未引起重视。市场内部化理论出现于20世纪70年代末80年代初，其主要代表人物是英国里丁大学的巴克莱（P. J. Buckley）、马克·卡森（M. Casson）和加拿大经济学家拉格曼（A. M. Rugman）。主要著作有巴克莱和卡森1976年共同著作的《跨国公司的未来》、卡森1979年著的《跨国公司的选择》和拉格曼1982年著的《跨国公司内幕》。

巴克莱和卡森认为，以前有关跨国公司动因的阐述缺少综合的理论基础，因而不可能对跨国公司国际直接投资提供一个综合的、系统的理论解释。为此，他们发掘和使用了科斯关于企业起源和均衡的理论观点。科斯理论的基本观点是：任何协作生产都需要一定的社会机制来指挥和协调,具体调节方式有二:一是在企业外部,生产由市场机制协调;二是在企业内部,市场交易被取消,而由企业家来指挥和协调整个生产的进行。对于某些类型的交易而言,利用市场的交易成本很高,从而导致市场失败,因而只要能在企业内部交易且所需成本比利用外部市场的交易成本为低,企业便会自己来从事这些交易并使之内部化。巴克莱等由此得到启示:只要在某个地方国际资源配置内部化比利用市场的成本低,企业就会利用这种方法将其所拥有的特殊优势资本化和国际化,即跨国公司是市场内部化过程的产物,是内部化经营超越国界的产物。因此,市场内部化理论渊源于科斯定理,是交易成本学说在国际直接投资领域的发挥(发展与应用)。

企业内部交易的扩大,是当代国际贸易的一大特点。其中,根据联合国所属的跨国公司研究中心最早在1977年开始对当时世界上最大的329家跨国公司所进行统计和调查数据,发现这些跨国公司的母公司出口中有1/3为公司内部贸易,其中,美国公司为45%,西欧公司为30%,日本公司为17%。由此可见,公司内部贸易已经在跨国公司进出口贸易中占有重要地位。跨国公司为什么不利用现存的世界市场,同其他国家的企业交换产品,实现各国企业之间的国际分工,而另辟蹊径,通过对外直接投资,建立企业内部市场,利用内部贸易协调国际分工呢?剖析企业内部资源配置和交换机制问题,并形成一种理论,用以解释跨国公司对外直接投资的成因,就是内部化理论。

巴克莱和卡森等提出的内部化理论,是当前解释国际直接投资的一种比较流行的理论,市场内部化的动机能够解释跨国公司不断在国际上建立子公司的原因等。虽然内部化理论很好地回答了企业为什么要选择对外直接投资形式或跨国经营方式,而不采取发放许可证和技术贸易方式的问题,但并没有充分说明企业为什么一定要到国外去投资生产,因为企业在国内投资生产,用内部市场取代外部市场,也可获取内部化收益。同时,该理论不能解释企业国际直接投资的区位问题，即企业为什么要到 A 国而不到 B 国去进行投资生产。

（三）国际生产折中理论

1976 年，英国著名经济学家邓宁（J. H. Dunning）在研究当代跨国公司的生产过程时首次提出了国际生产折中理论。① 邓宁主张在研究跨国公司的对外经济活动时，要综合考虑其在国际直接投资时的目的、条件和投资能力。这就是该理论的主要思想。国际生产是指跨国公司对外直接投资所形成的生产活动。邓宁认为，20 世纪 60 年代以来，国际生产格局发生了由单一向复杂的变化，即国际直接投资的国家、部门、结构、流向和方式等均发生了重大变化。然而，现有的各种国际直接投资理论均缺乏全面性，尤其是忽视了对国际直接投资的区位因素的考虑。因此他主张，在吸收这些理论的基础上，引进国际直接投资的区位理论来统一解释跨国公司从事国际生产的能力和意愿。他于 1976 年发表了其代表作《贸易、经济活动的区位与多国企业：折中理论探索》，提出在研究跨国公司国际生产活动中，应吸收区位理论，并融入俄林的要素禀赋论，运用了"折中"的方法，博采各家之长，即归纳和吸收了海默等的垄断优势理论、巴克莱的内部化理论，以及他自己的区位理论，并在此基础上综合加以改造，从而形成了独具特色的国际生产折中理论，即 OIL 理论（Ownership – Internalization – Location），又称所有权、内部化和区位三优势理论。1981 年邓宁出版了《国际生产与跨国公司》一书，进一步系统地阐述了折中理论。这种具有较强概括性、综合性和适用性的国际直接投资理论自问世以来，在西方经济学界产生了极大的影响。

邓宁的观点充分考虑了以往的国际生产方面的研究，其主要思想由三部分构成：国际生产中的垄断优势、内部化优势和区位优

---

① 1976 年邓宁发表了《贸易、经济活动的区位与多国企业：折中理论探索》的论文，阐述了国际生产折中理论的基本思想。参见 Dunning, J. H., *International production and Multinational Enterprise*, George Allen & Unwin, London, 1981。

势,他的理论因此叫作国际生产折中理论。国际生产折中理论认为,跨国公司对外直接投资是由所有权特定优势、内部化特定优势和区位特定优势这三个基本因素综合决定的。

邓宁的国际生产折中理论,从分析研究各国经济活动的结构、经济的发展与政府的政策措施出发,说明企业在国际化经营中所有权优势、内部化优势和区位优势及其表现,并把它们同各国跨国公司国际生产的特征与类型联系起来,该理论可概括为如下公式:

对外直接投资 = 所有权特定优势 + 内部化特定优势 + 区位特定优势

上述三个变量的不同组合直接影响企业的决策。邓宁认为:

(1) 以上三个基本要素是相互关联的。企业只有同时具备这三个方面的优势,才有可能从事对外直接投资活动,而且所具有的这些优势越强,对外直接投资的可能性就越大。如果本国企业在这三个方面都处于劣势,则有可能产生吸引外国直接投资。

(2) 如果企业只具有所有权和内部化两种优势,则可能选择出口贸易方式。

(3) 如果企业只具有一种所有权优势,则只能选择许可证方式出售或出租所拥有的无形资产。单纯的国际技术转让,只需要具备所有权优势,而没有后两种优势。邓宁曾经根据企业所具备的优势提出可供选择的方案如表2-2所示。

表2-2　　　　　　　　　可供选择的方案

	所有权特定优势（O）	内部化特定优势（I）	区位特定优势（L）
对外直接投资	√	√	√
出口贸易	√	√	×
许可证安排	√	×	×

上述三位一体的表述被称为"三优势模式",构成对外直接投资的三种优势还有另一种细分法,即分为国家层（宏观）、产业层

(中观)和企业层(微观)。邓宁偏重于从国家层分析这三种优势,并说明了国家层优势对产业层、公司层优势的制约作用。他还认为,所有权、内部化和区位优势在世界各国分布不均衡,且各不相同,因而必然会影响各国产业和企业的优势性质和范围,进而影响跨国公司从事国际直接投资的程度和形式。

另外,根据三种优势的不同组合,邓宁把国际生产分为以下六种类型:(1)资源开发型;(2)制造业的进口替代型;(3)产品生产或加工型;(4)贸易销售型;(5)服务型;(6)其他。

邓宁的国际生产折中理论,其特色在于平庸的折中和杂烩式的兼容,就理论形态而言,是比较完善和成熟的,较之其他跨国公司理论,它具有综合分析、宏观分析、区位分析和动态分析四个方面的特点。该理论在解释整个国际经济活动方面做出了重要的贡献,具有理论意义,因而在现代跨国公司和国际直接投资研究领域中被认为是最完备的模式。邓宁的国际生产折中理论较系统、全面地回答了国际直接投资理论中的三个大的问题,即动因、条件和区位问题,正因为如此,该理论被誉为国际直接投资理论的"通论"。但邓宁的理论并不是一种独辟蹊径的新论。该理论并不是对国际直接投资领域中的一切现象都能做出解释,它的适用范围主要限于以一个企业为单位的微观领域,而对于以多个企业、多个产业,乃至整个国家为基础的宏观或准宏观领域中的对外直接投资问题,必须用另一范围的国际直接投资理论来解释,即宏观直接投资理论。

(四)产品寿命周期理论

哈佛大学教授雷蒙德·弗农提出了产品寿命周期理论,该理论从产品技术垄断的角度分析国际投资产生的原因,认为产品寿命周期的发展与对外直接投资有着密切的关系。

1966年,雷蒙德·弗农发表了《产品周期中的国际投资与国际贸易》,他指出,美国企业的对外直接投资和产品寿命周期之间有所关联。其中,产品寿命周期指的是产品在市场竞争地位中经过了向市场推出、逐步扩大并充斥市场、被替代退出市场的变化过程,这也是一个产品由盛到衰的变化过程。值得注意的是，这里的产品寿命并不是产品使用价值磨损殆尽的变化过程，而是产品在市场上的营销寿命。雷蒙德·弗农的理论把国际投资、国际贸易、产品寿命周期联合探讨，以产品寿命周期的变化为切入点，解释了美国在战后关于对外直接投资的动机以及如何选择对外直接投资的区位，他的理论被称对外直接投资的产品周期理论。[①]

但是，雷蒙德·弗农的理论还存在一些缺陷：第一，该理论用产品区位转移的三段模式来解释美国对外直接投资，阐述了从母国生产和出口即在发达国家投资生产、母国减少生产和出口即在发展中国家投资生产、母国停止生产改为由海外进口这三种随时间推移的模式。这种说法可以解释一段时间内的，但不能解释20世纪70年代以来美国出现的新情况。因为从70年代开始，很多美国的跨国公司就致力于国外研究、开发和销售新产品。第二，该理论只是探讨了美国企业的情况，本国开发资本技术密集型产品，然后转移到发展中国家进行投资生产。这是美国的情况。而日本学者小岛清的理论以日本海外直接投资为主进行研究，得到了完全不同的解释，所以，雷蒙德·弗农的理论还有比较大的局限性。第三，该理论认为，因为母国垄断优势的逐步消失才导致对外直接投资，但是，事实上，许多跨国公司并非如此，它们既保持了母国的技术优势，也同时进行国际直接投资。

（五）交易成本理论

交易成本理论是海纳特（Hennart）于1982年提出的，该理论是在综合了交易成本经济学、产权理论、市场失效理论等理论的基础上建立的针对跨国公司国际直接投资的理论。该理论认为，市场和企业作为人类经济社会的两种基本结构，它们之间是可以相互替代的。市场利用价格体系来控制个体行为及资源再分配；行政结构

---

① Vernon, R., "International Investment and International Trade in the Product Cycle", *Quarterly Journal of Economics*, May 1966, pp. 190–207.

调整、薪水制度、行政指令等则是企业常用的方式，以此来控制个体的行为，并协调利益关系。企业在进行一些经济活动时能够比市场更有效率，所以，企业可以部分性地替代市场。海纳特认为，完全竞争性市场在现实经济生活中是不存在的，因为市场参与者的理性有限，所以，货物或服务的价值在市场交易中不能完美度量。如果要将货物或服务的价值进行完美的度量，就必须付出成本，而当成本较高时，也没有办法做到完美度量，那么就会产生投机行为，市场交易成本不为零。

海纳特认为，为了有效地减少交易成本，可以通过消除投机机会、调整市场参与者的利益机制来实现，那么企业也就由此而产生。企业能够将市场的参与者结合在一起，将交易主体纳入同一个行政组织之中，进而将市场交易纳入企业之中，弱化了各主体相互欺骗的动机意识。市场价格体系被行政命令、薪水制度等取代，公司员工执行命令的质量决定了其报酬。对于跨国公司来说，也是具有积极意义的，它们通过行政结构，减少了交易成本，使一些特定的交易更加便利地进行。但是，公司的行政结构将雇员的报酬与实际表现之间的直接联系割断了，所以，有时企业的功能也会在一定程度上失效。虽然公司雇员的投机欺骗的动机意识弱化了，但是会产生躲避责任的行为，为了增加个人利益而损坏公司整体利益。即公司的组织成本不等于零，当组织成本与市场交易成本相等时，公司达到了最佳规模。

二　国际直接投资宏观理论

一般情况下，国家并不构成直接的生产者和投资者，但是，由于每个主权国家均拥有独立的版图和行政边界，又具有干预本国经济活动的巨大权力，因而，各国的经济活动具有相对独立性，国家就成为世界经济生活中不可忽视的一级利润主体。当把国家作为独立的和统一的行为主体来考虑时，就形成了宏观直接投资理论，其中主要有边际产业扩张理论和投资发展阶段理论等。

(一）通货区理论

海默及有关的其他学者是从微观的企业经营决策行为角度来解释对外直接投资的决定因素的。但在现实过程中，跨国公司的对外直接投资还要受到一些宏观经济因素，如货币变量的影响。第二次世界大战以后，美国企业大举向西欧投资，在一定程度上受到美元相对西欧各国货币定值较高的刺激。海默等从微观角度提出的垄断优势理论显然忽略了对这类因素的分析。美国学者阿利伯（Aliber，1970）从分析国家货币政策、利率、汇率等宏观经济变量对海外直接投资影响的角度，对垄断优势理论进行了补充。[①]

他认为，在国际金融市场上，有以各种通货定值的债券，债券持有人承担该项货币相对贬值的风险。因此，该债券利率必须反映该项通货的预期贬值率，即必须包含一项通货升水，以补偿投资者的汇率风险。由于世界上存在不同的通货区，其中，有的货币坚挺，有的货币疲软，因此，决定各种通货预期收入流量的折现率也不相同。由于这个原因，通货相对坚挺的国家的企业便由于本国"通货升水"低而得到优势。阿利伯认为，虽然美国的跨国公司在不同的通货区从事经营，但由于美元在战后很长一段时间内是受欢迎的硬通货，美元的通货升水低于其他货币的通货升水，因此，美国跨国公司便可以较低的市场利率在国际金融市场上或当地金融市场筹款，为公司在当地的投资支付资本，取得直接的利益。而且，只要美元保持其硬通货地位，美国公司在东道国收购企业也可获利。但是，如果当今世界上仅仅存在一个通货区，且是统一的，那么汇率风险、"通货升水"就不会存在。阿利伯认为，在这种情况下，利用区位分析就可以解释跨国公司直接投资的原因。该理论重点旨在说明货币变量对跨国公司直接投资的影响。

然而，阿利伯的理论也有其局限性。美国企业战后对西欧直接

---

① Aliber, R. Z., "A Theory of Direct Foreign Investment", in Charles P. Kindleberger ed., *the International Corporation*, 1970.

投资迅速增长也许与美元坚挺有联系,自20世纪70年代以后,尽管美元及英镑的地位下降,美国企业及英国企业的对外直接投资仍然继续增长。有的学者认为,英国跨国公司在英镑疲软时期似乎更愿到海外投资,以便从将该国的硬通货兑换成英镑中获得利益。而且,阿利伯的理论也难以解释美国与西欧之间直接投资双向流动的现象。

(二) 边际产业扩张理论

战后跨国公司理论以海默和金德尔伯格的垄断优势理论及弗农的产品寿命周期理论为主流。20世纪70年代中期以前,日本学术界也普遍接受上述说法。但到了70年代的中期,日本学术界认为,上述理论具有局限性,因为该理论只探讨了美国跨国公司的相关问题,而没有研究其他国家对外直接投资问题。于是,日本一桥大学教授小岛清(K. Kojima)在其所著的《对外直接投资论》(1979年)、《跨国公司的对外直接投资》和《对外贸易论》(1981年)等书中,根据日本对外直接投资的特点,构建了"小岛清"模式来解释和指导日本的对外直接投资活动。[1] 小岛清的看法是:海默和弗农的理论都认为,寡头垄断企业发展和扩张必然导致对外直接投资,国际直接投资是通过对外扩张来巩固和扩大寡头垄断。海默和弗农的理论从微观理论角度着重强调内部垄断对海外直接投资的影响,更加侧重于微观经济和跨国公司管理,但对宏观经济因素,特别是比较成本原理在国际分工中的作用缺乏分析。因此,他们的解释只符合美国企业的对外直接投资。而且,他们认为,其理论是对外直接投资的唯一类型与行动原则,这是不全面的,因为忽略了日本式的对外直接投资,因而不能解释日本企业的对外直接投资问题。在分析方法上,以往的理论常常停留在一种商品、一种产业或一个企业的分析上,未能在多种商品、多个国家比较成本的基础上

---

[1] Kojima, K., "Direct Foreign Investment: A Japanese Model of Multinational Business Operation", London, Croom Helm, 1978.

进行研究，建立直接投资与贸易相统一的理论。小岛清应用国际分工中的比较成本原理，分析和比较了日本型和美国型两种不同对外直接投资的差别，提出了能够用来解释日本对外直接投资的理论。小岛清的理论被称为"小岛清模型"，也叫"边际产业扩张论"。同时，由于他是从企业比较优势的动态变迁角度来解释日本企业国外直接投资的理论，所以，该理论也被称为"比较优势投资论"。他的理论对美英学者产生了很大的影响。

小岛清曾总结了他的理论的基本内容，按照他的话来说，小岛清理论的核心观点是：国家的对外直接投资是从处于比较劣势或者即将处于比较劣势的产业开始依次进行的，这些产业也可以被称为边际产业。① 边际产业不仅仅包括已经处于比较劣势的劳动密集产业，还包括某些行业中装配或生产特定部件的劳动密集的生产部门或生产过程。这些行业、部门或企业可以统称为"边际性生产"。也就是说，一国的所有处于比较劣势或即将处于比较劣势的生产活动，都应以直接投资的方式有顺序性地向国外转移。小岛清认为，国际贸易是以比较成本既定进行的，但对外直接投资因为是按照趋于比较劣势行业开始投资原则进行的，所以，能够扩大两国的比较成本差距，创造出新的比较成本格局。因此，他的理论将国际贸易与对外直接投资建立在共同的综合的理论基础之上。

由于小岛清在对外直接投资理论分析中纳入了国家这一宏观因素，其边际产业理论在一定程度上填补了国际直接投资中的一些空白。但是，由于小岛清理论所反映的是日本在特定历史时期（20世纪50—70年代日本对外直接投资的发展初期）的现实情况，因此，小岛清模式缺乏普遍意义。

（三）竞争优势理论

美国哈佛商学院、著名企业战略专家迈克尔·波特（Porter）在

---

① ［日］小岛清：《对外贸易论》，周宝廉译，南开大学出版社1987年版，第444页。

1980年、1986年和1990年分别出版的《竞争战略》《竞争优势》和《国家竞争优势》三部专著中,提出了一套理论,该理论以"竞争优势"为中心。外商投资企业竞争优势被引入该理论中,这在一定程度上扩充了国际直接投资理论。竞争优势理论主要说明了三个重要问题:第一,企业为了获得持久的竞争优势应该采取什么样的竞争战略?第二,企业竞争优势从内部价值增值角度看的来源是什么?第三,企业的国内和国外经济环境是怎样制约及影响企业开发竞争优势能力的?

波特认为,传统的比较优势不能够解释一些国家在某一特定产业中所具有的明显优势。他提出的钻石模型可用图2-1表示。

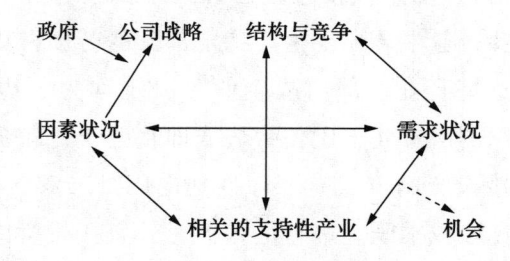

图2-1 波特的竞争优势钻石模型

钻石模型也被称为国家竞争优势菱形图,图2=1中展示了构成竞争优势的主要因素之间是彼此相互增加。因素状况是指一个国家的基本情况,包括本国的资源、基础设施、教育等可以转化为专业优势的能力;需求状况指的是一个行业的产品或者服务在国内市场拥有的顾客数量,并且最为重要的是国内顾客的精明程度;相关的支持性产业指的是一个公司与之关联的产业。波特认为,一流的供应商对于一个快速发展的行业来说是必不可少的,并且可以在与那些同自己经营领域相关企业的竞争之中获得利益,这些同自己经营领域相关企业和供应商形成一个行业"群",能够加速技术革新;一个国家的企业如何创立、组织管理、开展国内竞争是由该企业的战略、结构、竞争等条件决定的。在菱形图中，如果只具有一两个优势的公司是不能持久的，因为竞争对手能够比较容易获得这一两个优势并战胜这些优势。在日本，尖端产业取得了广泛成功，它们不仅拥有四个部分的竞争优势，而且这些竞争优势能够彼此相互增加。这也就是波特提出的对外直接投资的新发展模式。

竞争优势理论是关于国际直接投资的一个理论新发展。波特的竞争优势菱形动态模式中指出了国际投资应该遵循的"先内后外"顺序，有理论创新性。波特认为，对外投资的发生是因为激烈的国内竞争引起的，为了确保对外直接投资的成功必须要在激烈的竞争中获得优势，这种看法具有一定的现实意义。不过，波特的国家竞争优势理论还只是局限于他对日本企业状况的分析和研究，研究结论在其他国家是否能适用还需要进一步观察。

（四）投资诱发要素组合理论

近年来，西方学者提出了投资诱发要素组合理论，该理论指出，投资的直接诱发要素和间接诱发要素共同决定了任何类型的对外直接投资产生。直接诱发要素指的是各类生产要素，比如劳动力、资本、技术、管理、信息等要素。首先，当一个投资国拥有某一种直接诱发要素的优势时，它就会以对外直接投资的方式将这种要素转移出去。其次，当一国拥有某种直接诱发要素的优势时，还可以诱发并刺激其他投资国对该国的对外直接投资。

除直接诱发要素之外的其他非要素因素就是间接诱发要素。包括：第一，投资国政府对对外直接投资的影响因素，比如鼓励性的投资政策、国家政治的稳定性、政府的协议等；第二，东道国对对外直接投资的影响因素，比如投资环境、东道国与投资国的协议等；第三，世界性诱发要素对对外直接投资的影响因素，比如经济国际化、一体化、区域化、集团化的发展趋势，科技整体的发展，国际金融市场波动等。直接诱发要素和间接诱发要素的组合共同诱发了对外直接投资。发达国家拥有诸如资本、技术及管理知识等要素优势，故其对外直接投资主要是直接诱发要素在起作用，而发展中国家在很大程度上是间接诱发要素在起作用。①

（五）环境—制度—政策理论范式

国家特定特征的环境—制度—政策理论范式是20世纪80年代由库普曼·孟蒂斯提出的，简称ESP范式。该理论认为，东道国和母国的环境（尤其是基础设施）、制度条件（市场经济的配套制度和税收、法律、技术引进等方面制度的完备程度和可操作性）、跨国公司政策等环境、制度和政策因素影响着跨国公司国际直接投资流向、国际生产区域配置、生产经营战略及其效应。该范式的基本原理不仅可以用来解释本国和外国多国企业的生产定位，而且还可以用来解释这些跨国公司的竞争优势以及组织跨国公司国际生产经营活动的方式和战略。

三　发展中国家对外直接投资理论

发展中国家的对外直接投资开始于20世纪60年代，它们的投资形式从开始的对外直接投资经过十年的演变发展为新兴国家的跨国集团公司的形式，逐渐成为国际竞争领域中一股重要的力量。学术界随之开始对发展中国家的对外经济活动越发关注起来。在国际生产折中理论中，邓宁虽然分析了发展中国家企业在对外直接投资时所具有的所有权优势、内部化优势和区位优势的组合以及它们与发达国家企业之间的区别，但是，以发展中国家对外直接投资企业为研究对象，研究其特有优势的理论却是20世纪80年代中期以拉尔（Sanjaya Lall）的适应性技术理论和威尔斯（Louis T. Wells Jr.）的小规模技术理论为代表。

（一）适应性技术理论

拉尔首先比较论证了不同发达国家跨国公司，他认为，在发达国家并不存在共同的垄断优势。另外，拉尔还分析了发展中国家对外直接投资企业的特有优势。假定认为，前沿技术和营销手段方面，发展中国家的企业没有比较优势，而发展中国家的企业在使用

---

① 张志元：《国际直接投资新理论介评》，《世界经济研究》1998年第3期。

成熟的技术以及非差异性产品的特殊营销技能方面具备特有的优势。这种优势建立在改进成熟技术或者生产工艺的能力上，也可能建立在提供相关成熟技术方面拥有成本优势。但是，为什么发达国家的跨国公司不可以利用相关成熟技术作为垄断优势呢？拉尔的适应性技术理论对此做出了回答。

技术进步拥有两个特点：从微观上看，技术进步具有局限性和不可逆性。每个企业对技术进步的知识是有局限的，即具有不可逆性；发展中国家企业使用不同于发达国家企业的技术。从消费偏好看，发展中国家企业契合本国的消费者。发展中国家企业不仅在技术和产品上具备优势，倾向于小规模技术也是其技术创新的特点。一些大的发展中国家，其企业有时候也可以生产差异化产品，与发达国家企业产品相竞争。最后，发展中国家企业通过本国投资，都能够强化上述优势或者由于发展中国家政府青睐本国企业或者由于发展中国家东道国与母国之间共同的语言与文化背景等。

因此，发展中国家企业可以基于比较低的技术水平实现对外直接投资的企业特有优势。这种特有的优势不但有利于促进对其他发展中国家的对外直接投资，而且其对成熟技术的创新还可以使它们对发达国家进行直接投资。有两个因素强化了这种企业特有的优势：发展中国家企业获得本国廉价的熟练劳动力；发展中国家企业可能从属于大型的家族企业集团或者大型的国有企业，在资金、管理和技术等方面这种组织形式给发展中国家企业提供了额外优势。

（二）小规模技术理论

对发达国家跨国公司的研究通常注重技术优势，那么随之而来的问题就是：技术优势在发展中国家对外直接投资中起着怎样的作用以及与发达国家企业的技术优势有哪些差别？威尔斯对发展中国家跨国公司进行了实证分析，提出了有关发展中国家对外直接投资的小规模技术理论。威尔斯提出，发展中国家企业具有反映投资母国市场特点的特有技术优势，而母国的市场规模与发展中国家本国市场规模相似，这一点使这种技术在发展中国家东道国投资过程中产生了比较优势。威尔斯从以下三个方面分析了发展中国家跨国公司的比较优势：（1）拥有小规模生产技术为针对小市场需要提供服务；（2）在民族特色产品方面，发展中国家在海外生产上具备优势；（3）以低价产品为营销战略。

四　相关理论评述

由于有很多因素对国际直接投资的形成产生影响，所以，不能用一个统一的理论来解释。上面阐述的部分理论都只能解释一部分现象。要分析国际直接投资的发展，首先需要明确几个基本假设，然后由假设出发，进行定性与定量研究，以形成对当前国际直接投资现象进一步理解。

投资方和被投资方都受益于经济学中的基本原理——分工和专业化，这是国际直接投资产生的根本原因。杨小凯在新兴古典经济学中对其予以了阐述。国际直接投资属于综合性的生产要素流动，这对投资方和被投资方都有益。国际直接投资本质上是一种在许多跨国公司和被投资方之间的多方信息不完全的动态博弈过程，具有不确定性特点。当今以信息技术和交通发展为特点的社会科学技术的快速发展为国际直接投资的发展创造了有利条件，也对国际直接投资中比较优势及国际经济政治关系产生影响。和平与发展是当代国际经济与政治的特点，这体现在联合国、世界贸易组织等国际组织的协调上。合作比冲突更有利已经成为世界各国的共识。随着国际投资与贸易规则逐步完善，交易成本大大降低，促进了国际直接投资的发展。在国际直接投资的动态博弈过程中，有两个因素影响了投资方与被投资方的利益分配：一是微观的企业。二是投资国和被投资国的国际地位。当投资国和被投资国的国际地位平等时，可以有比较均衡的利益分配；当投资国和被投资国的国际地位不平等时，处于有利地位的是投资方——跨国公司，被投资方，尤其是发展中国家，将处于弱势地位，获得较少的利益。被投资方接受投资时目的在于增强自己的竞争力。否则，虽然国际直接投资对双方都有利益，但利益不均衡，长期积累会拉大国家之间的贫富差距。利润最大化是跨国公司进行国际直接投资的根本倾向，在它们的战略竞争中，它们追求长期利润最大化。追求市场份额和垄断竞争是其手段，不是目的。没有国籍的跨国公司并不存在，其利益最终和它的母国紧密相连。当前，投资理论主要侧重于微观的企业——跨国公司的研究，缺乏从整个世界和国家层次的分析，即纵观和宏观视野。从前述现状分析可以发现，国际直接投资不仅仅是发达国家跨国公司独有的，发展中国家也可以充分予以利用。但是，国际直接投资主要表现在企业的微观行为方面，旨在追求的是长期利润最大化。特别是在早期，政府应该减少干预，并给予适当支持。

第三章 国际投资与贸易规则的市场产权分析

第一节 市场产权理论概述

一 市场产权的内涵及主体属性

（一）市场产权的内涵

在人类第二次大分工时期，人们进行生产的目的是交换，由此使手工业从农业中分离出来，产生了市场，市场最初的内涵仅是指商品交换的场所，体现着供求关系。有商品交换，就要有商品交换的场所。哪里有社会分工和商品交换，哪里就有市场。随着商品经济规模和商品交换范围的扩大，市场的地域范围从原先的局部性地方市场，发展成为全国市场，以致出现当今的国际市场和全球市场。市场可以看作一种经济活动组织，它是由政府投入了大量的成本或者付出了巨大的代价而建立起来的商品交换的场所。因此，这种由于投资而形成的物品（包括有形市场和无形市场）的所有权必然归属于投资者或者投资主体，并且两者之间由此必然形成一种产权关系，即投资主体拥有着市场产权。

由此可得出，市场产权是一系列权利束的规则与制度安排的集合体，基于产权的视角，市场指的是一个国家的中央政府通过一系列的规则和制度，构建并拥有市场以及对市场进行运作和管理并从市场中获利的场所。市场产权由市场所有权、市场占有权、市场经营权和市场收益权四个权利组成。其中，市场所有权是狭义的市场所有权，指的是一个国家所拥有的市场本身具有的排他性权利，这种排他性权利是基于领土主权的，它在解决国与国之间和国家与企业之间的市场产权问题方面发挥着主要的作用。循此思路，在我们考察国际投资贸易规则时，可以为研究提供一个新的理论与应用分析框架。

(二) 市场产权的主体属性

1. 市场产权的稀缺性

从一般意义上讲，稀缺性是指"物质的不可获得性"。在经济学文献中，"稀缺意味着可用的数量不够满足全部的需要和欲望"。①按照萨缪尔森的定义，"经济稀缺性"指的是经济生活中这样一个基本事实：人力资源和非人力资源的数量都是有限的，即使用这些资源，最好的技术知识所能生产出来的每一种物品，也都有个有限的最大数量。

一般来说，资源的稀缺性与"匮缺性"密切相关，市场产权作为一种稀缺性物品，其稀缺性在现代市场经济条件下主要表现为以下两个方面：

其一，无论作为交换场所还是交换关系，市场本身是有限的，并非无限大。也就是说，它的交换空间和交换关系是存在限制的。由于人类生产能力的继承性，生产力增大和人类收益水平的有限性以及有限的收益水平无法与无限的欲望相提并论，因此，我们可以计算出商品经济活动的价值量。

其二，在交易组织和有效制度安排方面，市场产权是稀缺的，而正是市场供给存在的约束条件导致了这种稀缺性。由于包括上层组织在内的很多市场组织的运行制度不够健全和完善，从而造成了人们在丰富的市场交易组织下，可以从自己的角度考虑来选择和创

---

① [美] 保罗·萨缪尔森：《经济学》上册，萧琛译，首都经济贸易大学出版社1996年版，第34页。

造市场的假象，但是，事实上，市场组织的供给相对于制度安排有效和投资收益回报高的市场需求来说是稀缺的，而这也产生了有限的具有较高利润率和较高盈利水平的市场组织或交易关系。

如今的世界经济发展存在两个方面的问题：一是游资数量过多，有几十万亿美元在到处游荡并制造泡沫经济；二是存在大量的剩余生产能力，受到此前亚洲金融危机的影响，经济和贸易的增长放缓，需求下降并且伴随着剩余生产能力的增加，造成了国际市场上原材料、产成品以及消费的价格普遍下跌。目前，诸如石油、钢铁、汽车以及化工产品等世界主要产品的生产能力都存在大量的剩余。据英国《经济学家》分析，目前全世界已经出现了全球性生产能力过剩。全球80%的传统产业有30%—40%的生产能力过剩。自1997年亚洲金融危机以来，工业的价格指数下降了30%；1998年全球钢的生产能力为10亿吨，而1999年世界总的需求量不超过7.5亿吨。前不久，正是由于世界范围内的生产能力过剩，从而在根本上导致了不久前的全球性通货紧缩，这种生产能力过剩集中体现在包括中国、南非以及拉美等在内的新兴市场国家和地区过去20年的高速增长的过程中。东南亚国家和地区、拉丁美洲、一些欧盟国家等的需求不足已使世界经济增长率从1997年的4.1%降到1998年的2.2%。生产能力过剩与亚洲金融危机相互作用，一方面，过剩的生产能力造成了亚洲金融危机；另一方面，亚洲金融危机反作用于生产能力，使生产能力的过剩进一步加剧。

中国从改革开放到现在，供给能力和生产能力的空前增长与有效需求不足和实际产出水平降低之间的矛盾，造成了史无前例的剩余生产能力的增加。据中国科学院胡鞍钢博士统计，中国社会剩余生产能力在1998年占17.9%，各个产业的剩余生产能力占20%—25%，其中，第一产业占28.6%，第二产业占19.3%，工业占23.3%，第三产业占28.4%。另外，北京大学宋国青教授指出，我国现在的剩余生产能力占比已经接近47.6%。剩余生产能力的大幅增加势必会导致产品供过于求，从而造成价格下降。有关部门的统计结果显示，我国目前工业品中约有75%出现了绝对过剩。但是，我国剩余生产能力主要集中在传统产业中技术含量低、附加值低的相关产品上，相反，高新技术产业的生产能力则是严重不足，这说明了我国目前低水平生产能力过剩和高新技术产品创新能力不足的现状。目前，要素生产能力和资源的大量剩余表明市场供过于求，也就是说，产品和相应的生产能力相对于市场需求而言存在大量剩余。这种"不足"或者"短缺"体现了市场、市场需求和组织的稀缺性。从人类经济社会发展的历史和趋势来看，即便人类可以通过技术改进和创新不断地开拓新市场，但是，如何保持已开拓市场的长期供求均衡和永久的活力是市场制度不断创新所面临的问题。因此，任何市场或者市场组织并不是"公共产品"，而是一种稀缺物品，这种稀缺性使人们并不能不用付出任何代价就可以随意获取，而是需要人们付出一定的成本或者代价才可以享用它。

2. 市场产权的准资本属性

市场产权的准资本属性体现在两个方面：一是国家作为市场产权的主体，通过对市场的拥有，可以获取一定的收益；二是企业作为市场中的经济主体，可以利用市场经营权对一定范围内的市场资源进行合理配置，从而赚取相应的营业收入和利润。

如今世界范围内的市场组织表现出两个方面的特征：一是发达国家经济发展已经成熟，拥有较为健全的市场交易组织和规则，人们可以以此来享有较高的社会福利，但是，这些国家内部市场供给不足，仍存在大量资本闲置和无法分配到有较高获利水平的市场交易组织中。二是发展中国家由于经济发展的起点低，还处在经济发展的低水平阶段，伴随着发展中国家改革开放进程的不断加快，不断创新和完善的市场制度，这些发展中国家尤其是其中的大国的市场潜力可能会不断扩大，在这种情况下，如果发展中国家能够启动国内外市场需求，对它们来说，是实现国民经济发展的绝佳机遇。而发达国家将面对如何实现国内外市场供给方面的均衡的难题。"市场产权"是一种产权制度并且能够获取利益，它是一种稀缺资源而非"公共产品",正因为如此,也导致了许多战争和灾难,形成了国与国之间的贸易壁垒和市场准入规则以及各种各样的贸易战。在中国经济社会发展的历史进程中,洋人通过殖民政策等手段掠夺中国财富的现象数不胜数,而这些现象本质上都是通过一系列手段,夺取中国的政治主权进而掌控"市场产权"。因此,市场产权作为一种准资本商品,它具有资本属性,即拥有市场经营权和产权的人可以以此获取相应的利益。由此可以看出,市场是一种具有特殊性质的商品,而这种特殊性质就是资本属性。由于市场具有资本属性的性质,同时中国在市场产权方面具有很大优势,因此,外商和跨国公司在中国市场投资与在其他国家和地区相比更可能获得较大的市场空间和较高的利润率。中方在中外合资的经营过程中提供和转让市场经营权,其本质是在转让一种具有获利性的资本商品,并且这种资本商品与外商投入的资本和技术等价,这在合资企业中可以作为投资入股,从而转化成一定的股份。

3. 市场产权的排他性

根据古罗马法系解释,所有权具有全面性、永久性、本源性和排他性四大特征。所有权指的是排除其他人使用某种资源的法律权力。一个社会,如果不能保护一种资源及其成果不大规模地受公众的侵害,那么这种资源肯定会被滥用,而且很少有人会发现,为改善这种资源而投资是值得的。与产权经济学家一样,刘易斯也认为,一旦所有的资源都变得稀缺时,对所有权的法律保护就会扩大到所有资源。在世界上任何一个地方,所有权都是一种得到承认的制度,只是承认和保护的差异不同而已。没有这种制度,人类无论如何也不会取得进步。因为所有权的存在及其有效保护是产生激励的动力源。其中,排他性是市场产权的重要特征之一。[①]

狭义的所有权是指确定物的最终归属,表明了主体对确定物所拥有的垄断权和独占权,并且这种权利在这一确定物上独立存在,

---

① 卢现祥等:《论市场的上层组织及其功能》,《财经科学》2007年第1期。

与其他权利没有依存关系。市场产权具有排他性，即在法律上只能有一个主体拥有市场产权，这一主体就是国家。国家对市场产权具有独占性，这是界定国与国之间市场产权和所有权的标准，是确定诸如国家、企业、个人等经济主体基本的权利与义务的基础，也是维护和稳定市场关系的首要条件。到目前为止，全球范围内没有一个国家或者国际组织针对市场产权的归属问题制定有关法规进行明文规定，但是，我们仍不能忽视市场产权的排他性，一旦我们忽视这一点，就必然会导致对市场产权的界定模糊不清，引起市场产权冲突，产生市场准入没有限制以及"搭便车"等问题。当前世界格局仍由大国主导，在发达国家与发展中国家企业竞争力不对称的背景下，一旦对市场产权没有明确的规定和约束，必然会造成发展中国家的市场受到发达国家跨国公司的劳务和产品的挤压，发展中国家的民族产业、主导产业、支柱产业以及新兴产业的发展必然会受到阻碍和限制。其实，世界上大多数国家所制定的各种各样的贸易壁垒和产业保护措施等在某种程度上也反映了市场产权本身具有排他性。但是，市场产权的排他性并不表示在市场经济中国家作为市场产权的拥有者可以对所拥有的市场进行直接和静止的掌控，只要国际社会对市场产权归属问题有明文规定，国家就可以按自己的需要调整市场产权的内部结构以及制定相关制度和政策，以此来获得自身所拥有的市场产权的利益。另外，市场产权在使用权和行为权方面的特征是作为市场产权主体的国家与作为市场产权经营者的企业之间存在着在某种契约或者制度安排的基础上各自承担相应的权利和义务以及相互之间进行经营权转让问题。事实上，这种诸如进出口贸易等双方相互认可市场经营权的关系也揭示了市场产权的排他性特征。

4. 市场产权收益的可计量性

市场产权的收益是通过市场所有权在经济中的运用来实现的，其可计量性是指从绝对量和相对量，或者从微观层面或者宏观层面等各个方面，市场产权收益都是可以确切计量的。比如，从宏观层面来看，狭义的市场产权收益是一个国家或地区的所有税费收入，本质上是企业因为利用其所获得的市场经营权取得相应的营业收入而需要缴纳给国家的部分。而广义的市场产权收益是一个国家或地区的国内生产总值，它是这个国家或地区各种生产经营活动和资源配置结果的货币表现。从微观层面来看，市场产权收益则指的是经济活动主体合理配置资源和投入要素而获得的相应的利润。简单地说，税费是国家作为主体的市场所有权在经济上的实现，企业利润则是企业作为市场经营权主体，其权利在经济上的实现。由此可以看出，无论是宏观层面还是微观层面，市场产权收益都是可以计量的。

5. 市场经营权的可交换性（或转让性）

市场经营权的可交换性是指市场经营权可以在国家或者地区之间相互转让和交换。例如，一国企业生产的产品可以出售到其他国家和地区，其他国家和地区的产品也可以销售到该国；同时一国可以到其他国家或地区投资和进行相关经济活动；反之亦然。全球各个企业之间和国家之间的对外贸易，以及劳动力和资本等要素在不同国家和地区之间的自由流动，等等，这些都是市场经营权可交换性的具体表现。市场经营权的可交换性有以下五个特征。

第一，市场经营权的可交换性并不是指狭义的由国家所有的市场产权的交换，因为狭义的市场产权的排他性决定了它具有不可交换性。

第二，市场经营权的可交换性具有主体的限制，它只局限在国家或者地区的企业之间。

第三，市场经营权的可交换性还受到其他三个方面的限制：一是受到母国和东道国内部市场制度及相关措施的限制；二是受到全球市场规则和秩序的限制；三是受到国际价值规律的影响。

第四，因为市场产权的准资本属性，所以，各自市场所交换的市场经营权本质上交换的是各自市场的盈利能力。

第五，各个国家或地区企业之间进行市场经营权的交换是为了利用相互之间的投资和贸易往来，以获取更大的收益，占有更大的市场以及取得更大的市场经营权，本质上是各个国家或地区产品生产者之间的经济活动交换关系的反映。

起初的商品经济发展时期，国家或地区之间的相互贸易和投资很少，相互之间也很少发生市场经营权的交换；在现代市场经济背景下，商品经济不断发展，各个国家或地区之间劳动力、资本等产品和生产要素的相互交换越来越多，并且流动速度不断加快，各个国家或地区从中获得的收益也越来越高。所以，市场经营权作为一种准资本商品，可以通过全球范围内的相互交换获取相应的收益。

二 市场产权的组成要素

笔者认为，市场产权，在组成要素上，应该包括市场所有权、市场使用权（经营权）、市场占有权和市场收益权四个方面的权利要素。为了梳理国与国之间在制定市场产权制度方面的关系，我们对狭义的市场所有权进行了界定；而为了解决市场上企业之间配置资源的问题，我们对市场使用权或经营权进行了界定；界定市场占有权或控制权的目的是调节配置市场上各种资源的结果，即解决市场占有率和控制率的问题；对于市场收益权的界定则是为了解决两个实现形式的问题——国家对于市场的所有权在经济上的实现形式以及企业对于市场的经营权在经济上的实现形式。

（一）市场所有权

产权首先是指"所有权"，就一个国家范围来说，市场所有权是指一个国家对于其建立在领土主权基础上的市场交易关系以及交易条件（设施）本身所具有排他性的权利。这种市场所有权的排他性具有四个方面的特点。

第一，对于该国范围内的市场交易关系以及交易条件（设施），作为一种战略性基础设施和公共资源，该国政府作为被委托—代理的机构对其运作等起决定作用，即一国的市场所有权由该国人民拥有终极所有权（唯一性），并委托给政府代为占有、支配、管理并运作，对于别的国家和人民具有排他性。即对国内人民而言，是共有关系；对别国人民而言，是排他关系。

第二，作为所有权主体的国家可以根据自己的需要来调整市场所有权的内部结构，从而实现国家的经济利益。若一个国家的市场秩序和市场经济制度的制定被其他国家或者国际经济组织等完全干涉，其市场所有权完全被其他国家或者国际经济组织掌控，必然会损害国家的相关利益甚至丧失国家经济主权。

第三，我们可以用一国的领土主权的边界来界定市场所有权的范围。虽然我们对于国家的领土主权是不可侵犯的，但是，这并不意味着在开放的市场环境中，市场产权的所有者可以直接并且静止地掌控自己所拥有的相应的市场资源，国家可以利用关税和相关制度的制定来确保市场所有权相关利益的实现。

第四，在经济全球化和市场一体化的背景下，国家之间的资本、劳动力等资源和要素流动越来越多，并且流动频率越来越高，但是，国家对于本国的市场产权始终拥有最终的所有权。

（二）市场使用权

市场使用权是指一个国家可以在其拥有市场所有权的基础上，将市场经营权委托给相关有关联的企业来进行相应的经济活动。一个国家的社会经济体制决定了该国政府和企业之间的关系。在传统计划经济体制下，通常都是国家直接投资设立和经营企业，对企业的资源和要素以及经营活动实施具体控制，这种情况下，国家同时拥有市场所有权和市场经营权，能够通过制订相应的企业计划或者指令来直接掌控企业的市场经营活动，这种市场经营权，从狭义上说，就是市场使用权，并且国家通过制订强制性的计划或者指令来维持着国家与企业之间的关系。另外，在市场经济体制下，市场价值规律和运行机制维持国家与企业之间的关系，具体表现为国家通过确定相应的市场运行的制度和规则，为市场的运行和发展创造健康、可持续的环境。这种情况下，作为市场所有权主体的国家与作为市场经营权主体的企业之间的关系具体表现为以下三个方面：第一，国家通过调整市场所有权的内部结构以及制定相应的规章制度来约束企业的市场准入和经营活动,确定企业市场准入和运行的具体规范以及经营业务的具体范围等。第二,确定市场经营权相关的制度是指国家或者政府赋予企业在有关部门或者一些领域市场的经营权,使企业能够对市场相应资源和要素进行合理配置,目的是提高资源配置的效率,或者说是为了利用最低成本换取最大收益。第三,在纯粹的公共产品或者劳务市场中,确定与市场经营权相关的制度中,虽然国家对有关部门或者企业进行投资,并且要求其应该将社会效益放在首要地位,但是,国家或者政府实际上依旧强调投资产生的经济效益。而在准公共产品的市场中,国家对其进行部分投资,并且主张统一社会效益和经济目标,将计划机制和市场机制结合起来一起调节市场中的资源配置。另外,在国际市场中,市场经营权是指如果一个国家的企业想进入另一个国家的市场,则必须得到这个国家的准入许可,并且严格遵守这个国家的市场规则,这样,该国才可以获得这个国家所给予的市场经营权。

(三)市场占有权与支配权

市场占有权是指市场在资源配置过程和配置结果方面,国内民族资本或者民族产业是否主导其产品或者劳务市场,或者说民族经济的发展能否控制国家主导产业以及新兴产业的发展。并且我们将企业产品占有国内市场的份额多少和民族产业所拥有的国际影响力及市场竞争力作为主要考核指标。在传统产业如家电行业,我国已从改革开放前只能生产电子管黑白电视机的国家变成了一个世界最大的电视机生产国和出口国,在我国的国内市场中占据最大份额(67%)的已不是外国的产品或外国品牌产品,而是我国企业的产品,进口品牌只占33%;在电冰箱方面,中国产品牌已占98.6%,进口品牌仅占1.4%。这说明改革开放以来我国企业产品的市场占有率与企业竞争力有了明显提高。又如,目前全球跨国公司控制全球生产总值的40%,其占全球研发水平的80%—90%,全球跨国公司占据国际贸易的50%—60%和国际技术贸易的60%—70%。可见,作为全球市场的大型跨国公司无论是作为资源配置过程还是作为资源配置的结果，特别是对在产品、劳务和技术市场占有率方面都具有绝对垄断地位和绝对的市场控制力。

市场支配权是市场所有权的核心。那么支配权的内涵是什么？马克思在论及什么是"土地所有权"时认为：土地所有权的前提是，一些人垄断一定量的土地，把它作为排斥其他一切人的、只服从自己个人意志的领域。① 他还进一步指出：私有财产如果没有独占性就不成其为私有财产。② 不同地租形式的这种共同性——地租是土地所有权在经济上的实现即不同的人借以独占一定部分土地的法律虚构在经济上的实现——使人们忽略了其中的区别。③ 马克思在这里指出，"排斥其他一切人""独占性""排他地占有"的概念，已经确定了支配权的含义。也就是说，支配权是在同一物之上独立支配其物的排他的权利。由于法律赋予所有人的支配权具有排他的效力，因此产生了所有权的排他性原则，即一物不容二主，同一物之上的所有权只能是单一主体，而不能是多重主体。一物一权乃是所有人对其物享有完全的独占的支配权的必然引申。因此，市场支配权，相对于国家市场的范围而言，其唯一的主体必须是国家，并且具有"独占性""排他性"的特征。

这两者主要是人民将国家市场所有权委托给其政府，由其直接占有并支配，对市场进行建构管理，使其不断发展壮大。而判断其占有支配水平的指标主要看作为资源配置过程和资源配置结果是否是国内民族资本或民族工业在主要产品或劳务市场占据主导权，或民族经济的发展是否对于本国主导产业、新兴产业的发展拥有绝对的市场控制力。其考核指标主要是看本国企业的产品在国内市场的市场占有率的高低以及民族工业的市场竞争力或国际竞争力。

建立市场占有权，就是明确外商投资企业或跨国公司占有国内市场份额的一定比例的权利，其目的就是抑制跨国公司垄断在国内

---

① 《马克思恩格斯全集》第25卷，人民出版社2006年版，第695页。
② 《马克思恩格斯全集》第3卷，人民出版社2006年版，第425页。
③ 《马克思恩格斯全集》第25卷，人民出版社2006年版，第715页。

市场的产生与蔓延，这对我国国内市场有序竞争的培育以及民族企业的成长有着重要的现实意义。

（四）市场收益权

收益权是所有权的一项重要权能，是指利用所有物并获取由其产生出来的新增经济价值即孳息的权能。[①] 市场收益权可以分为两个层次：从狭义来看，其主要是指国家对市场运行进行管理，构建相应的市场关系，建立合适的制度规范，并且凭借关税等国家税收的形式从而取得相应的经济收益。从广义来看，市场收益权主要体现在国内生产总值、国家预算收入和企业的纯收入三个方面。国家或者政府部门给予与国家存在相应关系的企业市场经营权或者市场专营权，这些企业凭借自身的努力获得相应的经济收益，在扣除了应当归属于国家的市场所有权的那部分收益之后，剩余部分就是企业市场经营权在经济上的实现而产生的结果。在当前市场经济体制下，企业市场经营权在流量上的表现就是企业每年的营业收入和营业利润，而在存量上的表现就是企业的资产收益。

市场收益权是市场所有权在经济上的实现形式，是指国家以契约的形式让渡给市场主体占有使用而获取法定收益的权力。在此定义中，市场收益权所指的是国家享有获取法定收益的权利，而不是事实收益的权利。由于市场是商品交换的场所，并以一国领土为依托，它属于国家和全民所有，市场与一国领土紧密相连的本质特征是市场所有权主体的唯一性的存在根源，因而市场的领土、场所、基础设施和制度安排不可能以处置或交易方式使市场所有权主体发生更替与变换，否则就意味着国家主权和领土受到侵犯。所以，对于市场的占有使用而言，市场收益权不可能是事实收益的权利，只能是法定收益的权利。

市场收益权与市场收益是两个不同的概念，换句话说，市场收益权所获得的收益并不等于市场收益。因为市场收益权所获得的收

[①] 王利民：《物权本论》，法律出版社 2005 年版，第 131 页。

益,仅为国家对企业占有使用市场享有收益权的那部分收益,即税收。但市场收益的内容十分宽广,它不仅包括市场收益权的收益,还包含企业资产在市场上的价值增值,在一定程度上市场收益相当于国内生产总值。比如,具有独立法人实体的企业,在取得国家所授予的市场经营权或市场专营权后,通过自身的经营努力所取得的企业收入或个人总收入,在缴纳了属于国家的市场收益权收益之后,剩下的则属于企业在市场上努力经营的收入。所以,市场收益等于市场收益权收益和企业税后收入的总和。如果企业作为国家财产的经营单位,市场所有权和市场收益权往往集于一身,市场收益权的收益与市场收益基本一致。随着我国社会主义市场经济体制的建立,国家在颁布的有关扩大企业自主权的规定中,开始实行企业利润留成或盈亏包干。企业盈利可以按国家核定的比例留用一部分利润,用于建立生产发展基金、职工福利基金和职工奖励基金。但企业税后留利部分,是属于企业收益权的收益,并不是市场收益权的收益。因此,在现代市场经济中,市场收益权收益与市场收益错综复杂,一般情况下,市场收益权收益仅为与国家形成契约关系企业的税收。

对于外商投资企业而言,市场收益权是指国家以契约、合同等形式对外商投资企业占有使用市场获取法定收益的权力。国家对外商投资企业获取法定收益主要通过海关关税、国税和地税来实现,也可以通过对合同终止的外商投资企业的财产进行国有化、征收和征用来实现。

其一,在税收方面,关税和国税在一定程度上是国家对外来产品、企业占有使用本国市场的一种收益,是国家市场所有权的经济形式。在市场经济条件下,关税是国家财政收入的主要来源之一,它对对外贸易的调整有着重要的影响。这主要表现为:(1)通过征收较高的关税来削弱国外产品的竞争力,借以保护本国幼稚产业和本国产品的市场占有率;(2)通过关税的降低和减免来缓解贸易摩擦和冲突,以及扩大市场开放和参与国际经济交往的程度;(3)通过不同的关税结果及差别税率来调整进出口商品结构,以此促进国内产业结构的升级;(4)通过调整关税来调节贸易差额,改善国际收支状况。① 关税是国家调整对外贸易的基本措施,也是国家经济主权得以维护的根本体现。为此,陈安指出,关税自主权本是各国经济主权的重要内容之一。各国对外来进口产品是否征收关税以及厘定税率之高低,本属各国经济主权权限范围,悉由各国自行决定。②

其二,在国有化方面,对外商投资企业的国有化是国家实现市场收益权和处分权的本质体现。根据《各国经济权利和义务宪章》第二条第二款第三项的规定:"每个国家都有权将外国资产的所有权收归国有、征收或转移,在收归国有、征收或转移时,应由采取此种措施的国家给予适当的赔偿,要考虑到它的有关法律和规章以及该国认为有关的一切情况。"③ 在国际投资法领域,"国有化"或称"征收",是指"资本输入国基于国家公共利益的需要而对外国企业的资产全部或部分实行征用,收归国有的一种政策、法律措施"。④ 中国国际法学会也认为:"国有化是通过立法行为和为了公共利益,将某种财产或私有权利转移给国家。目的在于由国家利用或控制它们,或由国家将它们用于新的目的。"⑤ 所以,对外商投资企业财产的国有化、征收或征用是国家市场收益权的根本显现。

三 市场产权的三种基本形式

(一) 市场国家所有制

市场国家所有制指的是所有的主权国家对于在领土边界的基础上确定的市场都具有绝对的所有权、控制权以及占有权等,它包括产品交换的场所和关系、调整市场运行、构建市场体系和结构、确

---

① 徐泉:《国家经济主权论》,人民出版社 2006 年版,第 56 页。
② 陈安:《美国单边主义对抗 WTO 多边主义的第三个回合——"201 条款"争端之法理探源和展望》,《中国法学》2004 年第 2 期。
③ 刘颖等编:《国际经济法资料选编》(上),中信出版社 2004 年版,第 7 页。
④ 陈安主编:《国际投资法》,鹭江出版社 1987 年版,第 85—86 页。
⑤ 姚梅镇:《比较外资法》,武汉大学出版社 1993 年版,第 736 页。

立市场制度等方面。主权国家是指在经济、政治、军事、法律、文化等方面绝对独立和自主的国家实体。在历史发展的长河中，在全球政治经济发展不平衡的影响下，经济发展程度较高的国家曾对一些经济发展相对落后的国家进行殖民统治，使这些殖民地国家丧失了政治、经济等方面的主权，甚至要求割让领土，这些在政治、经济上被别国掌控的殖民地国家，表面上仍旧作为国家实体存在，以及那些被割让的地区表面上仍旧属于殖民地国家，但是，它们早就已经丧失了市场占有权、经营权和收益权等权利。殖民地国家或者地区要想实现市场经营权归自己所有以及与国家政治、经济的融合，就必须要实现政治、经济等各个方面的独立，拥有自治权和自主权，收回被割让的领土，等等。因此，市场国家所有制的前提条件就是国家在政治、经济等方面的独立自主以及国家领土主权的完整。不仅如此，市场国家所有制所带来的经济收益还是维持国家主权的物质前提。在市场经济体制下，若主权国家没有市场所有权带来经济收益作为物质保障，则国家机器的运行将会受到限制，国家领土主权的安全也会受到威胁。因此，在市场经济体制下，无论是发达国家还是发展中国家，都必须拥有独立自主的市场所有权，国家机器的正常运行需要市场所有权的经济收益作为物质保障。另外，从经济学角度分析，任何国家机器能够正常运转得益于市场所有权所带来的物质经济利益。尽管有些制度经济学家认为国家是"暴力潜能"的产物，但是，也有一部分财政经济学家指出，国家机器之所以能够维持运转是由于国家税收的支持，也就是说，国家所获得的税收的依据是国家所掌握的政治权力。我们姑且不评价这种说法是否具有科学性或者说是否具有足够的经济学原理作支撑，笔者认为，如果要对经济问题的理论依据进行界定，就必须从经济学的范畴中寻找支撑，而在经济学范畴之外去寻找"政治支持"或者"暴力支持"来作为支撑的行为就显得有点勉强。所以，从经济学角度来看，依靠"政治权力"或者"暴力潜能"对此做出的解释都是缺乏充分的理论依据，本质上，国家掌握市场所有权并且实施市场的国家所有制就是国家实现税收收入的经济学依据。

(二) 市场区域共享制

市场区域共享制一般是指两个或者两个以上在地理方面或者在经济收益方面存在共同利益的国家，利用某种超越国家范畴的经济组织在超越国家的范围内开展经济一体化，以不断扩大市场资源及要素，从而整合市场边界，最终能够共同配置和调节这些国家的市场资源及要素。这种共同配置和集体调节最终必然会导致参与这种一体化调节的国家或者地区所获得的收益要远高于没有参与的国家或者地区。据统计，1948—1994年，全球达成一体化协议的地区有109个，即使到1995年依旧有24个协议生效，参与的国家多达140个，其中最具代表性的就是欧盟。欧盟作为一个不局限于国家政府之间常规合作的国际机构，其特征主要包括稳定性、成功的可能性以及未来的美好。欧盟的内涵远远多于我们所能看到的表象，在其中国家主权的思想被联邦思想所取代，各国之间联合建立了一个统一的市场，这一市场包括全部贸易，它提供了一个拥有充足的空间和分工专业并且能够满足现代技术要求的欧洲经济，由此使它们能够与美国等全球到目前为止仍未受到挑战的经济大国竞争。伴随着欧共体在1958年1月1日正式成立，囊括所有劳务项目以及商品的统一市场也正式建立，这是一个在政治、经济方面具有重大影响的标志性事件。原本这些国家受到关税以及非关税障碍的限制而各自为政，欧盟的成立确定了以消除各个成员国之间的贸易障碍为目标。而这里提到的非关税障碍指的是各个主权国家的法律法规以及各国的实际做法，具有很高的复杂性。欧盟各成员国则打算制订详细的计划，在一个过渡期内逐渐消除这些障碍，但是，它们对欧盟以外的国家仍设置一些阻碍。欧盟条约的主要内容是关税的同盟，此外还包括一些共同经济政策，这些都是联邦制度的期望。欧盟成员国不仅消除各成员国之间的贸易非关税障碍，而且各成员国之间的劳动力、企业以及资金等要素和资源可以自由流通，同时针对农业和运输业等部门采取共同的竞争机制和规章制度。当达到政治同盟的完全一体化的最终状态，各成员国之间在财政、金融、经济等方面将会完全一体化，阻碍各种商品以及生产要素等资源自由流动的人为因素也会消除，而这也是市场区域共享制最完善的状态。

作为市场组织的企业在其中已经不局限于国家主权范围而存在，企业具有明显的国际性，所从事的经营活动也具有跨国性质，企业之间也是跨国性的生产经营关系。不仅原主权国家市场规则的调节会影响企业生产经营活动的调整，同时联合的统一的市场规则和制度也会影响企业的生产经营活动，对于市场的调节也由国家调节转为由超越国家范畴的区域一体化的组织或者联盟来调节。市场交换的发生也是基于特定的权力结构，其交换条件也是交换双方斗争的产物。诸如APEC、EU以及北美自由贸易区等超越国家范畴的市场组织，它们的管理与调节依靠超越国家范畴的组织机构来实施。因此使市场由国家所有变成由联盟国家所有，随之也就产生市场区域共享制。

（三）市场全球共享制

市场全球共享制，从理论上说，是指全球所有市场对于国籍没有任何限制和约束，市场经营者无论来自哪个国家，属于哪个国籍，都可以自由进入和退出某一市场而不会受到任何特殊规定的限制。全球市场的划分不是以国籍或者经济发展水平作为划分标准的，而是简单地划分为商品市场或者诸如资本市场、劳动力市场、技术市场等各种生产要素市场。在当前经济自由化、区域一体化以及全球化趋势不断加快的背景下，要想实现市场全球所有制，笔者认为，这在相当长的一个时期内都很难实现。要想实现市场全球所有制有一些必不可少的条件：第一，全球生产力发展达到较高水平并且全球生产力的发展较为均衡；第二，社会财富的分配不会出现发达国家与发展中国家的巨大差距；第三，各国国际竞争力主要由社会制度决定，而不受物质生产力差别的影响；第四，随着经济发展水平不断提高，国家、民族和阶级等将只是历史文化的代名词，而不能代表贫富差别，也就是说，随着经济发展水平的提高，国家间的特殊利益也会慢慢消除;第五,全球经济发展将以为全球市场提供质优价廉的产品和服务作为共同目标。人类社会经济发展要想实现市场全球所有制必须同时具备以上五个条件,也正是因为如此,在当前有些条件并不具备的情况下,全球经济的发展只能实行市场全球共享制。①

四 市场产权成本经济学分析

(一) 市场产权的成本函数

如果从市场产权成本的形态角度看,市场产权成本包括有形成本、制度成本和人力成本三个要素(见表3-1)。

表3-1　　　　　　市场产权成本构成要素(T)

成本形态 市场运行过程	有形成本(X)	制度成本(Y)	人力成本(Z)
构建成本(a)	基础设施及有关基础工业的构建投入	市场产权规则与制度的制定成本	市场产权规则与制度制定所需人力资本投入
执行与运行成本(b)	基础设施及有关基础工业的运行与维护投入	市场产权规则与制度执行与运行所投入的制度成本	市场产权规则与制度执行与运行所需人力资本投入
监管成本(c)	基础设施及有关基础工业运行的监管投入	对市场产权规则与制度运行进行监管所投入的制度成本	对市场产权规则与制度运行进行监管所需人力资本投入

由表3-1可知,从市场产权成本构成形态上看,如果假设市场产权成本总量为T,有形成本为X,制度成本为Y,人力成本为Z;另外,假设市场产权的构建成本为a,执行与运行成本为b;监管成

---

① 曾繁华:《论市场所有权》,《中国工业经济》2001年第5期。

本为 c，则市场产权具体成本总量的函数模型为：

$$T = f(X, Y, Z)$$

在上面的论述中，笔者提到了市场产权的抽象成本函数为：

$$T = C_1 + C_2$$

由于两者之间内在的联系，我们可以推导出一个新的市场产权成本函数模型，从而达到市场产权成本具体和抽象的统一，这一市场产权成本函数模型为：

$$T = f_1[x(a, b), y(a, b), z(a, b)] + f_2[x(c), y(c), z(c)]$$

（二）市场产权成本模型

1. 模型假设

（1）设有 M 个地方政府拥有 R 单位的市场资源，其中，M 表示共享市场资源的地方政府个数，其范围在 1—N 之间。

（2）设市场产权排他性成本函数为 $C_1 = f_1(M)$，函数具有严格的凸性。

（3）设市场产权内部治理成本函数为 $C_2 = f_2(M)$，函数同样具有严格的凸性。

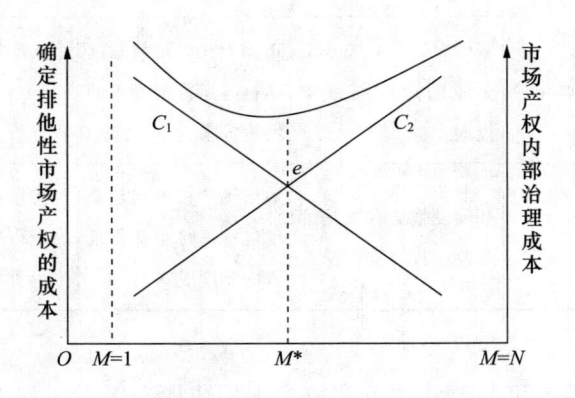

图 3-1 市场产权成本模型

2. 模型说明

（1）当 M→1 时，确定排他性市场产权的成本趋于增大，而市场产权的内部治理成本趋向于 0。

（2）当 M→N 时，确定排他性市场产权的成本趋向于 0，而市场产权的内部治理成本趋于增大。

（3）当 M = M* 时，产权内部治理成本和产权排他性成本相互作用，达到均衡点 e，这个 e 点就是确立产权最佳排他性努力程度的点。e 点所对应的 M* 表示共享市场资源的最优政府主体个数。

（4）我们基于市场产权排他性成本、政府主体个数和内部治理成本的分析，寻求市场产权最优界定和实施程度，即：

$TC' = C'_1 + C'_2 = 0$

假定当处于点 M* 时，满足：

$TC' = C'_1 + C'_2 = f(M^*) + f(M^*) = 0$

通过上面的推导，可以引申出三个基本结论：

（1）在产权界定和实施过程中，市场产权界定和实施受内在规律的约束，不能说市场产权由某一政府主体独占就是有效的。市场产权的界定和实施程度要受到内部管理成本和产权排他性费用的双重制约。

（2）M 是一个权力共享共同体，共同体的大小由内部管理成本和产权排他成本决定。

（3）M* 是一个确立产权最佳排他性努力程度的点。

（三）市场产权成本分析的经济学意义

1. 有利于根据"谁投资，谁所有"的要求，确立投资与所有匹配原则

既然市场作为商品交换场所和资源配置场所，以及它作为一种经济活动组织等，都不是自发形成的。如前所述，它都是由政府花费巨大的投资成本或代价而最终建立起来，那么，投资人或投资主体，就必然对这种因投资而形成的物品（包括有形市场和无形市场）拥有所有权，就必然在投资主体与市场物品之间形成一种产权关系，即市场产权归投资主体所有。从国家主权角度来看，国家是投资人或投资主体，那么市场产权就归国家所有，从而建立或实行

市场国家所有制。① 同时，在国家主权范围内，市场的形成、建立、运行与发展等，无论是从市场建立的有形成本、制度成本，还是人力成本角度来看，又可以分为中央政府投资与地方政府投资，即两级或多级政府都对市场的形成与发展投入了相应的人财物成本，所以，在市场国家所有制总体框架下，还有一个中央政府与地方政府的市场分权问题。如何根据市场产权规则确立中央政府与地方政府的市场分权，也是当前值得学术界深入研究的重要问题。

2. 有利于根据"谁投资，谁收益"的要求，确立投资与收益匹配原则

既然市场产权是由国家投资形成的；既然国家是市场产权的归属主体或实行市场国家所有制；既然市场是一种准资本商品；既然在市场内从事生产经营活动的交易主体（各类企业及自然人等），以市场产权为交易平台，能从市场经营与交易中获取市场经营权收益，那么，根据"谁投资，谁收益"要求，国家就应该征收市场产权收益税，即实现或体现市场所有权收益，从国家角度来讲，就是要实现市场国家所有权收益的最大化。② 市场所有权收益，从宏观角度讲，就是一个国家年国内生产总值（GDP）。同时，如上所述，由于存在中央政府与地方政府的市场分权，所以，市场国家所有权收益也应该在中央政府与地方政府之间按照市场产权原则，进行合理分配。

3. 有利于根据成本最小化与效率最大化要求，确立成本与效率匹配原则

既然市场及市场产权的形成、建立、界定与运行等是有投资成本的；既然各种经济资源都是稀缺的，那么，在市场国家所有制框架下，建立一个全国统一、开放、公平、公正的、竞争性的市场体系，构建一整套市场产权收益在各国、各地区、各部门、各行业、

---

① 曾繁华：《论市场所有权的起源与归属》，《财政研究》2001 年第 11 期。
② 曾繁华：《论市场所有权》，《中国工业经济》2001 年第 5 期。

各阶层以及各个市场交易者之间合理流向及分配的市场产权规则与制度安排,就显得非常重要。一方面,要使市场产权投资成本最小化,把市场产权投资成本降到最低限度;另一方面,要尽量提高市场产权的运行效率,实现市场产权收益的最大化及市场产权收益分配的合理化。①

第二节　国际投资与贸易规则的市场产权要素分析

我们知道,对于一个社会成员来说,社会法律等规则的保护是至关重要的,是立身之本。固然,作为社会的一员,任何社会成员都必须遵守社会规则。

战后国际经济秩序的重建主要包括以下三个方面:(1)在国际金融方面,成立国际货币基金组织,重建国际货币制度,以维持汇率的稳定和国际收支平衡;(2)在国际投资方面,成立国际复兴开发银行(世界银行),以鼓励对外投资并为战后各国的经济恢复和发展筹集资金;(3)在国际贸易方面,建立世界贸易组织(WTO),以扭转日益盛行的贸易保护主义政策,促进国际贸易的发展。

随着国际贸易规模的日益扩大和国际贸易结构越来越复杂,同时由于各国的贸易保护主义政策泛滥,国际贸易中的矛盾和争端不断发生。世界贸易组织希望达到下述目标:通过互惠和互利的安排,大量减少关税和其他贸易壁垒,消除国际贸易关系中的歧视性待遇,产生一个完整的、更具有活力的和永久性的多边贸易体制来巩固原来关贸总协定以往为贸易自由化做出的努力和乌拉圭回合谈判的所有成果。世界贸易组织基本原则大致如图3-2所示。

虽然市场产权应该由国家所有并且具有排他性,但是,市场经营

---

① 曾繁华等:《市场产权成本及其经济学意义》,《财政研究》2006年第12期。

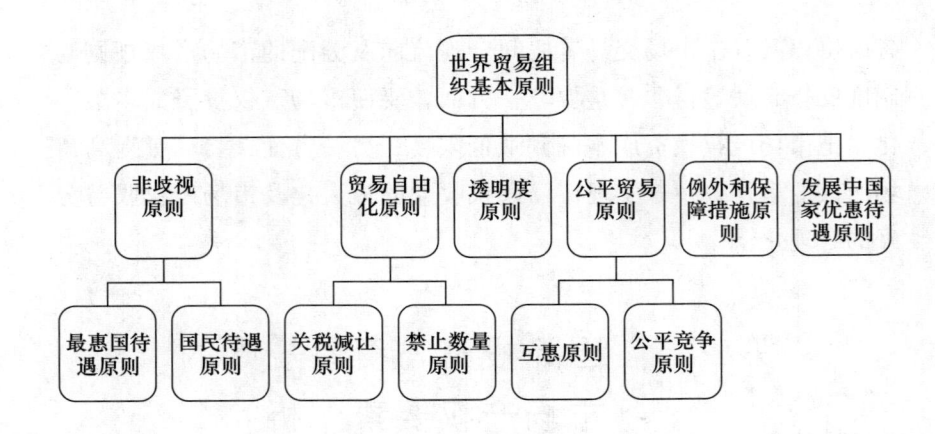

```
                    世界贸易组
                    织基本原则
   ┌────────┬────────┬────────┬────────┬────────┐
  非歧视    贸易自由   透明度    公平贸易   例外和保   发展中国
  原则      化原则    原则      原则      障措施     家优惠待
                                         原则       遇原则
  ┌──┴──┐  ┌──┴──┐          ┌──┴──┐
最惠国待  国民待遇  关税减让  禁止数量  互惠原则  公平竞争
遇原则    原则      原则      原则               原则
```

图 3-2　世界贸易组织基本原则

权可以交换，当前各种贸易战本质上就是对市场经营权、收益权和控制权的争夺。而当前的区域经济一体化和经济全球化的过程也包含相互交换和分享市场经营权。在目前国际投资与贸易日益加速发展的条件下，经济主权是确保国家利益实现的根本，而经济主权的关键内容之一就是市场产权，一些发展中国家，尤其是中国等发展中大国，拥有巨大的市场潜力，所以，在市场所有权方面也有着巨大优势，但是，如何实现市场所有权的优势向市场竞争优势转变是发展中国家所面临的关键问题。从市场产权的角度来研究国际投资贸易规则的问题，有着丰富的理论内涵和广阔的实践基础，对现实市场经济的运行有着极其重要的指导意义。

一　市场所有权和国际投资与贸易规则

经济全球化是全球化的一个重要构成，它是指生产要素在世界范围内迅速并且大规模的流动，主要包括国际贸易与国际投资两个方面。它是世界经济国际化的高级形式，揭示了国际社会依赖程度越来越强、相互之间的联系越来越紧密、相互之间的影响越来越深的现实状况。① 客观发展必然会造成全球化，也就是说，全球化的

---

① 盛文军等：《经济全球化进程中的国家主权》，《社会主义研究》1999 年第 3 期。

进程是不以人的意志为转移的,是谁都无法避免和逃避的。各种贸易战的实质是争夺市场经营权、占有权和收益权。国际直接投资和自由贸易实际上是市场经营权、占有权和收益权的有限转让。经济全球化是市场让渡与市场分享的统一。在经济全球化的条件下,一国的经济安全本质上就是该国市场所有权的安全。它其实指的是"一国的市场所有权和占有权被外国大型跨国公司掌控,从而使其不能独立自主的发展经济,从而导致市场收益权的失控,甚至造成经济危机、经济停滞或者倒退等问题"。[①] 对于任何一个国家来说,尤其是发展中国家,一旦国家对于市场所有权没有明确的制度规范,必然会给外国竞争者进入国内市场时的"搭便车"行为有机可乘,进而会对东道国的产业和经济发展产生不利影响,也会阻碍产业的发展和企业竞争力的提高。

作为国际投资与贸易的权威部门,世界贸易组织一直崇尚贸易自由化原则。所谓贸易自由化原则,是指所有世界贸易组织成员限制和取消一切关税与非关税壁垒,消除国际贸易中的歧视待遇,提高本国市场准入程度,主要包括关税减让原则和禁止数量原则。[②] 该规则意味着不论是发达国家还是发展中国家,在国际投资与贸易的平台上都应该主动开放其国内市场,让各种要素在国家间自由流动。发展中国家必须在面对全球化、探究全球化、参与全球化的进程中,让全球化更好地为本国利益服务。然而,在西方发达国家主导的这一游戏规则下,看似公平的自由市场原则正在悄无声息地对发展中国家的市场主权形成威胁、构成挑战。在此基础之上,一股挑战否定主权的思潮应运而生。罗马俱乐部发表的《第一次全球革命》报告,揭示了"当前由于区域经济同盟的发展以及很多小国无法控制和解决因为领土外事务造成的内政问题,使主权神圣不可侵犯的传统观念受到挑战……对于大多数国家来说,主权衰弱对于其

[①] 曾繁华、曹诗雄:《国家经济安全的维度、实质及对策研究》,《财贸经济》2007年第11期。

[②] 刘力、刘光溪:《世界贸易组织规则》,中央党校出版社2000年版,第123页。

接受全球的体制更加有利,在这一体制下民族国家的角色的重要性越来越低。"① 换句话说,由西方主导的全球贸易投资一体化的状况下,发展中国家在看似公平的国际贸易投资原则下,正在逐渐丧失其经济主权,并由经济领域慢慢往其他领域渗透。美国哥伦比亚大学理查德·N.加德纳教授说得更露骨:"世界秩序大厦的确立是建立在国际合作中的每一个具体问题上对于国家主权坚持不懈地侵蚀的基础之上。"②

市场所有权是指主权国家在其所拥有的领土主权的基础之上建立的市场所拥有的排他性权利。由于国家或政府是市场所有权的唯一主体,因此,作为所有权主体的国家可以根据自己的需要来调整市场所有权的内部结构,从而实现国家经济利益。若一个国家的市场秩序和市场经济制度的制定被其他国家或者国际经济组织等完全干涉,其市场所有权完全被其他国家或者国际经济组织掌控,必然会损害国家的相关利益以及丧失市场所有权。在当前经济全球化和市场一体化的趋势下,尽管资本、技术以及劳动力等要素的跨国流通越来越频繁,但是,市场所有权最终依旧归主权国家所有。无论是富国还是穷国,都应该按照市场所有权具有的国家排他性原则来处理国家或地区间的经贸交往,制定相应的市场产权规则制度使发达国家和发展中国家在全球市场上可以进行公平竞争。要想实现贸易自由化,就必须通过这一规则制度引导,使全球各个国家之间能够相互认可和尊重,相互之间分享市场,并且能够共同维护和保证各国市场主权的安全。因此,当发达国家的跨国公司进入别国尤其是发展中国家的相关市场领域时,既会受到普遍的市场准入的约束,同时还会受到东道国市场所有权的约束。

二 市场经营权和国际投资与贸易规则

在国际市场中,市场经营权是指如果一个国家的企业想进入另

---

① 罗马俱乐部:《第一次全球革命》,时报文化出版社1992年版,第232页。
② 倪世雄、金应忠:《国际关系理论比较研究》,中国社会科学出版社2003年版,第121页。

一个国家的市场,则必须得到这个国家的准入许可,并且严格遵守这个国家的市场规则,这样,该国才可以获得这个国家所给予的市场经营权。在加入世界贸易组织协定书中,我国承诺遵守世界贸易组织的非歧视原则,对其他成员提供非歧视性待遇。所谓非歧视原则,又称无差别待遇原则,是指一缔约方在实施某种限制和制裁措施时,不得对其他缔约方实施歧视待遇,主要是通过最惠国待遇原则和国民待遇原则来实现的。根据这一规则,我国保证对待外国产品时,在税收等方面,与国内相同或者类似产品享有同等待遇,同时修正和调整我国不符合国民待遇原则的政策和措施。

我国曾经有效地控制商品进口数量的主要手段为行政审批、较高关税和一些非关税措施,但是,在现行的国际投资与贸易规则下,这些措施和手段的作用逐渐变弱,政府通过这些措施和手段对进口的空间的限制也大幅降低。首先,政府通过关税措施来控制进口的可操作空间越来越小,而且关税下降,降低了相关进口产品的价格和成本,使这些产品的国际竞争力有所提高,从而造成消费者对进口产品的需求上升,进而刺激进口的增加。其次,我国原来管理进出口贸易的一些规章制度正在逐步取消。非关税壁垒也正在逐步减少,取而代之的是较低关税和关税配额,特别是逐步减少和取消配额及其以商业因素经营和贸易权开放的国营贸易会导致政府通过对贸易权的管制和国有贸易来约束进口方向及规模的保护国内产品的贸易体制最终瓦解。[1]

在现行的国际投资与贸易规则下,我国民族企业的市场经营权受到了前所未有的冲击与挑战,反观跨国公司在中国的市场份额却在年年上升。据《中国统计年鉴》的统计数据,近几年来,跨国公司在我国的子公司的工业产值在行业中的占比呈上升趋势,并且外国投资者已经对国内很多在其所处行业中的龙头企业实施控股,在

---

[1] 邓敏:《WTO规则下我国贸易政策变化的趋势及其影响》,《国际商务》2006年第6期。

诸如轻工、医疗以及机械和电子等行业的产品市场中外国投资者拥有的市场份额已经达到1/3甚至更多。从联合利华收购民族品牌"中华","小护士"纳入卡尼尔麾下,到家喻户晓的"大宝"现在也成为了国外品牌,还有中国实施《反垄断法》以来的第一个案例——可口可乐收购汇源饮料。现在跨国公司正在把自己的足迹更广泛地深入中国百姓的日常生活领域。通过很多案例分析,揭示了跨国公司对我国企业的并购行为表现出以下主要特征:(1)为了改变所处行业的竞争格局,跨国公司一般都是选择行业中的龙头企业实施并购;(2)跨国公司实施并购都有一个要求,就是绝对控股;(3)跨国公司并购企业要求其每年的盈利率超过15%;(4)跨国公司并购企业要有充分的长远战略,利润和市场两手抓,但是,市场重要性程度更高,有时跨国公司甚至为了占领市场可以放弃利润。[①] 具有这些特征的并购行为最终势必会造成跨国公司利用其创造的市场优势对市场的竞争进行限制,甚至造成市场垄断的局面。我们甚至可以毫不夸张地说,在现存的规则下,经济全球化是西方跨国公司的全球化,是西方国家要求发展中国家开放市场的说辞。

反观我国产品和企业在进入国外市场时,却一直是步履维艰。我国自从加入世界贸易组织之后不断降低进口限制,同时受到其他因素的影响,使我国近几年出口增速明显放缓并且慢于进口的增速,这对我国国内产业的发展产生了极大的压力。随着我国鼓励出口的政策受限,缩小了政府鼓励出口的空间,降低了政府鼓励出口的能力,大大提高了那些数量较多并且处于比较劣势的出口产品的出口难度。同时政府可以运用的补贴政策也受到相关承诺的限制,可利用的空间也大幅减小,我国的出口贸易,尤其是那些依靠政府补贴政策在成本、价格等方面获得竞争优势的出口企业将会受到很大影响。另外,我国作为受到反倾销诉讼最多的国家,在当前非市

---

① 曾繁华、曹诗雄:《国家经济安全的维度、实质及对策研究》,《财贸经济》2007年第11期。

场经济方法的补贴倾销条款以及特定产品过渡性保障机制的限制下，我国制定相关政策措施鼓励出口时必须将这些出口产品的价格和数量增长纳入考虑范畴，并且可能还需要采取诸如当前同等水平从量征收外衣、裙子等纺织品的关税等一系列进一步的限制措施。

三　市场占有权和国际投资与贸易规则

市场占有权是指市场在资源配置的过程和结果方面，国内民族资本或者民族产业是否主导其产品或者劳务市场，或者说民族经济的发展能否控制国家主导产业以及新兴产业的发展。在目前市场全球化和世界经济一体化日益发展的条件下，发达国家和相关国际组织更需要遵循上述原则对自身的国际投资与贸易的相关规则进行重新制定和调整，使发展中国家与发达国家能够在世界市场上进行公平竞争。发达国家大型跨国公司在通过直接方式进入发展中国家市场，特别是进入具有市场所有权优势的发展中大国市场的时候，不仅要付出一般的市场进入成本，而且还必须尽可能快地向东道国转移其先进技术，因为投资于发展中大国市场可以取得更高的市场收益。

现行的国际投资与贸易规则中，为了避免发展中国家受到来自发达国家的"欺压"，特别制定了发展中国家优惠待遇原则。这是世界贸易组织处理发达成员与发展中成员之间贸易关系的一项基本原则。根据这一规则，为促进发展中国家的出口贸易和经济发展，从而带动整个世界贸易和经济的健康发展，世界贸易组织允许发展中成员在相关的贸易领域在非对等的基础上承担义务。但是，在实际情况中，由于受自身发展状况的限制，某些行业的市场占有份额仍然是发达国家形成垄断。这主要表现为技术壁垒和知识产权保护。

由于发达国家对中国企业设置严格的技术壁垒，这种壁垒不仅使很多普通百姓很难买到物美价廉的商品，更阻碍了中国企业海外发展，特别是中小企业很难有充足的资金和成熟的技术改造或者更新换代。很多企业的产品质优价廉、数量庞大，但是，在出口时经常被卡住，涉及的范围十分广泛，从初级农产品到高科技产品。这里所指的技术法规是指那些必须强制性执行的有关产品特性或其相关工艺和生产方法，许多强制标准也是技术法规的组成部分，主要涉及国家安全、产品安全、环境保护、劳动保护、节能等方面。另外，随着世界经济的飞速发展，全球气候变暖、臭氧空洞等一系列问题直接影响了人类生存的环境，使人们逐渐意识到环保的重要性。发达国家基于自身利益的考虑，经常打着环保的旗号，采取单方面贸易措施，限制外国特别是发展中国家农产品的进口，频频引发双边贸易摩擦和纠纷，很多依赖初级产品出口的相关企业遭受严重打击。

从企业长远角度来讲，这些技术壁垒有利于企业改进现有的生产技术。众所周知，只有在本行业保持先进的技术，不断提高产品的质量，才能增强产品在市场上的竞争力。同时，这些技术壁垒还可以促使企业提高科技环境标准，降低污染排放，从而有助于增强发展中国家的国际竞争力。但是，就目前而言，这些技术标准无疑是给广大发展中国家提出了高的门槛，在行业市场进入方面设置了巨大的障碍。反观外商投资企业在中国从食品日化到金融医药、从汽车制造到计算机芯片，已经占有巨大的市场。中新网 2010 年 12 月 30 日报道，国务院常务会议提出，为应对国际金融危机、保持经济平稳较快发展过程中，应扩大开放领域，鼓励外资投向高端制造业、高新技术产业、现代服务业、新能源和节能环保等产业。

在经济高速发展的当今社会，对知识产权的保护迫在眉睫。这直接关系到知识分子的科研积极性和创造力的发挥，也影响到整个国家的智力文明发展。知识产权主要是指个人或单位对其在科学、技术、文学艺术等领域里创造的精神财富所享有的专有权，也就是基于其智力创造型活动的成果所产生的权利。其主要包括工业产权、版权、实用新型、外观设计、服务标志、企业名称、产地标志或原产地名称及制止不正当竞争等内容。中国加入世界贸易组织后，中外知识产权纠纷不断，先是国外专利集团向我国 DVD 生产企业收取专利费；然后是思科诉华为软件和专利侵权。此后不久，日本丰田向媒体证实，诉讼直指吉利涉嫌商标侵权和不正当竞争。民营企业对商标保护意识不够，大多数民营企业没有足够的知识产权保护意识。而外国企业利用中国民营企业知识产权保护意识较弱的机会，抢注中国商标、专利，甚至打击、收购、淡化。

中国民族品牌在欧洲被抢注现象屡有发生，早在2004年，中国家电企业商标"海信""东林"等企业计划进入德国市场时，却发现自己的商标已经在德国被抢注，因而无法进入德国市场。2005年，一批中华老字号和驰名商标"洽洽""王致和""白家"也在德国被抢先注册，对于这些有国际化战略的中国企业，商标被抢注后面临的最大问题是拥有这些商标的产品无法或者推迟进入这些国家和地区的市场。中国民族品牌在海外被抢注主要集中在化妆品、饮料、家电、服装、文化等各个行业，成为中国企业走向世界的一道贸易壁垒。当民族品牌在海外受到侵权时，因诉讼成本高，语言和法律专业知识欠缺，大多数企业采取消极应对的方式，往往丧失了品牌自主权和市场先机。

四　市场收益权和国际投资与贸易规则

市场收益权主要是指市场所有权在经济上的实现形式。在实际的国际投资与贸易实践中，发展中国家虽然让出来了市场，却并没有换来发达国家的先进核心技术。在共享市场收益方面，发达国家往往凭借其技术垄断优势，攫取市场收益的绝大部分利润，发展中国家仅仅获得了出让市场、生产要素后的廉价回报。

世界贸易组织在"乌拉圭回合"中首次涉足投资领域，达成了一系列重要的实体性法律规范，主要有《与贸易有关的投资措施协议》（TRAMS协议）、《服务贸易总协定》（GATS协议）、《与贸易有关的知识产权协议》（TRIPs协议）以及《补贴与反补贴措施协议》（SCM协议）。这些规则无一例外地要求在国际投资与贸易过程中，应该本着自由、市场、公平、公正的态度对待每一位参与缔结协议的成员。但是，广大发展中国家由于自身发展的问题，实质上是向拥有垄断高端技术、先进管理经验的跨国公司让渡了自己的市场经营权、市场占有权甚至是市场所有权，而在市场收益方面只获得了很小的一部分，其成本与收益不成正比。

以中国市场为例，在"用市场换技术"存在以下问题：

（1）跨国公司对那些数量较少的拥有先进、成熟技术产业的外商投资企业的核心技术进行严格的控制，因此，这些企业的国产化水平也较低。

外国投资者在向我国民航飞机、轿车、通信设备等行业转让技术过程中，只会转让部分技术，而对于其中的关键技术仍有所保留。有些跨国公司为了巩固其在电子机械和器材、汽车制造等行业的技术垄断优势地位，甚至对其核心关键技术严格保密。以汽车工业为例，与20世纪80年代水平相比，达到其水平的引进技术产品以及进行开发更新换代的产品占30%，而技术相比落后的产品占40%。跨国公司对于国产化的态度不是拖延就是完全地否定，态度表现很不积极，而且我国也始终没有在引入外资的过程中吸收到诸如电子技术、新型材料技术等一些高新技术。跨国公司在这一过程中转让的高新技术很少，即使转让了一些高新技术，对于中国当前行业和产品等的发展来说也是无足轻重的，对相关产业的结构优化和产业升级作用甚小。

（2）有部分行业在吸收外资的过程中，不仅没有吸收到先进的外国技术，相反，还形成了对外国先进技术的强烈依赖，被这些技术所约束。因为外国投资者在关键技术上的保留，并且一些外国技术确实难以吸收，造成这些投资企业拥有较低的国产化水平，其原材料和零部件主要依赖进口或者外商提供，严重限制了我国这些企业的发展。另外，有些国内企业自主研发的新技术也随着中外合资进程的推进而被外国先进技术取代并且受限于外国技术，造成国内企业对外国技术的依赖程度不断提高，更有甚者，外国投资者对国内投资不仅没有引进国外先进技术，反而使国内先进技术流传到外国，本意想利用外资和学习外国先进技术，最终却变成被外资利用的局面。

（3）我国国内投资建立的"三资"企业在20世纪90年代之前

大部分都是劳动密集型产业，主要从事加工组装任务，这属于技术含量较低的产业，不仅没有先进技术，而且也没有高新技术，其中很多企业都只是简单地扩大了原有工艺技术和设备水平的规模。另外，这些技术含量较低的企业也只是从事普通零部件的生产，关键性的零部件大多都是由投资企业的母公司生产，这样的生产过程几乎没有先进技术可以学习和借鉴，对国内企业完整生产体系的形成造成了巨大的困难，更不用说能够掌握其中的关键工艺和技术了。

（4）没有很好地提高我国产品在国际市场上的竞争力。一个国家产业的技术管理水平直接并且综合反映了该国产品在国际市场上的竞争力，我国产品在国际市场上很少有高质量的技术含量和很强的竞争力，并且我国产业发展过程中也没有建立出口主导产业，我国产品的出口大多依靠数量或者低价优势，属于粗放型的出口方式，其出口的产品大多具有低技术含量和低附加值的特点，这些产品在国际市场上很难与发达国家的公司竞争。

（5）外国投资者进入市场的方式也发生改变，由原来的输入商品或者资本抢占中国市场转变为输入品牌抢占市场。输入品牌主要是在中国现有的人力和物力的基础上，投入少量外资，对外国投资者的品牌加以生产加工和装配，从而达到以下目的：一是可以凭借输入知识产权并加以运用，达到对中国市场长期占据的目的；二是利用著名品牌效应，牢牢掌控中国消费者的内心，进而可以赚取高额的垄断利润。但是，外国投资者输入品牌的过程一般都没有技术转让，其目的主要还是占领中国市场，这必然导致国内品牌受到排挤甚至被取代，外商投资企业的产品在市场中的比重和竞争力越来越大，甚至对部分行业完成垄断，造成国内相关行业的企业生存更加困难。

跨国公司对中国的投资分为两个阶段：一是 20 世纪 80 年代之前的投资战略是资源性投资，当时中国具有廉价劳动力的优势以及拥有丰富的原材料；二是 20 世纪 80 年代之后，跨国公司的投资开始关注对中国市场的占有，在过去的十几年，中国经济以惊人的速度增长，由此展现出了巨大的市场潜力，跨国公司因此纷纷开始对中国市场的争夺，都在努力把中国市场纳入它们的国际经营体系。在20世纪90年代之后，跨国公司对投资战略的管理重点也发生改变，从原来的传统经营管理模式转变为远景驱动式管理，逐步形成新的"未来竞争式"的战略管理模式。在这种长远眼光和未来竞争观念的影响下，大部分跨国公司对于进军中国市场战略重要性的思考转而立足于新兴市场和成长性市场，中国未来依旧是世界跨国公司全球经济战略的必争之地。

尽管中国市场是全球跨国公司重点利润增长点，但跨国公司并没有和中国实行利益共享；相反，关于跨国公司在中国违背企业道德的事例却是时有发生。肯德基的"苏丹红事件"、朗讯高管涉嫌行贿、宝洁公司虚假宣传、丰田差别对待中国消费者、惠普笔记本质保难题、多个国外著名品牌液晶电视拒不执行中国维修标准等，越来越多的现实击碎了原本笼罩在跨国公司身上的种种神话。

一些外商投资企业为了降低人力成本，没有严格履行国家有关规定，任意降低劳工标准，逃避企业本该对员工承担的责任。2005年9—10月，全国人大常委会和全国总工会在执法检查中发现，沃尔玛中国分公司在深圳、大连、北京、福州等18个城市的37家商店均未建立工会组织。类似沃尔玛降低劳工标准的做法在一些外商投资企业中屡有发生，并被媒体曝光，频现报端。据全国总工会最新统计，我国有外商投资企业96000多家，像麦当劳、肯德基等外商投资企业涉嫌违法用工的情况，在我国各地不同程度地存在着。

跨国公司凭借雄厚的资本实力和产品技术上的优势，已经逐步在中国的诸多行业建立起了实质上的垄断地位。比如，IBM垄断我国银行业大型机服务、微软中国市场占有率95%等。跨国公司为了保持它们在中国市场的垄断地位，甚至采取了一些违反公平交易原则的手段。而有些企业为了攫取更高额的利润，其产品在中国的定价明显高于其他国家。此外，跨国公司还经常采取收购和合并等手段来巩固自己的垄断地位，越来越倾向于通过控股的方式并购国内企业，这种方式是跨国公司扩大企业规模和实力，在中国市场取得市场优势地位最便捷的途径。正如国家工商行政管理总局的研究所言：跨国公司在我国的发展状况表明，我国已经具备了一定的发生跨国公司垄断行为的结构性前提。① 一旦出现垄断行为必然会限制市场竞争，制约内资企业成长和技术进步，制约国内幼稚产业发展，损害消费者利益。

在2006年国家税务总局和联合国开发计划署举办的关于反避税问题的研讨会中指出，外商投资企业2005年的亏损面已经达到42.96%。外商投资企业的税负轻、享受着诸多政策优惠与便利、先进的技术和管理，外商投资企业哪个方面都比国内企业都占优，这种亏损令人费解。虽然外商投资企业还在哭穷，但是，它们依旧加大对中国的投资，截至2007年6月，我国利用外资金额为6508亿美元，世界上有将近200个国家或者地区来中国投资，470家世界500强企业也选择对中国投资。有关数据显示，1990—2004年，中国的外商投资企业单就利润汇出额来说就达到2506亿美元。显然，亏损是假，逃避税收是真。转移定价是跨国公司转移利润规避税收的最常用的方法，将国内获得的利润转移至境外，不仅扭曲了境内公司实际经营情况，还造成国家税款的流失。外商投资企业逃避缴税不仅会使我国税收收入大幅降低，从而影响我国财政资金的增加，同时由于外商投资企业逃避缴税之后可以将这部分资金再投入来提高企业的研发能力和技术创新，进一步抢占中国市场，从而对国内民族企业产生不利影响。美国《纽约时报》记者戴维·巴尔沃萨指出："表面上中国好像在外商投资的过程中赚取了很多经济收益，其实不然，这种经济全球化带来的利润在很大程度上被这些外国投资者夺走，留给中国的利润微乎其微。"②

---

① 桑百川等：《跨国公司给中国带来什么》，《世界知识》（网络版）2006年第7期。

② 中国网：《美国从"中国组装"中获益最大》，《纽约时报》2006年2月27日。

第四章　基于市场产权的国际投资规则

第一节　当代国际投资格局特征分析

随着全球经济一体化和投资自由化程度的进一步加深，国际投资已成为国与国之间经济活动的主要内容，对国际政治、经济关系正发生着深刻影响。20世纪末及21世纪以来，国际投资格局发生了一系列新的发展趋势，主要可概括为以下七个方面。

一　发达国家是国际直接投资的主要力量

1997年，发达国家跨国公司对外直接投资总数占全世界国际直接投资的比重为72%，1998年达到86%，对外投资总额比1997年增长了36%，为5974亿美元。1997年，发达国家引进国际直接投资总数占59%，到1998年上升为72%，与1997年相比，发达国家吸收的国际直接投资额增长了68%，达4664亿美元。发达国家跨国公司国际直接投资及吸收的国际直接投资的迅猛增长，体现了全球经济实力高度集中于发达国家，发达国家与发展中国家之间的经济差距日益扩大。

在全球范围内的发达经济体中，美国、欧盟和日本是最重要的国际投资力量。三者拥有世界上最大和最活跃的跨国公司。其中，美国和欧盟的国际直接投资一直以比较平稳的方式增长，而日本却经历了波折起伏。日本在20世纪80年代末曾是世界最大的对外投资国，但90年代后在国际直接投资中的地位不断下降，进入21世纪后国际直接投资总量有所反弹。欧盟作为一个整体，其国际直接投资水平明显高于美国和日本。但按国家来说，美国仍是全球国际直接投资领域的"领头羊"。这三者的相互投资和内部投资占发达国家总资本输出的90%和资本输入的93%。①

二　国际直接投资规模呈波浪式增长趋势

国际直接投资从20世纪70年代起已出现波浪式加速增长态势，如果将1970—1976年的全球国际直接投资流入总额的增长算作第一次波浪式加速增长浪潮，那么，在1970—2001年，全球国际直接投资流入总额总共发生了三次加速增长浪潮，并且，在每一次增长浪潮过后都发生了短暂的负增长。三次浪潮中增长期持续年份分别为5年、5年、7年，下降期持续年份分别为1年、2年、1年，均呈现出持续时间拉长的特征，其中增长期拉长特征更明显；三次浪潮增长期的年均增长率分别为15.4%、26.9%、22.0%。虽然投资规模在逐期增大，但增长趋势出现减缓。

进入21世纪之后，由于跨国并购浪潮的推动，全球国际直接投资规模急剧扩大。2000年，全球国际直接投资总额比1999年增长75.1%，总投资额有1.5亿美元，创造了有史以来的最高纪录。2001年，全球国际直接投资总额比2000年出现了迅猛下降，降为7350亿美元，跌幅为51%，成为自1997年以来的第一次大幅降低。就此，全球国际直接投资经过五年的高速增长后，开始正式步入战略调整阶段。2002年，受一系列不利因素的影响，全球国际直接投资总量再一次出现锐减。这些不利因素主要包括世界性经济疲软、股市萧条以及其他一些以往发展迅猛的部门负债累累等。2002年，全球国际直接投资总量跌至6790亿美元，比2001年下降了7.6%。2003年，国际直接投资总额还不及2000年的一半，下降至5600亿美元，比2002年跌幅17.5%。②

经历了2001—2003年连续三年的低迷期后，从2004年开始，

---

① 张纪康：《跨国公司与直接投资》，复旦大学出版社2004年版，第103页。
② 胡帆：《论国际直接投资发展趋势和中国的对策》，《当代经理人》2005年第14期。

国际直接投资总额开始回升,且增长势头迅猛。2004年,由于发展中经济体的异军突起,流入发展中国家的国际直接投资增长了40%,达到2320美元,而国际直接投资流入总额则上涨到6480美元。进入2005年,全球各主要经济体的国际直接投资流入量都出现了增长,一些经济体的国际直接投资流入量甚至增长到了空前水平,联合国贸易和发展会议包括的200个经济体当中就有126个经济体的流入量出现了增长,2005年,全球国际直接投资流入量增加到9160美元,增长率为29%,这是继2004年国际直接投资增长27%以来的又一次较大的增长。①

三 跨国公司成为国际直接投资的主导力量,国际战略联盟势不可当

随着国际化大生产的发展和国际分工的不断完善,跨国公司在全球经济全球化中不断发展壮大,在国际直接投资中所处的地位不断提高,并成为推动国际直接投资发展的主导力量。跨国公司的交易总额,经历了从1995—2000年的六年持续增长,由1995年的2290亿美元增加至2000年的1.1万亿美元,增加到了原来的5倍。虽然国际并购在2001—2004年处于低迷阶段,总量也有所回落,但在调整以后,终于在2004年这种持续了几年的回落趋势慢慢开始有了转变。美国的汤姆森金融证券公司对国际并购数据进行了统计,其统计数据显示,仅在2004年上半年,全球国际并购总量就高达1762.2亿美元,与2003年上半年相比,增长了12.9%。全球国际直接投资最重要的经济体,美国和15个欧盟国家的跨国公司跨国并购规模都发生了巨大的增长。目前,国际生产体系正在迅速形成中,其核心是跨国公司对外直接投资,这一体系包含全世界近6万家跨国公司和这些跨国公司下属的约50万个国际分公司。这6万家跨国公司的产量占世界总产量的25%。②

---

① 樊秀峰等:《国际投资与跨国公司》,西安交通大学出版社2008年版,第12页。
② 胡帆:《论国际直接投资发展趋势和中国的对策》,《当代经理人》2005年第14期。

同时，由于国际竞争日趋激烈、科技革命进程不断加快，以西方发达国家为首的世界各国的跨国公司的投资方式不断变化，并且它们之间互相达成了各种形式的跨国战略联盟，这些跨国战略联盟的形式主要有互补式战略联盟、合并式战略联盟和项目式战略联盟。跨国战略联盟是指两个以上的竞争性的跨国公司，为达成特定的共同的战略目标，以谋求共同利益为基础，以共同研发、联合经营和销售以及相互授予特许权等方式，达成一种具有优势互补效应的战略协作伙伴关系，从而为跨国公司增加新的市场机会，提高跨国公司的国际竞争地位。英国《经济学家》报道，目前全球已有超过90%的大型跨国公司加入跨国战略联盟，发展中国家为了获得跨国公司所具有的高技术含量的资本及成功的管理经验，也纷纷努力创造条件，同发达国家跨国公司缔结联盟，跨国战略联盟已势不可当。

四 国际直接投资自由化仍在继续，但保护主义渐趋显现

由于经济全球化趋势加强，各国经济对以国际投资与贸易为主的国际经济活动的依存度普遍提高，各国都积极促进有关国际直接投资流动的政策的宽松化和自由化，这些政策环境的变化都有利于国际投资的发展，它们将有助于扩展国际直接投资规模，拓宽国际投资范围。以国家为主要经济体的单边国际直接投资政策在不断进行改革，同时双边和多边投资合作也在不断发展或取得新成就。各国对有关政策的修订中大部分都是推进自由化、利于外国投资的，即放松管制、加强市场作用和增加对外商投资的鼓励措施。统计显示，截至2005年年底，在全部修订的国际协议中，共有2485项双边投资条约，2758项双重增税条约，另有232项包含投资规定。部分发展中国家以进行更多、更频繁的南南合作的方式努力地参与到这种规则的制定中来。进一步谈判和签署自由贸易协定以及协商建立各种与国际投资相关的经济合作安排是一个重要的发展趋势。同时，国际投资协议的内容和结构正日益复杂，近年来的国际投资协议所针对的问题范围越来越广，而这些问题又往往都是备受公众关

注的问题，如与健康、安全、环境等有关的各种问题。这种量和质的变化有可能会促进国际直接投资形成的框架更具有国际扶持性，同时也意味着政府和公司面临的国际投资规则体系的内容和结构更加复杂、其演变更加迅速。

在与投资相关的管制方面，管制改革大体上促进了国际直接投资的实现。这些管制改革主要包括审批手续的简化、税收的减免、激励的加强以及对国际投资者开放力度的加大。但是，也存在着明显的不利于国际投资实现的管制改革运动。2005年，在全球范围内的许多地区，人们都对投资自由化以及经济保护主义展开了激烈争论。虽然这一年在全部有关国际直接投资的政策变化中占主流的是有利于国际直接投资的政策变化，但当前形势促使东道国不再对国际直接投资如此欢迎，而不利于国际直接投资的政策变化也创造了联合国贸易和发展会议有史以来的最高纪录。事实上，不利于外商直接投资的政策变化在所有政策变化中所占比重正在不断上升。2005年，不利政策变化占20%，共计41项，而2002年只有5%。在拉美地区，这一比重特别高，在该地区有关国际直接投资的政策变化中暗含无益于外资流入的措施有2/3之多。多数情况下，新引入的不利于国际直接投资流入的措施均与自然资源的开采有关。例如，玻利维亚政府在2006年5月决定将天然气和石油行业国有化，这一问题引起了人们的高度关注。①

虽然促进和阻碍国际直接投资发展的政策变化之间的平衡关系正发生着某些转变，但就目前情况来看，这种变化趋势主要局限于少数国家，并且主要与自然资源投资相关，在未来很长的一段时间内主导趋势仍将是投资自由化。

五 发展中国家吸引和利用外资能力有所提升，但依旧处于弱势地位

第二次世界大战以来，随着世界殖民主义体系土崩瓦解和广大

---

① 樊秀峰等：《国际投资与跨国公司》，西安交通大学出版社2008年版，第16页。

发展中国家民族经济的兴起，一部分发展中国家为了更好地吸引国际资本投资，提出了更多更好更优惠的投资条件。尤其是在亚非拉地区，从20世纪80年代以来，出现了许多新兴经济体，这些经济体都经历着计划经济转向市场经济的过程，在经济全球化和信息化时代背景下，这些经济体的资金缺口与技术缺口非常大，发展潜力也非常大，在改革不断深化、开放程度不断提高的过程中，对待跨国公司投资的态度，从过去的敌视转为欢迎，再转变为特别需要。以亚洲和拉丁美洲的一些具有较大经济潜力、较快经济增长速度的新兴工业化国家或地区为首的经济体，由于自身经济增长速度一直保持在较高水平、对外国直接投资者实行开放的私营化计划以及不断促进投资管理政策的自由化等吸引着发达国家对其投资规模的扩大。

尽管如此，20世纪90年代中期至今，发达国家一向都是国际直接投资的重要参与者。无论是在对外直接投资还是吸收外国直接投资，发达国家一直处于主导地位，并在资本数量上占比都是最大的。在发展中国家中，国际直接投资的吸收和流入的区域分布并不平衡，亚洲发展中国家吸收的国际直接投资占发展中国家总量的2/3，而中国是吸引外资最多的国家，中国之所以在引进和利用跨国公司投资方面不断取得新进展、新成果，主要是由于我国政府给跨国公司投资创造了良好的投资环境，提供了多种多样的优惠政策，甚至还有些地方之间为争取外资而进行优惠政策竞争，让外国跨国公司有充分的选择余地。此外，许多非常贫困的国家，例如，非洲一些国家得不到跨国公司的青睐和惠顾，在全球资本扩张大潮中正日益边缘化，跨国公司缺乏对亚非拉地区这些最贫困国家的投资兴趣，这也是导致南北贫富悬殊不断拉大的一个根本原因。

发展中国家在吸收和利用外资的同时，经济不断发展，经济对外开放程度不断提高，发达国家跨国公司在生产、经营、管理等方面的示范效应与发展中国家在接受跨国公司投资过程中的学习效应，在这些有利条件共同作用下，发展中国家的企业逐渐走向成熟，也被动或积极投身到跨国经营的大潮中来，并在这个过程中培养和形成了一些自己特有的关于技术、产品、管理模式、营销渠道、风险防范体系、融资体系等方面的优势，以及市场所有权优势、研发及生产的内部化优势、投资区域选择的优势等，因此，在发展中国家中，兴起了许多跨国公司先后开始发展国际直接投资，国际直接投资日益成为许多发展中国家获取国际资本的主要方式，同时也成为全球范围内实现资源有效配置、经济技术合作强化的一种不可或缺的形式。发展中国家中的一些中小企业纷纷以跨国公司为载体，积极开展国际直接投资，但与发达国家的跨国经营企业不同，它们主要呈现以下四个方面的特点。

（1）主要在其他发展中国家开展跨国经营。这主要是因为发展中国家的跨国公司本身由于管理优势不足，未形成绝对的技术优势，且发达国家的劳动力成本较高，因而对发达国家投资不具备优势，只有对某些比母公司所在国经济发展程度低、增加价值小的发展中国家的投资和技术转移拥有一定的优势，如其投资产业多以劳动密集型产业为主，对劳动技能要求不高且工资成本相对要低很多，这就具备了直接投资的条件。

（2）在产权结构上，以合资企业为主，且以少数股权或对等股权居多。这可能与东道国政府的产业导向政策和外方可转让的技术先进程度有关。L. T. 威尔斯认为，这是由于发展中国家的跨国公司特别愿意与当地投资伙伴分享所有权。

（3）在与东道国企业的合资终结上，以消极退守为主。发展中国家间合资企业的稳定性要低于纵向直接投资下由发达国家和发展中国家企业间组建的合资公司，在导致合约终结的原因上，前者主要是以终止合同散伙、歇业或向外部整体或部分转股为多，以短期行为为主，而后者则较多地发生挤股、逼股现象，特别是出于战略性目的的收购和合并行为。

（4）偏好于在本国的邻近国家、地区投资。例如，在工业化程度相对较高的东亚、东南亚及拉丁美洲的一些发展中国家，其跨国公司大部分选择在本地区投资。而对相对较远地区市场的进入以贸易方式为主，如东南亚国家跨国公司大多在邻近国家进行投资生产，但对北美、欧洲市场的进入以产品出口的方式实现。

但是，发展中国家在吸引、利用和发展国际直接投资，积极顺应国际化大生产潮流的同时，也相应出现了一些问题。

（1）有的发展中国家急于招商引资，盲目对外开放，结果承受了不必要的损失。从国际投资惯例来看，跨国公司是不允许进入诸如矿产、木材、钢铁、商贸零售、电力等行业的，因为这些领域容易形成垄断，直接侵犯消费者利益。如在我国，一些大型零售商跨国公司家乐福、沃尔玛等在各大城市广泛存在，由于它们自身具有生产运输成本低、产品质量好、管理先进等优势，使它们在竞争中常常处于优势地位，而当地原有的本土零售商却在竞争中节节败退，这些跨国公司刚进入市场时低价销售甚至低于成本价倾销，使消费者得到暂时的实惠，一旦占领市场，就会立即将价格提高，最终利益受到损害的还是消费者以及相关产业链上的企业。更有甚者，有些诚信不佳或财务出现危机的跨国公司，利用发展中国家对跨国公司投资的需要和迷信，乘机在发展中国家骗取贷款和土地，之后销声匿迹，对东道国造成巨大损失。

（2）发展中国家的跨国公司对外投资风险较大。这主要是由于发展中国家跨国公司的内部管理优势不足和外在投资环境较差造成的。发展中国家崛起的跨国公司的生产规模有大有小，但以小规模者居多，而无论企业规模是大是小，都或多或少地存在资金短缺、技术落后、经营管理不完善、工作人员素质低等问题，尤其是对于规模较小的跨国公司而言，这些问题更是普遍存在的。家族管理色彩浓厚、官僚主义盛行等是阻碍这些跨国公司做大做强的重要原因。同时，发展中国家的跨国公司多选择周边发展中国家进行直接投资，而这些东道国多投资环境较差，政局不稳，政策变幻莫测，投资风险较大。[①]

---

① 王学鸿：《论新世纪跨国公司发展的新趋势》，《学术探索》2004 年第 4 期。

六 跨国并购仍是国际直接投资增长的主要驱动因素

自 19 世纪末至 20 世纪初起,随着自由化趋势的演进和国际市场的开放,企业并购经历了五次浪潮,每一次浪潮的推进都极大地促进了资本主义市场经济的繁荣,并日益深刻地影响着全球市场的格局,刺激着国际直接投资的大幅增长,特别是 1998—2000 年,跨国并购平均占全球国际直接投资的 84.2%,其中这一比重最低的年份也有 83%,由此可见,在这三年间,跨国并购活动已快速成为世界范围内国际直接投资的最主要的方式。2000 年,全球跨国并购规模创历史新高,占全球国际直接投资的 87%,其总额高达 1.1 万亿美元。进入世纪之交,由于跨国公司的并购使市场缺乏竞争性,人为地增加了生产者利润,削减了消费者福利,加重了消费者的经济负担,这和投资与贸易自由化的目标南辕北辙,很多国家(尤其是发达国家)和国际经济组织开始采取不同的措施,对跨国并购进行不同程度的限制,跨国并购发展的势头有所减弱,却也直接导致了 2001 年以后跨国公司国际直接投资的减少,跨国公司并购数目在 2000 年达到 7894 起,而 2002 年锐减至 4493 起。每起并购买卖的平均金额由 2000 年的 1.45 亿美元,跌至 2002 年的每起平均 8200 万美元。2000 年 10 亿美元以上的并购买卖活动共 175 起,而 2002 年是自 1998 年以来最低的 1 年,仅有 81 起,这一趋势直到 2003 年仍未发生改变。进入 2005 年,由于全球股市的复苏和跨国公司战略选择行为的影响,跨国并购的形势有所好转,交易额与 2004 年相比增长了 88%,达到 7160 亿美元,同时跨国并购的数量增加到 6134 起,其交易总额在全球国际直接投资总流量中占 78%,接近第五次浪潮达到第一次高峰时的 1999 年,其中有 141 起跨国并购的交易为价值超过 10 亿美元的特大型交易,这一数值接近 2000 年的峰值 175 起,交易总价值是 4540 亿美元,高出了 2004 年交易价值的 1 倍,占全世界跨国并购交易总额的 63%。与 2005 年上半年相比,2006 年上半年,有价值总额为 4350 亿美元的跨国并购是由发达国家主导实现的,发展中国家跨国并购总额增长速度相对较低,但也有15%。跨国并购之所以与发达国家紧密联系，原因主要在于：与发达国家国际直接投资流入相关的交易双方都着眼于对发达国家的既定、成熟的产业存量进行改造，而发展中国家则相对更需要国际直接投资方输入产业增量，也就是绿地投资方式；同时，发达国家市场环境、财会管理、法规框架也相对成熟，便于企业并购付诸实施。

七 国际直接投资向知识经济转型，跨国公司本土化趋势增强

20世纪90年代以来，以美国为首的发达国家开始了以技术创新推动经济发展的阶段，经济发展进入从工业经济向知识经济转型时期。

知识经济是以知识为基本经济，在这种经济形态中，把知识和创新作为重要生产要素，知识密集型产业成为推动经济增长的主导产业，知识经济以知识的生产、分配、使用、交换和消费为基本经济运行机制。这种经济运行模式中，知识产权得到保护，人力资本高度积累，国民素质普遍提高，技术创新成为国家、企业、产业国际竞争力的核心。与经济形态变迁相对应的国际经济联系进入了产业结构全球范围转移和调整阶段，企业价值链和产业链在全球范围内布局和重组。

由图4－1可以看出，1987—2005年，第一产业即初级产品业中的国际直接投资投资额明显下降，第二产业即制造业中的国际直接投资也表现出下降趋势，但第三产业即服务业中的国际直接投资却出现了大幅上升。随着各国产业结构的不断优化升级和科学技术的加速创新，国际直接投资的重点显然倾向于附加值高的知识密集型和技术密集型产业。[①]

跨国公司运用自身的技术垄断优势，不断培养自身的核心技术，不断提升自身的核心能力，因此，跨国公司自身就是一个知识化的组织。在经济全球化、信息化、知识化的时代背景下，在影响发达国

---

① 彭珊：《论国际投资新特征对湖北利用外商直接投资的影响》，《现代商贸工业》2010年第9期。

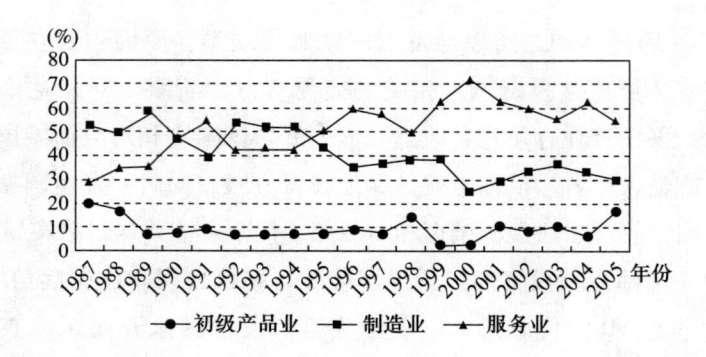

图 4-1　1987—2005 年国际直接投资情况

资料来源：世界投资报告。

家经济增长诸多要素中，以知识为基础的要素的经济增长贡献率已经达到65%—70%，这进一步强化了跨国公司的知识化。跨国公司在世界市场上的竞争优势在于：首先，它们能够识别并整合零星散布在全球各个地区的知识；其次，对这些知识进行创新；最后，研发适合全球市场的产品及服务。全球竞争促使跨国公司学会了适当地调节产品、调整服务和改变管理体系，以适应世界不同地区市场的差异。知识化是全球竞争环境改变的催化剂，知识化是跨国公司调整和创新跨国经营过程中的知识化管理模式的加速器，知识化是跨国公司重新培育和构建企业核心竞争力的助推器。产品研发、技术开发、公司运营管理、产品营销的知识化和信息化普遍加强，同时也空前地提高了对人力资本知识水平的要求。一方面，跨国公司对企业就职人员知识素养的较高要求，能够促进东道国高等教育事业的发展；另一方面，作为接受国际直接投资的东道国的高等教育发展，反过来又成为跨国公司就职人员本土化的重要条件。以往，跨国公司的知识密集性只体现在新技术和新产品的研发上，而现在跨国公司实现了全面的知识密集化，也就是说，跨国公司的各方面都实现了知识化。

20世纪90年代，一些跨国公司曾经施行过一些本土化策略，但本土化策略最终并没有成为跨国公司的首要策略，原因主要在于本土化策略的实施受到了狭隘的民族主义、全球霸权主义强权政治、国家政治及经济安全等问题的影响。随着经济全球化、贸易自由化、知识信息化过程的加速发展，跨国公司的本土化趋向越来越明显。跨国公司本土化既能解决因不同国家和民族的不同文化、传统及习俗而形成的问题，提高东道国消费者对跨国公司产品及企业文化的认同度，还能够降低由于区位、交通、时差等因素而产生的机会成本，防止母国技术人员、管理人员离开自己的祖国至东道国就职而面对的语言文化障碍，并避免向他们支付"国外生活津贴和补助"。另外，跨国公司生产经营本土化还能够为东道国直接创造新的就业岗位，缓解东道国的就业压力；本土化还有利于模糊化跨国公司的国籍，从而使东道国消费者增加对该公司的亲切感和认同感。

进入21世纪，为抢夺国际市场、重新构建21世纪世界经济格局，各行各业的跨国公司纷纷开展了激烈竞争，在这个过程中，东道国的一些企业与跨国公司的差距不断缩小，东道国也培养出了一批具有本国特色的优秀民族企业。越来越多的跨国公司也因此而意识到了本土化的重要性，并积极实施了本土化策略，本土化已然成为跨国公司国际化经营战略的重要组成部分。如下列跨国公司都在中国实施了不同程度的本土化战略：美国雪佛龙海外石油公司、美国国际商用机械公司（IBM）、美国摩托罗拉公司、美国陶氏化学品公司、英国联合利华、芬兰诺基亚、日本索尼、日本丰田、日本柯达、加拿大北电网络、法国普美德斯公司、德国博世公司、瑞士ABB集团等。本土化策略包括在当地设立研发中心、雇用当地企业员工、聘用当地职业经理人、进行本地化经营管理、采用本地化营销管理策略，即本地研发、本地采购、本地生产、本地销售、本地经营及任用本地工人和技术管理人才。显然，东道国的投资环境、人力资本的积累状况、市场潜力和市场空间等因素对跨国公司的本土化产生着重大影响。例如，本土化与东道国的投资环境有密不可分的关系。如果投资环境太好，说明市场潜力不大，那么跨国公司就不需要过多地进行本土化；如果投资环境太差，说明市场发展潜力很大，那么跨国公司就会有较强的本土化动力，本土化的趋势也就较大；同样，跨国公司根本没有进行本土化或本土化程度较低，那么东道国消费者对跨国公司的产品及企业文化的认同度就会很低。因此，跨国公司的原材料采购、产品生产、人力资本启用、经营管理和产品销售等方面的本土化是一把"双刃剑"。①

第二节 当代国际直接投资不公平性的表现

一 跨国公司全球生产网络的市场垄断性

随着经济全球化进程的不断加快，跨国公司积极地实施全球化经营战略，为了培育和提升自身的全球化竞争能力，它们都纷纷组建了面向全世界的合作体系，也就是全球生产网络。全球生产网络是介于国际市场和跨国公司之间的、以关系契约为治理基础的一种组织形式。这一重要战略选择已触及世界经济的诸多行业，并深刻地影响着世界市场的生产格局。组织全球生产网络的跨国公司不再单纯依赖于规模及地理优势，被动地适应世界市场的需要；相反，它积极地把自己散布在世界各地的工厂整合成一个紧密相连的整体，建立起全球性的生产网络，从而凭借生产链条积极主动地创造新的生产规模优势，最大限度地降低生产成本，扩大市场份额。

跨国公司的全球生产网络体现了一种区位选择上的全球性，体现在对其整体价值链的安排上，那些具有比较优势的价值链环节都将被吸收到全球性生产网络中来，比如原材料、技术研发、生产成本、市场销售等环节。

不仅仅是价值链上的各个生产环节为全球生产网络所包含，新技术研发、产品销售、营销管理、品牌管理等价值链上的全部环节

---

① 王学鸿：《论新世纪跨国公司发展的新趋势》，《学术探索》2004年第4期。

都是全球生产网络分工的重要内容。美国前任劳工部部长罗伯特·赖克曾写了一本名为《国家的任务》的书，他在这本书中提及一个例子：当美国人从通用汽车公司买入一辆庞帝兄勒曼库汽车时，如果花费为 1 万美元，那么在这当中有 3000 美元将要用于支付韩国装配工人的工资，有 1750 美元将要作为购买原材料的成本支付给日本的零件制造商，有 700 美元将作为设计费支付给联邦德国的设计师。另外 400 美元要作为购买零部件的成本支付给中国台湾和新加坡的零部件经销商，底特律通用汽车公司和纽约的商业银行及当地保险公司只能够共同分享最后剩下不到 4000 美元的利润。这一例子恰好说明跨国公司的全球生产网络囊括了价值链上的全部环节。①

全球生产体系中各参与主体之间所表现出来的是一种紧密联系的、多样化的合作关系。由于区位选择的全球化和价值链上所有环节的纳入，各个参与跨国公司全球生产网络的成员就需要根据自己的特点、凭借自身的优势，为彼此提供服务，实现互利互惠，谋求经济上的共赢。

典型的全球生产体系往往涵盖了各种不同生产类别、不同级别、不同规模的企业，这些企业可以是拥有系统整合能力的、对整个生产体系具有控制力的领导企业，也可以是各种生产规模较小的、从事专业化生产的本地供应商等网络低端参与者。领导企业在整个生产网络中处于中心位置，具有核心地位，其战略目标通常能够直接影响生产网络中的低端参与者的战略方向和成长路径，生产网络典型的低端参与者包括转包商和专业化供应商等。为了能够对整个生产网络进行直接管理和对重要资源进行直接控制，领导企业往往只将自己不具有战略优势的业务外包给生产网络中的其他企业，而把那些具有一定战略优势的业务放在自己企业内部进行。例如，由于发展中国家劳动力成本普遍低于发达国家，因此，跨国公司普遍把全球生产体系产业链中的劳动密集型的生产活动安排在发展中国

---

① 刘春生：《全球生产网络特征》，《软件工程师》2006 年第 5 期。

家，而把技术密集型的生产活动留在本国进行。

以汽车产业为例，在全球范围内，汽车产业涉及数千家企业。汽车产业包括汽车制造业、汽车批发零售业和汽车服务业三个门类。从产业结构来看，汽车产业是一个由整车制造业、零部件制造业和汽车改装业等构成的有机生产系统。汽车产业是典型的规模经济产业，资本密集型产业和技术密集型产业。伴随着全球经济一体化，以及科学技术的迅猛发展，汽车产业发展已不局限于一国之内，而是呈现出全球化特征。

20 世纪 80 年代后期，各大汽车集团以本国为基础向周边地区延伸价值链，逐步形成了北美、欧洲和亚洲三大汽车生产地区。这个时期，汽车制造商之间的竞争还主要是地区品牌，美国汽车制造商主导北美市场，欧洲汽车制造商主导欧洲市场，日本汽车制造商主导亚洲市场。而价值链的高端环节，如研发、整车设计仍集中在集团总部所在地，如美国、德国和日本。

自 90 年代起，各大汽车集团突破了各自所在区域的限制，利用全球资源，实现了投资、研发、采购、生产和销售的全球优化配置，以全球化经营作为其生存和发展的战略。如今，汽车产业全球生产网络的发展程度较为成熟，汽车生产商在全球范围内发生了广泛的重组，形成目前普遍认同的"6+4"格局。其中"6"指的是通用系、福特系、戴姆勒—克莱斯勒系、大众系、丰田系和雷诺—日产系；"4"指的是标致—雪铁龙系、本田系、宝马系和菲亚特系。"6+4"中每一个集团的旗下，都有众多不同品牌的子公司，形成少数汽车生产商主导的全球生产网络格局。

目前，无论是汽车零部件生产还是整车生产，"6+4"集团的产量都稳居前列，并且远远超过美国、欧洲、日本三个地区以外的汽车生产商的产量。2007 年，世界汽车零部件 100 强企业中，美国、欧洲、日本分别占 30 家、39 家、26 家，合计 95 家，销售收入合计占 100 家总额的 94.00%。汽车整车生产的市场结构已表现为由几个跨国公司占主导地位的寡头竞争结构，主要还是集中于美国、欧洲和日本。①

全球汽车生产商表现出的区域集中度高的特点说明全球汽车生产商的发达程度不均衡，发展中国家的汽车生产商若要打破当前的格局，取得一席之地在当前看来有很大的困难。

中国作为发展中国家中的第一大经济体，在全球生产网络布局中也在扮演着举足轻重的角色。

我国汽车产业参与全球生产网络主要有两种方式：嵌入全球生产网络模式和自主生产网络模式。其中，嵌入全球生产网络模式是指国有汽车企业集团通过和跨国汽车公司成立中外合资企业嵌入跨国汽车公司领导的全球生产网络中的生产环节，按照"引进—消化吸收—创新"的模式，在国有汽车企业集团内部产生技术外溢效应，达到"以市场换技术"的目的。自主全球生产网络模式是指国内一批新兴的汽车企业，坚持自主创新，树立自主品牌，在模仿的基础上，整合全球资源，进行联合开发和"干中学"，利用自主研发平台使技术知识和经验成为组织内生的技术能力，通过占领价值链中附加值最高的战略环节（如技术研发和自主品牌），构建由自己领导的全球生产网络，实现产业升级。

（一）嵌入全球生产网络

我国的许多汽车企业集团都和2—4家跨国汽车公司成立了合资企业，生产国外品牌的乘用车。

上海汽车工业公司主要是与两家跨国汽车公司形成合资企业，分别是上海大众和上海通用。1985年3月大众与上汽各占50%的股权建立上海大众，生产主要集中在桑塔纳、桑塔纳2000以及Polo。尽管竞争者本田雅阁以及别克的存在对上海大众有一定的影响，大众仍然保持在中国市场份额中的领先地位。上海通用是在1997年7月成立的，上汽和通用各占50%的股权，其主要产品是别克G、

---

① 黄莹：《全球生产网络与中国汽车产业升级研究》，硕士学位论文，厦门大学，2009年，第35页。

GLS 和别克赛欧紧凑型轿车。

中国第一汽车集团公司旗下有两家重要的公司：一是一汽金杯；二是与大众的合资企业——一汽大众。一汽大众建于1991年，生产以奥迪 A6 和大众捷达为基础，于2002年年初引进宝来。此外，一汽还与日本丰田、美国福特进行了合资合作。东风汽车公司即1969年建立的第二汽车集团，于1981年更名为东风汽车公司。东风雪铁龙的生产是以雪铁龙 ZX、爱丽舍和毕加索为基础的。东风于2001年建立了与日产汽车的合资企业。此外，还与中国台湾裕隆、韩国现代等进行了全面的合资合作。

还有其他一些规模较小的公司，例如，天津汽车公司与丰田合作生产紧凑型汽车；长安汽车公司与铃木合作；广州汽车集团公司与本田于1998年开始合作；北京汽车与戴姆勒—克莱斯勒合作生产吉普切诺基，现代与北京汽车建立了合资企业；江苏南亚汽车公司与菲亚特在南京建立了合资公司。

除整车生产商外，零部件生产商也纷纷进入中国攻城略地。据不完全统计，目前，外资在我国投资的零部件企业已近500家，国际著名的汽车零部件企业几乎都在中国建立了合资或独资企业。从我国汽车业的合资合作情况来看，一方面，我国主要的汽车企业集团与国外著名的汽车企业集团展开了全面合作，主要汽车产品的技术均来源于合资方；另一方面，也反映了世界主要的汽车企业集团全面进入我国，在我国国内开展了实际上是国际汽车企业集团之间的市场争夺战。

从全球生产网络的角度来看，我国国有汽车企业集团通过与世界上主要跨国汽车公司建立合资企业，生产国外品牌的乘用车，嵌入跨国汽车公司主导的全球生产网络。通过在合作中的技术外溢和学习效应，实现在全球生产网络中从低附加值环节向高附加值环节的升级，这是国有汽车企业集团的一条生存之路。实践证明，合作中的技术外溢和学习效应的确起了一定的作用，观察中国这些汽车产业发展便可以发现，无论是技术含量、管理水平还是人才、零部件配套体系，中国的汽车产业和发达国家相比差距都明显地缩小了。但是在，合资企业中这种扩散效应并不完整，技术知识和经验没有充分地从合资企业扩散到国有汽车企业集团。这是由以下三个原因引起的。

第一，全球生产网络的每一个环节创造的价值不是等额的，而创造更高附加值的特定的价值环节即全球生产网络的战略环节。这种环节在嵌入全球生产网络模式中是由领导企业控制的。因此，在嵌入全球生产网络中存在片断化和低度化的问题。片断化是指跨国汽车公司为了防止技术扩散，往往对技术进行分级，把基础研发设计牢牢地控制在跨国汽车公司研发总部，而合资企业没有独立的研发平台，技术部门仅负责本土适应性改进设计，这样，尽管合资企业中的技术人员通过学习和积累掌握了先进的技术知识及经验，但这种技术能力是片断化的。因而嵌入全球生产网络的方式容易产生产业升级沿价值链低度化的现象。一是结构低度化。这是对原材料的高消耗所导致的结构低度化，实际上是一种粗放式增长。二是价值链中生产经营环节的低度化。这是依赖外资、研发和营销、品牌等高附加价值生产环节非常薄弱所导致的低度化。

第二，汽车跨国公司为保持其垄断地位和竞争优势，把研发的重点放在母国或其他发达国家，即使在合资企业内部，它们也控制着汽车产业的生产技术、设备和经营管理方法。因此，对于我国嵌入全球生产网络的企业，丧失了技术的自主权，对整个全球生产网络的自主权也丧失了。

第三，跨国公司采取的投资战略往往是把正在淘汰的次新技术的企业和生产环节向发展中国家转移，而把采用新技术的企业和生产环节保留在国内，这样的梯次转移使东道国和母国始终保持技术差距。

可见，嵌入全球生产网络模式企业并不能从跨国汽车公司学到最新、最核心的技术。而且合资企业中的技术知识和经验并不会主动向国有汽车企业扩散，这种扩散过程需要国有汽车企业的主动学习,而国有汽车企业内部的核心刚性也会阻碍主动学习和技术扩散。

(二) 自主全球生产网络

以奇瑞、吉利为代表的新兴自主创新企业基本上走的是一条"模仿国外技术—消化吸收—整合资源—改进性创新—自主创新"的滚动发展模式。

自主全球生产网络模式拥有自己的全球生产网络,它没有被"片断化",并且自主汽车生产商不会像合资企业那样受到跨国汽车公司的制约和阻碍,它们拥有技术开发的主导权和自主品牌。

我国的自主汽车企业已经是品牌生产商,然而,自主汽车企业主导的全球生产网络与跨国汽车公司主导的全球生产网络在对应环节上相比,它在相当程度上是低度的。首先,国产品牌知名度远不及国外汽车品牌,对于抢占市场份额的策略也基本上是依赖推出新产品和降低价格来推动的。其次,从出口情况而言,我国民族汽车大部分出口流向东南亚、中东、非洲、南美等不发达国家市场,产品长期难以摆脱"低质、低价、低端"的形象。同时,无论出口数量还是出口金额,我国的汽车出口还处于起步阶段。2005年,中国汽车产品出口金额首次超过了100亿美元,但在世界汽车贸易额中的比例只有1.1%,整车出口量还不足全国年产量的3%。而世界主要汽车生产大国如日本、德国以及韩国,其汽车产量的40%以上用于出口市场。

近年来,我国汽车产业高速发展的同时,汽车产业核心技术的研发一直处于低水平阶段,并成为制约国产汽车产业进行自主突破创新的"瓶颈"。主要原因在于汽车全球生产网络的垄断性使我国自主研发的汽车价值被边缘化,限制了自主品牌的做大做强,从而国产品牌汽车有效供给的空间难以有大的扩展,这也就导致了国家对自主开发支持力度的不断加大缺乏内在动力。同时,企业在发展过程中难以吸收到较多的开发资金,技术更新缓慢,数据积累匮乏,在研发人才的吸引方面以及大规模缩减生产成本方面与外商投资企业相比处于绝对劣势。

二 国际并购中的市场垄断分析

(一) 跨国并购的历史

跨国并购是跨国公司海外扩张的主要方式。据统计，跨国并购中90%的交易都是由跨国公司进行的，因此，全球跨国公司的成长是与跨国并购的历史同步的。全球并购经历了五次浪潮：第一次并购浪潮发生在19世纪末与20世纪初，19世纪60年代开始的工业革命推动了生产力的发展，资本集中的速度加快，促进了企业间的并购行为。第二次并购浪潮发生在20世纪20年代，这一时期是处于两次世界大战间的经济稳定发展时期，由于科学技术在工业中的应用催生了一系列新兴工业，这些工业大都是资本密集型，需要大规模的资本集中，于是掀起了第二次并购浪潮。第三次并购浪潮发生在20世纪50年代和60年代资本主义繁荣时期。由于经历了前期的经济危机，并购活动由低谷逐步恢复，并再次活跃起来。第四次并购浪潮发生在20世纪70年代中期至80年代后期，这一时期是资本主义经济发展的黄金时期，并购活动规模更大且形式更多样化。第五次并购浪潮发生在20世纪90年代中期，进入90年代后，由于西方国家科学技术的飞速发展及公共政策方面的巨大改变，特别是美国经济的回升，为跨国并购创造了新的机会。这次并购浪潮至今仍对世界经济有着重要影响。发生在第二次世界大战以前的两次并购浪潮主要是在国内市场上展开，第二次世界大战后，由于科技革命的推动和跨国公司的迅速发展，跨国并购逐渐成为跨国公司对外直接投资的最主要方式。①

(二) 跨国并购的三种基本形式

跨国并购是一种极为复杂的跨国经营行为。按照跨国并购的企业之间的行业联系作为划分标准，跨国并购可以划分为横向跨国并购、纵向跨国并购和混合跨国并购三类。

---

① 樊秀峰等：《国际投资与跨国公司》，西安交通大学出版社2008年版，第231页。

1. 横向跨国并购

横向跨国并购是指两个及两个以上的国家生产或销售相同（相似）产品的企业之间的并购。这种跨国并购的目的通常是扩大世界市场的份额或增加企业的国际竞争和垄断实力。横向跨国并购是跨国并购中经常采用的形式，但这种并购，尤其是大型跨国公司的并购，容易限制竞争，形成垄断局面。主要表现在以下两个方面。

第一，当其他条件保持不变时，跨国公司以横向并购的方式并购东道国的企业，能够提高生产（或销售）同类产品的企业集中度，直接导致市场上竞争对手的数目减少甚至是全部消失，使市场上具有独立竞争地位的企业不断减少，进而对有效竞争构成威胁。当绝大部分市场份额控制在少数企业手中时，它们为了获得高额垄断利润，就有可能会运用各种公开的或秘密的手段，达成有关产品产量、产品定价、价格构成、销售区域瓜分等方面的某种协议。又由于此时企业数量较少，因此，相互之间容易达成协议，协调活动也通常能取得成功。

第二，跨国公司在东道国的过度横向并购，在达到非常大的规模以后，可能会完全消灭竞争对手，形成独占市场的局面，最终形成市场垄断。例如，被并购企业以消灭竞争对手为最终目标，以并购企业的经济实力为支撑，凭借自身的市场影响力和市场竞争力，以极低的价格倾销产品。这一行为对市场的影响是长期和潜伏的，其对市场的破坏后果将比少数企业间的协调活动更严重。

以中国的牙刷牙膏行业为例，这一行业目前仅剩的民族品牌屈指可数，原国内年产值达十几亿元的最大牙刷生产商"三笑"为美国高露洁所并购，曾经的国产著名牙膏品牌"中华"和"冷酸灵"则被联合利华公司收购，跨国公司利用这些传统民族品牌的已有知名度为自身在中国市场上进一步提高了扩张和抢占市场份额的实力。总之，跨国公司在中国牙膏牙刷行业的大规模横向并购行为极大地提高了外资市场占有率，也使这一行业的外资垄断趋势达到登峰造极的程度。

2. 纵向跨国并购

纵向跨国并购是指两个或两个以上国家生产同一（相似）产品的不同生产阶段企业之间的并购。并购双方通常是原材料供应者和产成品销售者，即它们在生产及经营上存在着上下游纵向协作关系。这类并购往往是为了降低原材料供应价格、稳定或扩展原材料供应来源、稳定和拓展产品的销售渠道，从而达到降低生产成本、节约交易成本、降低销售成本、提高生产效率的目的。但是，从维护市场有效竞争的角度来说，如果跨国公司在东道国的纵向并购的企业所涵盖的市场范围太大，那么也是极其危险的。其危害性具体表现在以下三个方面。

第一，完成纵向跨国并购以后，无论参与跨国并购的企业是不是有意影响或制约未参与并购企业的竞争，跨国并购都有可能使参与并购的企业垄断市场，使这些未参与并购的企业处于不利的竞争地位。因为纵向并购往往会使纵向并购涉及行业的市场对未参与者不再开放，从而减少未参与并购的企业参与市场交易的机会，使其不能进入这些因纵向并购而关闭了的市场。

第二，纵向并购可以使市场进入壁垒提高。由于纵向并购发生后，并购企业和被并购企业成为共同利益主体，市场的潜在进入者除要顾及被并购企业的经济实力以外，还要考虑站在这个竞争者背后的处于其他生产阶段的并购企业的经济实力，这就增加了市场潜在进入者进入市场所需的必要投资。而进行纵向跨国并购的并购企业通常是经济实力雄厚、市场影响力强、发展趋势良好的大公司，这又无形中给潜在的市场进入者增加了思想压力和经济压力，增加了潜在进入者所需考虑的因素，增加了市场进入障碍。

第三，纵向并购可以使处在原材料供给、产品制造和产品销售链条中的企业更容易形成共谋。例如，纵向并购有可能会导致价格歧视的产生。完成了纵向并购以后，即使市场没有对未参与并购的企业完全关闭，但参与并购的企业之间的原材料供应价格或产品销售价格绝对会低于这些企业与未参与并购的企业之间进行交易的价格,从这个层面看,纵向并购实际上成为价格歧视产生的条件。

3. 混合跨国并购

混合跨国并购是指两个以上国家不同行业的企业之间的并购。这种并购方式与跨国公司的多元化经营战略以及全球化发展战略密不可分,跨国公司进行混合跨国并购的目的是降低整体生产成本,降低经营单一行业的风险,提升自己在国际市场上的整体竞争力。由于与横向跨国并购和纵向跨国并购相比,混合跨国并购一般不会改变市场结构,因此,在三种跨国并购形式中,它对市场有效竞争产生的影响最小。

"恐吓理论"是关于混合并购不利于有效竞争的一种理论。例如,跨国公司A经营产品X,公司B经营产品Y,现在A收购了B,那么企业B所在市场的潜在进入者要试图进入该市场,就不但要顾及企业B的市场地位和市场竞争力,而且还要考虑其背后的支持企业A的经济实力。如前所述,跨国并购中的并购方通常是经济实力雄厚、市场影响力强、发展势态良好的大企业,那么企业B就有可能借助企业A的经济实力,针对小的竞争对手实施掠夺性定价,甚至以低于成本的价格倾销商品,这样,不仅可以将现在市场中的竞争者逐出市场,还能对市场潜在进入者起到"恐吓"作用,使其失去进入该市场的勇气,打消进入市场的念头。若企业A与企业B都在某一个或多个市场上占有支配地位,则这种并购就属于强强联合,这种联合不仅能够增加它们进入其他市场的机会,还能扩大它们的势力范围,增强它们的市场影响力,并进一步使它们在原有市场上的支配地位得以巩固和增强,因此,它们都有可能在并购双方所在的国家形成垄断。

(三)跨国公司在中国并购的案例

形成市场垄断是跨国并购可能引起的最大的负面效应,而且目前在中国市场某些行业中外资已经形成了市场垄断,如美资垄断的日化用品行业、药品和医用器械行业、飞机制造业、电子信息业、通信业及电梯制造业;法资和德资垄断的汽车制造行业;与上述垄断相似的外资垄断现象还存在于仪表制造业和食品加工业中。

自20世纪90年代以来，外商投资企业在中国进行直接投资的一种重要趋势是外商投资企业以跨国并购的形式进入中国市场。1995年，外商投资企业在中国进行了首次跨国并购，即并购北旅股份。到目前为止，外商投资企业并购在我国已经走过20多个年头。1995年，美国福特汽车公司采取认购B股的方式，收购了我国江铃汽车20%的股份，并委派3名高级行政管理人员进入江铃汽车董事会参与管理。联合发展（香港）有限公司曾是耀皮玻璃集团发起人之一，1999年12月，它将其所持有的耀皮玻璃集团8.35%的股份转让给了波尔金顿国际控股公司。从2000年下半年起，皮尔金顿国际控股公司又陆续买入了耀皮玻璃集团的流通B股，到2000年年底，波尔金顿就成为耀皮玻璃集团的最大股东，控股为17.2%。各国的跨国公司早已对中国这个具有巨大潜力的发展中国家市场展开了瓜分运动，在中国各行业的龙头企业已经不同程度地为外资所控制。2001年，中国正式加入世界贸易组织，国际贸易、商业、电子通信、国际旅游、银行业、保险业等服务产业领域进一步加大对外开放力度，而这些领域正是欧美市场上近些年来的重点跨国并购领域。跨国公司面临这一进入中国市场的最好时机，纷纷做好准备力争抢先进入中国市场。米其林是世界上最大的轮胎制造企业，轮胎橡胶是我国轮胎制造业的龙头企业。2001年3月，米其林和轮胎橡胶在我国组建了合资公司，其中70%的股份控制在米其林手中。法国阿尔卡特是世界著名的移动通信设备制造商，2001年10月，它以现金方式收购了我国上海贝尔有限公司，又由于上海贝尔持有上海贝岭25.64%的股份，因此，阿尔卡特公司就通过上海贝尔顺理成章地间接持有着上海贝岭25.64%的股份。2001年年底，顺德市格林科尔企业发展公司收购了科龙电器集团20.6%的法人股，而顺德市格林科尔企业发展公司是格林科尔集团的下属公司，因此，格林科尔集团就顺理成章地成为科龙电器集团最大的股东。2002年9月，在中国政府相关部门的批准下，美国新桥投资集团收购了中国深圳发展银行 15% 的股份，股权交易总值达 15 亿元。新桥投资集团成为深圳发展银行的最大股东，对深圳发展银行有绝对控制权，成为目前真正意义上外资控股中最典型的一个。除这些收购案以外，还有法国通用水务公司对上海自来水浦东公司 50% 的股份进行了收购，法国通用水务公司是全世界最大的水处理设备设计与制造商。为了利用中国的廉价劳动力进行生产，利用中国企业的分销渠道进行产品销售，进而降低企业的生产和经营成本，提高自身在世界生产网络中的影响力和竞争力，美国艾默生电器收购了中国华为集团旗下的安圣电气公司。我国新涛科技（上海）有限公司被美国通信集成电路制造商 IDT 公司收购，收购价值为 8500 万美元，等等。2002 年 5 月，通用电气动力系统收购了我国中山市普特阳光板有限公司的全部股份。2003 年 2 月 17 日，通用电气中国又宣布通用电气动力系统已经收购了克瓦纳（杭州）发电设备有限公司 90% 的股权，并欲将其重新命名为通用电气水电（亚洲）有限公司，而不再沿用克瓦纳发电设备有限公司这一原名。这一宗收购是通用电气动力系统在中国实现的第二次企业并购，同时，也是其在华实现的收购规模最大的一宗收购。中国加入世界贸易组织，进一步对外开放了国门，随着中国政府对外资并购管制的不断放松，中国对外开放政策条件的不断放宽，外资为了抢占中国市场，必将在中国开展更大规模的企业并购。

（四）跨国并购的动机和对市场结构的影响

在优胜劣汰的市场竞争中，任何企业都要捍卫或增进本企业的经济利益或物质利益，而企业为了求得自身的生存和发展，对物质利益的不断追求就形成了企业内在物质利益动力，这种不断追求的强大动力来源于企业生存和发展的三种需要：维持企业生存需要、提高竞争能力需要和追求垄断地位需要。跨国公司作为追求利润最大化的主体，这三种需要也迫使其不断地通过跨国并购的方式去扩张企业规模和实力，并达到攫取垄断优势地位的目的。

近年来，我国学者将动态的国际生产折中理论（OIL 理论）与跨国并购的速度优势相结合，在此基础上提出了 OILS 范式，即跨国并购折中理论，以此来解释跨国公司积极参与跨国并购的行为动机。主要有以下四个方面：

第一，所有权优势。对于跨国并购来说，获取所有权优势有时是最重要的动机，其实质为跨国公司在对其有利的不公平竞争环境下攫取超额利润的工具。

第二，内部化优势。对于跨国公司来说，市场内部化是其从事跨国经营的一种手段，是公司内贸易产生的原因；对于东道国来说，内部化实质是跨国公司实施转移价格的借口。

第三，区位优势。为吸引外资，世界各国（尤其是发展中国家）往往对外资的进入给予"超国民待遇"，而跨国公司正是在这种优待的掩护下攫取利润。

第四，速度优势。当产品的生命周期不断缩短，跨国公司可以利用并购的速度优势，迅速将产品在市场上扩张，从而最大化产品在生命周期内的价值。

跨国并购作为跨国公司的一种市场行为，依据产业组织理论的 SCP 模式，必将对市场结构带来以下影响：

第一，市场份额。跨国公司通过并购，能有效地占领市场，降低进入新的行业和市场的障碍，迅速扩大其市场份额。

第二，市场集中度。跨国公司在东道国市场上的并购行为会在中长期内改变市场的集中程度，跨国公司往往会在进入市场后获取并利用其垄断优势，阻碍其他企业的进入，或将竞争对手挤出市场。

第三，进入壁垒。并购有利于构筑适当高度的市场进入壁垒，这种壁垒主要是经济性的，包括规模经济壁垒、绝对成本壁垒和产品差异化壁垒。①

---

① 刘琛君：《跨国公司垄断性并购的影响及对策研究》，《中国商贸》2010 年第 6 期。

根据产业组织理论中 SCP 范式，外资并购作为一种市场行为，必然会对我国的市场结构产生影响。我国作为一个市场机制尚不完善的发展中国家，在原先封闭市场环境下，众多国内企业仅仅是分散竞争，随着外资并购的介入，国内不成熟的市场结构更加处于不稳定的状态中，即使最具实力的国内企业也无法与实力雄厚的跨国公司相抗衡，这样，就逐渐形成由若干大型跨国公司与众多过度竞争的本土企业这样一种市场结构，在这种市场结构中，跨国公司占据主导地位，本土企业则被边缘到从属地位。

三　国际直接投资中的技术垄断分析

海默的垄断优势理论认为，企业是否拥有垄断优势是国际直接投资的决定性因素。国际直接投资的企业只有具有一定的垄断优势，才能在竞争中胜过东道国的民族企业，否则企业就不会进行对外直接投资。

发达国家的跨国公司在世界范围内既是技术创新的主体，也是世界上绝大多数高新技术的垄断者及其运用者，随着经济全球化、科技全球化以及跨国公司技术竞争在世界范围内的开展，发达国家跨国公司凭借自身优势将世界上的所有国家整合成一个集研发、生产、销售为一体的巨大网络，由于具有容易取得资本、研发能力强、市场信誉好、技术人才质量高和数量多、技术设备先进等综合优势，发达国家的跨国公司在全球技术竞争中具有垄断竞争优势。先进技术能够增强跨国公司的盈利能力，技术垄断能使跨国公司获取超额利润，因此，跨国公司不仅会不断地进行技术创新，而且它们会尽可能保持这种技术垄断优势，以实现自身利润最大化。跨国公司通常会采取以下几种措施来防止技术在东道国发生外溢。

（一）国内研发出口控制

国内研发出口控制是这样一种生产经营模式，即跨国公司主要在国内集中进行重要技术或核心技术的研发工作，然后向其他国家出口技术产品，从而实现对高新技术的垄断。在企业国际化的最初阶段，跨国公司通常在母国进行研发工作，技术创新主要集中在母公司，研发出新技术以后，首先将技术在国内商业化；其次通过出口高新技术产品来占领国际市场。直接出口或在国外研发高新技术存在技术泄露的风险，若将新技术研发活动集中于母国的母公司内，产品生产也在国内进行，然后再向国外出口新技术产品，这样，既可以成功回收新技术的研发成本，获得研发投资收益，又会延长技术模仿者的"模仿时滞"，降低技术泄露的风险。①

(二) 公司体系内部交易

公司体系内部经营战略是一种有利于保持跨国公司对技术的垄断地位的经营战略，是指跨国公司常常通过在公司体系内部进行技术转让的方式来防止高新技术机密或核心技术机密的外泄。巴克莱和卡森 (Buckley and Cason, 1976) 等学者的内部化理论认为，跨国公司最想进行内部化的产品是"知识产品"，其根本原因在于外部化可能会致使技术泄密，而内部化则可以避免这一问题。跨国公司为了在获得高额利润的同时，强化自身的技术垄断地位，保护技术垄断优势，它们依仗自身的技术优势、跨国经营的组织优势以及管理优势，在公司内部进行技术资源的调配，使技术转移出国而不出公司。例如，2001年，在我国全部技术引进合同金额中有30%产生在跨国公司内部，2002年这一比重上升为45%，2003年进一步上升为56.6%。跨国公司只将外围技术和成熟技术转让给外部企业或非控股企业，而将先进技术、核心技术转移给它的控股子公司或独资子公司。联合国公布的跨国公司与投资公司研究报告显示，技术转让方面，在全球技术转让和技术使用费用中，跨国公司的母公司与其国外的子公司之间的技术转让和技术使用费用占70%。目前，在美国跨国公司的海外技术收益占全国全部海外技术收益的比重超过了85%，并且，在跨国公司来自发展中国家的全部技术转让收益中，也有85%以上的技术转让收益来自其境外附属子公司，仅

---

① 曾繁华、彭光映：《跨国公司全球技术垄断竞争战略研究》，《武汉科技学院学报》2007年第4期。

有15%的技术转让收益来自其外部企业或非控股企业。

（三）以品牌为外壳

品牌是企业进行市场竞争的有利武器，一个国家经济发展水平和经济竞争能力的一个直接写照就是其拥有品牌数的多少。联合国工业计划署的相关调查显示，虽然在全球品牌中名牌的占比低于3%，但名牌却有超过40%的市场占有率和超过50%的市场销售额。世界知名品牌常常为拥有强大技术实力和巨大经济实力的跨国公司所拥有。品牌不仅是一定的经济规模、较高的社会知名度、良好的市场信誉的代表，而且还是高新技术垄断的象征。一般情况下，品牌拥有越高的市场占有率，那么它的市场价值也就越大。虽然品牌的市场价值是企业在长期的经营管理过程中不断加大资本投入形成的，但从技术进步的角度看，品牌能够维持、品牌知名度能够不断提高的基础是技术创新、技术积累、技术提升、技术垄断。品牌市场价值的大小通常与品牌产品技术含量的高低及其技术垄断程度正相关，因此，技术是品牌的灵魂。跨国公司只有保持其对开发核心技术的长期垄断优势，防止他人仿造与分享，才能保证品牌长盛不衰。以目前品牌价值排名全球第一的碳酸饮料可口可乐为例，可口可乐99.1%是水、碳酸和糖浆，如果没有对剩余0.9%的核心配方进行垄断，恐怕早已在市场上销声匿迹了。

（四）技术专利化

跨国公司可以通过专利权和知识产权方式来保护自己在全球化过程中进行产品研发所取得的技术成果。专利具有排他性和独占性，因此，只有经过专利所有者的允许，其他单位或个人才可以以生产经营为目的使用专利、生产专利产品、销售专利产品、许诺销售专利产品、进口专利产品、使用具有专利的外观设计和方法等，否则就属于侵犯专利行为，可以对其追究法律责任。尤其是专利制度确立了自主创新主体在法律层面上的技术垄断地位，以法律形式保护其权益，结果形成了自主创新主体对新技术的法律垄断。跨国公司为了获得这种法律垄断地位，纷纷把申请专利同国际直接投资紧密结合在一起，普遍在东道国实施所谓的"专利先行"策略，即先进行专利申请，再进行直接投资，用专利权来保护其核心技术。跨国公司为了使自身的技术垄断优势得以持续保持，以及弥补法律保护的不足，通常会在某些核心技术领域建立起不同的专利防御体系。一是把基础专利和外围专利结合起来，亦即在申请基本专利的同时，把基础专利的改进技术或相关技术也一并进行专利申请，使它们合起来构成某一技术领域或某一产品的"专利网"，使竞争者和模仿者很难在这些技术和产品方面取得突破。二是进行专利和技术的秘密结合，跨国公司往往只将最基本的技术内容罗列在专利说明书中，而永久保留那些能够影响技术效果的生产工艺、最优选择配方、最佳使用前提等技术秘密，从而防止因专利技术公开或专利到期，而遭受竞争者的模仿或侵权。据悉，全球专利注册总共有90万项，而其中被跨国公司所垄断的专利就超过了50%。另外，据有关专家估计，目前大约有75%的全球专利技术控制在跨国公司手中。在西方发达国家中，世界型的大跨国公司是绝大多数专利的拥有者；从发明专利的情况来看，目前有大约50%的世界发明专利来自全球最大的700家工业公司，而这700家工业公司中的大多数都是跨国公司。总之，只要拥有了技术专利，就可以垄断全球市场，不然就将受制于人。

（五）技术标准控制

技术标准说到底是一种游戏规则。技术标准对应的是一系列的协调统一的技术事项所构成的一个标准体系，技术标准决定着某一个行业的技术发展路线，它是所有企业在从事产品生产和产品销售过程中应遵循的依据，它决定着企业产品的发展方向。掌握着技术标准制定权的企业，它的技术就能够成为该行业的技术标准，在一定程度上，它就拥有了技术竞争及产品竞争的主动权。技术标准战略是一种以技术标准为中心的企业总体规划，它能使企业处于有利的竞争地位。以技术标准的运用层面的不同作为划分依据，可将技术标准划分为国际技术标准、国家技术标准、行业技术标准和企业技术标准。发达国家和发达国家跨国公司都善于进行技术标准竞争，它们对技术标准实施控制和垄断的思路是：技术专利化—专利标准化—标准垄断化—市场垄断化。夺取知识产权的垄断地位的斗争实际上就是技术标准的竞争。例如，高通公司主要是凭借它所拥有的 CDMA 国际移动通信标准的 1400 多项专利来实施技术标准化战略的，在它的全部收入中，仅每年所收取的这些专利使用费就大约有 10 亿美元之多；美国之所以是信息技术界的霸主，是因为它仅仅依靠英特尔公司和微软公司在技术标准上的垄断优势，就将全球软件市场份额的 60%—80% 控制了；日本丰田汽车公司总裁奥田硕在被问及日本丰田将如何面对 21 世纪的竞争时，回答说，以后，在汽车工业生产技术标准的制定中丰田必将掌握主动权；美国摩托罗拉、日本索尼爱立信、芬兰诺基亚等手机制造巨头手中都拥有大量技术专利，抢占国际技术标准的制高点是申请这些专利的目的，而建立起有利于自己的"游戏规则"是它们的最终目标。

（六）核心技术锁定

核心技术锁定，通常是指跨国公司在拥有关键技术的基础上，凭借自身的技术垄断优势和生产经营的内部化优势在生产经营的某些关键环节设立一些难以冲破的障碍，使东道国在当地进行产品生产过程中不能破解这些障碍环节的奥妙，从而保证跨国公司的尖端技术不扩散，同时实现对东道国的技术控制，最终达到垄断市场并牟取高额垄断利润的目的。其中的关键环节包括技术设计、产品生产工艺、产品的广告和包装、产品营销渠道等。寻柯教授的研究指出，跨国公司凭借核心技术锁定战略来谋求高额垄断利润的方式主要有以下四种：(1) 跨国公司要求东道国的下属子公司向总部购买生产所需的关键辅助设备和产品的核心零部件，以价格转移的形式逃避东道国的税收，最终实现利润的转移；(2) 为了牢牢地掌握对技术的控制权，跨国公司规定，国外子公司要改变特定产品的设计，必须取得母公司的同意和批准；(3) 为紧紧掌控产品的销售控制权，跨国公司常常将公司产品的销售权集中在东道国国内某一个代理商处；(4) 为了达到价格转移的目的，跨国公司常常将技术进行分离，即在不同东道国投资建立自己的子公司。核心技术锁定战略，对于跨国公司来说，是获得技术研发成本补偿的最有效的一种途径。跨国公司价值链上的各个战略环节是它们企业竞争优势的来源，这些战略环节主要包括战略技术、关键技术或核心技术。战略环节是企业拥有垄断优势的关键，是能给企业带来高附加值的环节，是企业整条价值链中的制高点，也可以认为抓住了价值链上的各战略环节就相当于抓住了整条价值链。所以，跨国公司往往分离出自己不具有市场竞争优势的非战略环节，而将力量集中起来控制战略环节。因此，跨国公司技术垄断的另一项战略就是对战略环节进行技术锁定。

通常情况下，跨国公司会将技术分为 Look‐see、Show‐how、Know‐what、Know‐how 和 Know‐why。在技术转让时，通常只会向我国子公司转让 Look‐see、Show‐how 和 Know‐what 三个等级的技术，而对 Know‐how 和 Know‐why 两种核心技术进行严格保密。例如，通信设备生产行业、飞机制造行业和小汽车制造行业等，虽然跨国公司也向我国转移了许多生产技术，但却始终严密封存其核心技术。

(七) 人才控制

目前，我国有不少学者认为，促进跨国公司在华分公司就职的当地专业生产人员、高级管理人员和技术人才充分流向当地企业，是使跨国公司的技术向中国本土企业外溢的一个重要途径，它们试图以这种人才流动的方式来提高中国本土企业的技术水平。然而，实际上，跨国公司通常会想方设法地采取各种制度措施来避免技术在东道国外溢，从而实现保持自身的技术垄断优势地位、遏制并消灭外来竞争对手的目标。

以中国实际情况为例，跨国公司关键技术的关键环节一般都掌握在外方高级技术人员手中，国内雇员在掌握核心技术方面往往受到限制。而所谓的技术培训也仅仅是将简单技术单项地、分散地传播给国内技术工人，而单靠普通技术工人所掌握的那点技术是达不到很好的溢出效果的。调查发现，90%以上的人员流动是在"三资"企业之间进行的，回流到国内企业的比例极小，这样，国内企业便很难享受到技术溢出效应的效果。实际上，大量案例研究得到的结论是：在发展中国家中，外商投资企业中技术人员和专业生产人员的流动性都极低，而核心技术人员和高级管理人员的流动更是十分罕见的。

第三节 市场产权与国际投资规则完善

一 国际直接投资自由化应该以维护国家市场安全为前提

目前，投资自由化在国内外均尚无统一的、准确的定义。联合国贸易和发展会议（UNCTAD）对国际直接投资自由化的主要内容做了以下三个方面的解释：(1) 减轻或消除可能导致市场发生扭曲的措施。这类措施可能是专门用来限制外国投资者的，也可能涉及是否对外来投资者给予某种歧视性优惠政策或补贴。例如，有关市场准入条件或经营方面的条件障碍，就属于前一种情况。(2) 加强国际直接投资者享有某些特定待遇标准的权利。例如，最惠国待遇、国民待遇、平等待遇和公平待遇等。(3) 加强保证市场正常运行的监督管理机制。例如，制定和完善市场竞争规则、信息披露原则和审慎管理等。

此外，近年来，在国际社会的共同积极推动下，国际投资自由化的趋势不断加强，主要体现在以下三个方面：

第一，市场准入度的提高。(1) 外资准入领域的不断扩大。首先体现在立法原则的改变上。传统上，各国规定了允许外资进入的"肯定式清单"，即允许进入的产业；近年来，越来越多的国家在新的投资法中引入了"否定式清单"，即立法原则从"原则限制、例外自由"向"原则自由、例外限制"转变。只有当外资在"否定式清单"中列明的产业或经济活动中投资时，才接受东道国有关部门的审查。其次是服务市场准入扩大。传统上，许多由本国投资者独占或控制的那些涉及一国公共安全问题、经济安全问题和经济发展目标的服务市场领域，目前也都在逐渐向外商投资开放，并在可预见的时期内这种趋势将一直保持下去，上述的这些服务市场领域包括保险业、金融业、通信业、交通运输业、商贸零售业和对外贸易以及某些公用事业部门等。（2）外资的审批程序的深化改革。在吸收外来资本的过程中，实际上，大多数国家都会对申请进入本国的外资进行严格审查，其目的往往是在利用外资来实现本国经济利益最大化的同时，试图降低利用外资给本国经济带来的风险和成本，并保证外资的进入和国家经济发展目标保持一致。但是，从近年来各国的投资条约和外资审批制度可以看出，各国正在逐步放松对外资准入的审批，审批程序也在逐渐简化。

第二，允许东道国对外资施加履行要求的范围越来越狭窄，对外资的限制越来越少，投资自由化趋势不断加强。所谓的履行要求实际上是东道国允许外资进入本国，或能在本国从事生产经营活动，或外商能够享有本国某些特定优惠的前提。而大多数国家之所以常常会对外资施加过多的履行要求，是因为它们希望通过这种管制来促使国际直接投资与东道国制定的社会经济发展目标保持一致。从多边投资条约层面看，最典型的有关履行要求的贸易协定是与贸易相关的投资措施协定即 TRIMs 协定；从区域性投资条约层面来看，1994 年生效的欧洲能源宪章（ECT）以及同年生效的北美自由贸易协定（NAFTA）都严格地规定了履行要求的实施和废止。

第三，外资能够享受的待遇标准不断提高，东道国给予外资的待遇越来越高、优惠条件也越来越多，从而更好、更有力地对外资起到保护作用。如今，国际上广泛使用的待遇标准主要包括：（1）最惠国待遇标准，即签署贸易条约的双方给予对方所有的有关航海、关税等方面的优惠条件和特权，不低于现行或将来给予其他国家的贸易优惠或贸易特权等。（2）国民待遇标准，即东道国给予外国投资者的待遇条件与其国内投资者享有的权利和待遇相同；(3) 公平公正待遇标准等。在国际投资自由化进程中，国民待遇标准适用对象的增多和适用范围的扩大，是外资待遇标准取得巨大发展的主要体现。随着投资自由化的不断发展与深化，近年来，国民待遇不再仅仅适用于外资的生产经营阶段，而且还适用于外资的准入阶段。从区域性投资条约来看，欧洲能源宪章（ECT）、北美自由贸易协定（NAFTA）、东南亚国家联盟（ASEAN）以及亚太经济合作组织（APEC）均已订立了将国民待遇原则使用范围扩大到外资准入阶段的条款。

通常情况下，国家经济安全指的是在经济全球化和贸易自由化背景下，一国能够保持其国民经济的发展及经济利益的实现不受根本威胁的状态。在市场经济条件下，无论从哪个层面来说，市场都是一国实现其经济利益的根本渠道。经济利益通过市场来实现，那么经济利益能否实现、在多大程度上得以实现的核心问题就是一国的产品或劳务在国际市场中的市场占有率高低问题。曾有一名西方学者尖锐地指出，对一个国家来说，占领他国的市场比占领他国的领土所能享受的好处多得多，失去自己市场的后果比失去自己领土的后果严重得多。可见，在市场经济条件下，市场安全就是国家经济安全的本质。市场安全是指拥有独立主权的国家市场规模的扩大、市场结构的优化能够始终保持均衡、稳定和持续发展的状态，而免受本国市场内部失衡和外部力量威胁、封锁、控制、垄断、侵蚀等因素的影响。[①]

实现国家利益的根本保证是一国具有独立的经济主权，而经济主权的一项重要内容是市场产权，对于反对和制约西方国家市场霸权，以及维护国家经济安全来说，维护市场安全具有重大意义。目前，虽然跨国公司与东道国之间的经济关系既不是敌友关系，又不

---

① 曾繁华、曹诗雄：《国家经济安全的维度、实质及对策研究》，《财贸经济》2007年第11期。

是内外关系，更不是剥削与被剥削的关系，而是既相互竞争又相互合作的关系，但是，也必须充分认识到这种关系可能对国家经济安全产生的不利影响。如果东道国对外来投资的政策和管理出现大的失误，跨国公司直接投资可能对东道国的经济造成消极影响，主要有以下五个方面。

第一，危及产业安全。跨国公司子公司的最终决策权不在东道国手中，而在外国母公司手中；同时，跨国公司的生产经营目标和东道国的产业政策目标不一致，这就与东道国实行独立自主的经济政策的初衷相违背，损害了东道国的经济自主权。① 目前，跨国公司在我国轻工业中诸如饮料、日化用品、洗涤用品、造纸业等一些行业中已经居于控制地位。跨国公司在一些对国民经济有着重大影响的行业中也占据了重要地位，例如，汽车行业、移动通信行业、计算机行业等。在很多行业中，"三资"企业的工业总产出占我国该行业工业总产出的比重已经超过50%，如在皮、革、毛、皮、羽绒及其制成品行业中，"三资"企业总产出比重已达53.23%，文体用品和教育用品行业为59.08%，仪器仪表制造业为61.84%，电子设备和通信设备制造业高达73.36%。目前，我国国内市场正面临着被几大跨国集团联合占据的局面，这一局面严重阻碍了我国产业发展战略的实现及工业的优化升级。如果跨国公司在一些关系国计民生的重要行业形成垄断，那么后果将不堪设想。

第二，危及生产要素安全。原材料、能源资源、生产技术、人力资本等生产要素的需求与供给的全球化是经济全球化的具体表现形式。我国要想在2020年实现全面建成小康社会这一目标，就必须投入大量的生产要素。据最新相关统计资料，至2020年，我国将面临5亿吨原油缺口，1000亿立方米天然气缺口，如果以进口的方式解决这两类资源短缺问题，那么它们的进口量分别占消费总量的

---

① 石晓梅：《跨国公司对我国经济安全的威胁与对策》，《商业经济》2005年第2期。

70%和50%,。另外,大量短缺的重要资源还有铁、铜等。如果我国重要资源的生产和进口被跨国公司控制住了,那么就相当于中国的经济命脉掌握在了跨国公司手中,其后果不堪设想。还应注意的是,发达国家跨国公司逐渐渗透和控制了我国的一些关键产业和核心技术,我国产业发展也受到了限制。知识经济时代,最重要的资源是人才,而跨国公司早已运用各种手段将国内各专业技术人才抢夺至它们公司,为它们服务,我国的人才安全也因此受到威胁。跨国公司抢夺人才时运用的主要手段有提供丰厚的待遇、良好的发展平台、巨大的个人发展空间和团结融洽的工作氛围等,而这些优厚的条件往往是本土企业难以为人才提供的。企业是一国经济最主要的微观基础,企业安全决定着一国经济安全,我国本土企业原本竞争力就很低下,再加上大量的高技术人才的流失使我国企业发展更加艰难,高技术产业难以发展壮大,产业结构难以得到有效调整,经济也只能落后于发达国家。

第三,危及国家信息安全。目前,跨国公司已经开始对我国以竞争情报信息为主的情报信息展开了研究,并运用这些情报信息来抢占我国市场,若跨国公司获取和利用经济情报的途径及手段是合法的,那么其对我国信息安全不会造成太大的危害。但是,由于跨国公司具有国籍属性,因此,它们获取的信息情报往往除经济情报以外,还有大量的政治情报和军事情报,如果这些政治、军事情报被其母国掌握和利用就会直接威胁到我国的安全。况且,一些关系重大的经济情报也可能被其他国家利用,从而达到控制一国经济的目的,比如货币政策情报、外汇市场情报、金融体制改革情报、国内投资情报、信用情报和重要商品情报等。

第四,妨碍经济政策的制定和执行。为了实现利润最大化,当东道国政府在制定诸如有关外资进入或退出某国市场的条件、为跨国公司提供或撤销某笔贷款、援助或反对跨国公司的某些项目、开放或封锁跨国公司的某项技术等不利于自己的政策时,跨国公司往往会采取以政府游说和对政府施加经济压力为主要手段的各种经济手段来干预政策的制定，试图使政策制定朝着有利于自己的方向发展，而跨国公司自身强大的经济实力及其母国强有力的政治和经济支持又常常能使这种干预产生效果。例如，阿根廷曾经出现过迫于跨国公司的压力而筹建了为跨国公司服务的"跨国资产阶级"，其取得政权后制定了一系列不负责任的政策造成国家政治和经济生活的动荡。跨国公司在特殊情况下也可能采取对抗的方式来妨碍东道国制定政策，如用金钱来收买东道国媒体或反政府组织，从而让它们为自己服务。或求助于母国，使母国向东道国施加政治压力，或运用各种合法的或非法的手段破坏政策的执行，无论是以上哪一种行为都将对东道国的经济安全直接产生威胁。有极少数跨国公司也可能为了获取利益而运用各种手段来逃避东道国的税收或进行转移价格，如在进口机械设备和原材料时报高进口价，出口半成品和成品时报低出口价，从而逃避东道国的税收，将其在东道国的子公司获得的利润转移到母公司。

第五，危及环境安全。随着经济和社会的发展，越来越多的西方发达国家提高了对本国环境保护的要求，因此，近年来，许多发达国家的大公司都纷纷将那些高污染的产业转移到发展中国家。统计资料显示，美国已向其他国家转移了本国39%的严重污染产业，日本已向东南亚国家和拉美国家转移了国内60%的高污染产业。由于环保标准体制不健全和地方政府控制不力等原因，在我国由于政府引资不当而造成环境污染的案例也是层出不穷，因此，在引进外资时政府应充分认识并特别注意环境安全问题。

虽然投资自由化已成为一种国际潮流，但我们应该认识到，投资自由化，从来都不是毫无限制的、完全的自由化，即使是投资自由化程度再高的投资协定，对投资开放的领域都允许有保留或例外。事实上，任何一个主权国家，无论是发展中国家还是发达国家，都不可能将国内市场完全地或无条件地对外国投资者开放。任何国家在引进外资时，都会考虑本国关键性部门的保护和发展问题，须权衡外资竞争力对本国经济和企业发展的影响，从而对外国投资的领域进行限制，只不过不同国家限制的程度不同而已。由于投资自由化容易对国家经济安全造成消极影响，因此，投资自由化的推进应该以维护国家市场安全为前提。对东道国而言，必须重视市场产权制度建设，这样，才能有效地降低外资在进入本国市场过程中不付费的"搭便车"现象产生的概率，通过这种途径来保护东道国的相关产业安全和提升产业竞争力。

市场产权主要涵盖了市场所有权、市场经营权或市场使用权、市场占有权或市场控制权、市场收益权四个方面。市场产权是一种稀缺资源，市场产权与其他产权一样，具有资本属性及排他性，并且市场所有权的收益具有可计量性。市场经营权具备可交易性等特点，因此，市场也存在产权制度问题和产权安排问题。事实上，因为有了市场，企业的有形产权才能够正常运营，企业的无形资产的产权才能够得到测量和评估；假如市场产权本身没有理性的、合理的制度安排，那么既会导致企业产权及产权结构模糊，难以对企业产权价值进行评估或难以使企业产权要素在运行中实现合理的价值增值等问题，又会使企业进入市场、生产运营和退出市场等问题变得难以解决，要想形成有效的、公平的竞争性市场结构也是不可能的，这必将导致市场处于无序运行状态，甚至可能会危及市场安全问题和极度扭曲利益分配。

在市场经济条件下，市场所有权经济价值的实现实际上就表现为世界国民财富，随着经济全球化的不断发展，市场所有权收益必然会因为各国让渡自己的市场、进行市场合作、市场分享而不断调整。目前，所有国家，无论是富国还是穷国，在处理国与国之间、国家与地区之间的投资和经贸往来问题时，都应遵循的原则应该是市场所有权所具有的国家排他性原则和市场经营权的可交易性原则；在对国际贸易准则和投资准则进行调整或重新制定时，市场所有权原则应该成为发达国家和国际经济组织必须遵循的原则，从而制定出合理的市场产权规则，为发达国家和发展中国家在世界市场上进行公平的竞争提供制度保障。合理的市场产权规则是这样一种产权制度安排，即各国必须互相认可、互相尊重、互相维护并保证世界市场主权安全和有度地分享市场。在重新修改和制定经济全球化"游戏规则"时遵循这一原则，要求发达国家的大型跨国公司入驻国外新兴市场，尤其是大的发展中国家市场时，在顾及一般市场进入约束的同时，还应考虑有关市场所有权的约束条件。市场所有权约束能够避免发达国家跨国公司对众多发展中国家实行技术和市场双垄断，即这些跨国公司在发展中国家进行投资的过程中，既不向这些国家转让先进技术，形成技术垄断，又试图获取大量的市场经营权，更甚者是获得大量的市场控制权，形成市场垄断。而这种技术和市场的双垄断会阻碍发展中国家经济发展、技术成长和技术赶超的"市场路径选择"。如果说发展中国家发展本国的民族企业的"大本营"是"自主市场空间"这一市场所有权原则的话，那么发展中国家从发达国家获取资金、技术等生产要素，提升自身发展手段的博弈筹码就应该是市场所有权原则的调整——"市场空间让渡"。因此，应该按照市场所有权原则重新修改和制定经济全球化"游戏规则"。例如，由发达国家为主要决定力量制定的，尤其是与专利保护期限有关的专利技术制度，应该以专利技术研发成本和专利技术收益为基础，考虑对其进行重新修改与制定。[①]

二　国际直接投资技术转移应该以提升当地技术能力为次目标

发达国家向发展中国家转移技术，一般是为了使技术的生命周期延长、获取发展中国家的廉价劳动力或廉价生产原料、抢占发展中国家的市场等，从而实现自身利润最大化，而并不是为了帮助发展中国家发展经济或提高发展中国家的生产技术水平。发达国家转移给发展中国家的技术通常不会涉及本国研发的高新技术，而基本上都是成熟的、标准化的或即将被本国淘汰的技术。因此，随着科学技术的迅猛发展和技术生命周期的缩短，发展中国家不断地从发

[①] 曾繁华、曹诗雄：《国家经济安全的维度、实质及对策研究》，《财贸经济》2007年第11期。

达国家引进技术，不仅不会缩小两者之间的技术差距，反而会使这种技术差距不断扩大。表面上，发展中国家不断地引进发达国家的技术能够提高自身的技术水平；实际上，发展中国家的技术地位并没有提高，其相对落后程度反而变得更大，从而陷入了"越落后越引进，越引进越落后"的怪圈之中。①

通常在国际投资规则中，国际投资技术转移应该致力于缩小发达国家和发展中国家的贫富差距，以提升东道国的技术能力为次目标，在技术转移过程中，应帮助东道国提升技术水平和技术能力，而不是扼杀和抑制当地的技术能力。

以上海大众汽车公司为例，看德国是如何成功向中国进行技术转移并帮助中国的汽车产业提升国产化技术水平的。

（一）德国大众股份公司与中国合作的背景

德国大众始建于1938年，1954年成为继美国通用、日本丰田和美国福特之后的全球排名第四位的汽车制造商，在这之后，它一直处于世界主要汽车制造商的前十位之中。但是，由于遭到20世纪70年代两次石油危机和日本汽车制造业崛起的冲击，德国大众小轿车的出口遭受了严重打击，在东南亚、美国、澳大利亚等地的市场份额不断下滑。因此，德国大众决定重新寻找一个有发展潜力的市场，然后努力寻找机会进入，并以此为基础不断扩大生产能力，重新夺回其在亚洲失去的市场。

再看看中国的汽车市场背景，改革开放以前，中国汽车工业十分落后，轿车水平更低，1978年，中国的汽车产量仅有约141.9万辆，其中小轿车占0.2%，仅有2640辆。除轿车产量低以外，轿车生产企业多、规模小、配套的零部件生产工业落后也是中国汽车制造业水平低下的具体表现。以1978年为例，我国国内共有汽车制造企业55家，汽车改装企业178家，但是，有很多汽车生产企业都自

---

① 蔡声霞：《国际技术转移与发展中国家技术能力建设的互动关系分析》，《中国科技论坛》2006年第5期。

己生产配套零部件,其中很多企业的零部件自给率甚至达到 70% 以上。那时的轿车生产主要集中在上海,轿车的款式非常单一,车型非常落后,而且产量也非常低,例如,1978 年,上海轿车产量大约只有 2000 辆。所以,要想建立一个完整的、具有国际竞争力的轿车生产体系,中国需要引进的不仅仅是一个轿车产品,一种轿车车型,或者是轿车生产过程中的某一个阶段的技术,最重要的是要引进一整套的轿车生产技术,从轿车生产技术标准到生产技术质量保障再到生产和运营管理等各方面都需要进行技术引进。另外,促进轿车配套零部件工业的发展也是非常必要的。①

20 世纪 80 年代初,随着美国通用汽车公司"世界轿车"这一概念的提出,汽车制造业的国际化进程进一步加快了。汽车制造业及其相关产业如配套零部件生产企业、主要的原材料供应商等,都对自己的企业进行了优化重组,实现了专业化的生产与经营,随着汽车制造业专业化水平的提高,汽车生产规模明显扩大,产量也明显提高了。尤其是一些跨国公司通过向其他国家转移技术、许可生产、并购和联合投资等方式,靠近汽车市场进行生产经营。20 世纪 80 年代初,一些世界著名汽车制造行业的跨国公司,例如,美国福特汽车公司、通用汽车公司和日本的汽车公司等,联合投资建立合资经营企业,就是这种战略思想的具体体现。同时,许多发展中国家为了建设自己的轿车工业,降低了轿车配套零部件的进口关税,从而吸引国外轿车制造企业到当地投资建厂,在当地建立起轿车装配线,然后政府再努力将这些企业收归国有,从而实现自己的最终目标。

将 20 世纪 80 年代国内外汽车制造业的发展状况、全球主要汽车制造跨国公司的发展特点、中国汽车制造业的发展状况及特点,以及 1978 年实施改革开放战略以后中国的政治和经济环境结合起来分析,不难发现,80 年代初,是中国引进世界先进轿车生产技术,

---

① 穆荣平:《德国向中国的技术转移》,《科研管理》1997 年第 6 期。

实现我国轿车工业专业化和现代化的好时机，同时也是轿车制造行业的跨国公司进入中国市场的一个绝佳时期。

（二）德国大众向中国的技术转移和国产化过程

1978年10月，为从国外引进先进的轿车制造技术，提高我国轿车行业生产水平和扩大轿车生产规模，中国机械工业部邀请了德国大众汽车公司、美国通用汽车公司等世界知名轿车制造商参与轿车项目谈判。我国确立了有关技术引进水平、技术引进模式等方面的原则：第一，所引进的生产技术、管理模式和产品都处于国际先进水平，并且都是具有较强的国际竞争力的技术、管理或产品；第二，合作方自愿在中国建立和完善完整的现代化轿车工业体系的过程中，对中国给予帮助；第三，合作方能积极参与到我国外汇平衡问题的解决中来；第四，合作方愿意为那些合作项目的中国配套零部件供应企业提供帮助。

美国通用汽车和福特汽车公司考虑到当时中国的轿车市场规模小、配套零部件生产行业生产力水平低等情况，它们从轿车制造国际化的观点出发，建议中国加入它们的全球性轿车生产网络，只生产它们整个轿车生产体系中的部分零配件和总成件，并在这个全球性的生产网络中交换产品，最后根据中国市场的特殊需求进行整车的装配。按照这种方式，中国是不可能获得完整的轿车生产技术的，更别说是建立自己完整的、现代化的轿车工业了。

再看日本方面，日本的日产汽车公司考虑到当时中国经济实力和汽车行业发展水平的实际情况，建议中国引进和生产它们即将淘汰的汽车车型，并且承诺向我国低价转让相关生产设备。在外汇和资金都比较匮乏的情况下，这一方案具有一定的可行性，但是，由于引进的汽车车型和相关生产技术都相对落后，将不利于中国的汽车产业竞争力的提升。

出于重返亚太地区市场的愿望，以及充分认识到中国市场是一个具有巨大潜力的市场，德国大众表示愿意同我国展开全方位的合作，即在为中国企业提供现代化的、完整的轿车生产的有关技术的基础上，还为中国企业提供部分资金，帮助中国汽车相关零部件生产商提高生产水平，帮助中国建立自己的汽车生产体系。综合考虑各方提出的建议和条件，中国决定与德国大众进行全方位合作。

经过谈判，中德双方达成了基础协议。1982年6月，德国大众和上海拖拉机汽车公司签订了试装配合同，之所以要进行CKD试装配生产，是为了通过这种生产方式来了解国内市场、测试所选车型在中国是否适用，同时起到培训员工、积累员工的生产经验的作用。通过成功的试装配生产，中国员工深入了解了所引进车型的性能、结构、技术，在测试所选车型对中国道路适应性的过程中，中德员工发现，所选产品在适应中国道路状况上存在一些问题。另外，在德国专业人员和中国员工的共同努力下，试装配生产提高了中国员工的素质意识，增强了中国员工的生产技能，培养了一支优秀的员工队伍，为合资项目的投产打下了坚实的基础。

中德谈判的进程也因试装配生产的成功而加快，经过了五年的谈判，德国大众最终于1984年10月，与中国三家企业共同签订了合资经营合同，为合资企业上海大众汽车有限责任公司的成立铺平了道路。

合资合同的合资协议附件对有关技术转让、专有技术的转让事宜做了明文规定。由于合资公司在创办初期必然会面临资金短缺的问题，因此，为了缓解资金短缺困难，对于技术转让费的收取方式在合资协议附件中也有特别规定：（1）不收取技术入门费，技术转让费根据合资公司的产量来提取；（2）技术转让费实行封顶制，也就是合资公司支付的技术转让费累积到3900万德国马克以后，德国大众就不再向合资公司收取技术转让费了。合资合同及其附件中的许多技术转让条款，既能促进合资公司的发展，又能带动与合资企业相关的配套企业发展，并且还合理地安排了所引进的轿车的国产化和新轿车产品的研发。比如，技术转让协议的第三条规定了合资企业在接受德国大众汽车公司为其提供的与合同产品相关的全部技术资料的同时，还应该取得德国大众汽车公司提供的合资公司有权处置的协作企业的相关技术资料，规定指出，若合资公司自己不生产，那么它就可以将生产技术再免费转让给它的配套企业。这一条款不仅有利于合资公司消化和吸收所引进技术，还有利于中国形成自己的完整轿车生产体系。再如合资协议附件的第四条规定：如果将来德国大众汽车公司为合资公司提供的产品满足不了中国市场上消费者的需求或不再符合中国市场的使用要求，但合资公司已经具有了独自筹集资本的能力，并能够组建自己的研发团队设计和开发适应市场需求的汽车产品，那么合资公司就有权开发自己的汽车产品。另外，技术转让协议还规定：德国大众汽车公司愿意通过为合资公司提供有关产品的设计和开发方面的技术资料的方式，来帮助合资公司将设计和开发新产品的职能纳入自己产品技术部门的职能中来，当然，前提是合资公司有这种扩大其产品技术部门职能的意向。有关合资公司引进轿车产品的国产化工作，在合资合同及其附件八中的引进产品国产化发展计划中做了明确安排，这就奠定了合资公司培养和发展自己的技术研发能力的基础，有利于将来合资公司开发自己的新产品。

在签订合作合同以后的轿车产品国产化进程中，德国大众严格按照合资合同及技术转让协议的规定向合资企业转让技术，还成立了专门的中国大众汽车生产国产化协调小组，以帮助中国零部件生产企业引进德国技术及生产设备，同时还向中国的相关零部件生产企业介绍德国退休专家来指导零部件生产工作，通过这种方式促进国内外零部件生产企业之间实现合资经营或进行技术转让。随着中德合作不断取得新成绩，上海大众汽车公司的轿车产量不断提高，许多为德国大众汽车公司供应零配件的配套企业和其他一些跨国公司也陆续进入中国市场进行投资设厂，如博世（BOSCH）、纳铁福（GKN）、汉高（HENKEL）和巴斯夫（BASF）等，国内许多零部件企业通过大众的介绍也纷纷与国外合资，从而形成了整车生产技术引进促进相关零部件生产技术引进、国内外汽车生产企业合资运营带动国内外汽车相关零部件生产企业合资运营的局面。

经过多方共同努力，1991年，上海大众汽车公司实现了轿车五大总成国产化的目标；1993年，上海大众汽车公司旗下的桑塔纳轿车国产化比率达到80%以上。另外，为了促进进口轿车生产的国产化，当时我国正在对进口轿车实行级差关税制，根据规定，桑塔纳轿车在进口方面可以开始享受最低进口关税待遇了。此外，合资企业在新产品的开发能力上也逐步增强。1994年，桑塔纳2000通过了国家相关部门的技术鉴定后开始进行批量生产，并于1995年大量投入中国轿车市场，这款车型从投产开始国产化率就达到了69.17%。显然，这些事实都表明了上海大众汽车公司的技术能力在不断增强，说明这个时期在引进、消化和吸收国外先进技术方面我国取得了很大成功，特别是在引进、消化、吸收德国大众汽车生产技术方面取得了显著成绩。

上海大众汽车公司，作为中国与德国大众的首个合资公司，它的成立和发展表明：第一，我国对德国大众汽车公司整车生产技术的引进促进了国外相关零部件生产技术向我国相关产业的转移，德国大众汽车公司与我国上海三大汽车生产企业的合资运营带动国内外汽车相关零部件生产企业合资运营，产生了某项技术引进促进相关技术引进、某项资金合资项目带动其他一系列资金合资项目的"滚雪球效应"。第二，用最初中国与德国大众谈判时的战略目标来评价这次技术转移，可以说这次技术转移成功地实现了中德"双赢"。从中国方面来看，上海大众汽车公司的汽车设计能力和汽车制造能力不断提升，进口汽车的国产化率也逐步提高，并成功地与德国大众汽车公司联合研发了新的轿车车型，取得的这些成绩都表明中国已建立了一个属于自己的、完整的轿车制造业，我国汽车制造业已初步具备了轿车开发能力，实现了与德国大众合作的预期目标；从德国大众方面来看，通过与我国汽车企业进行合作以及向我国转移汽车生产技术，它在中国这一具有巨大发展潜力的轿车市场中占据了较大的市场份额，初步奠定了德国大众抢占东南亚市场甚至重夺失去的亚洲市场的基础。

第五章　基于市场产权的国际贸易规则

国际贸易规则，通常是指"世界各个国家和地区在国际贸易往来中形成的一种制度安排，它是处于一种内在的相对比较稳定的状态，一般来说，具有社会客观性、系统性、他律性、习惯延续性等特征"。[①] 国际贸易规则的核心是国际贸易制度，源自几个世纪以来不断演变的国际贸易规则，以及参加国际贸易各国之间利益的博弈，通过谈判达成的某种国际协定，也可能自发形成的国际惯例。任何一种国际贸易规则的形成，通常需要具备四个要素：第一，要有一定数量的力量中心，即要有强有力的国家力量作为规则设定的基础；第二，力量中心之间必须就相关游戏规则或者行为模式达成共识；第三，力量中心必须达到数量上的规模，或在国际贸易中具备足够的影响力；第四，形成对应的规则和制度安排，所达成的共识和游戏规则需要大家能够遵守。[②]

第一节　当代国际贸易格局特征分析

经济全球化是在各国当其本国经济发展到一定水平下达到"瓶颈"后必然的选择，在这个过程中，不同国家的生产资料、劳动人员、科学技术不断地交流竞争，从而迸发出新的增长力。第二次世

---

① 蔡文浩：《商业制度创新论》，中国审计出版社2001年版，第35—38页。
② 方柏华：《国际关系格局：理论与实践》，中国社会科学出版社2001年版，第27页。

界大战之后，随着欧洲经济复兴，第三次产业革命的兴起，三大经济体出现，世界经济出现了多元化发展，传统的国际贸易分工进一步深化，经济全球化的趋势越来越明显，并在不同程度上影响着各国的政治、生态、文化、社会的发展，经济全球化的趋势不可逆转，各国纷纷加入世界贸易组织，贸易全球化、利益多元化是当代国际贸易的基本特征。在新的经济形势下，国际贸易规则也发生了较大改变，与过去国家直接参与国际贸易不同，跨国公司如今已经成为国际贸易的直接参与者，世界贸易组织日益扩大也使国际贸易规则发生巨大的变化。

世界贸易组织在20世纪经历了20多年的谈判，随着经济全球化的发展，国际贸易规则发生了变化，国际贸易格局出现新变化。主要表现在以下五个方面。

一 发展中国家地位上升

第二次世界大战后，发达国家始终在国际贸易中掌握着主动权，但是，在苏联解体之后，国际政治经济格局发生了巨大的变化，发展中国家越来越多地参与到了国际贸易中来，2008年国际金融危机之前，发展中国家在全球贸易出口中所占比重达到38%，中国作为世界上最大的发展中国家，已经取代德国成为世界第二大出口国，并且超过日本，经济总量跃居全球第二位。2009年，中国的货物出口已经跃居世界第一位，国际金融危机爆发后，以"金砖国家"为代表的新兴工业化国家在全球国际贸易中的地位越来越重要，成为国际贸易中的重要力量。

二 区域贸易成为主流

由于地理条件和某些传统的优势，区域内贸易一直在国际贸易中占有比较重要的位置。根据相关数据表明，2008年国际金融危机之后，区域内贸易在北美地区的贸易总额中占55.8%，在亚洲地区的贸易总额中占51.2%，在欧洲的贸易总额中更高达73.2%。由于国际贸易总则不完善，多哈回合谈判没有达成协议，世界各大经济体纷纷将推动自由贸易的努力从多边框架转向双边和区域内自由贸易规则的制定上来，根据世界贸易组织的统计，区域贸易协定数量从 1995 年的不到 100 个上升到 2009 年的超过 225 个。其结果是，全球超过一半的商品贸易、服务贸易都是在区域贸易制度下完成的。

三 服务贸易迅速发展

从 20 世纪 80 年代开始，随着冷战接近尾声，世界格局逐渐明朗，国际市场上的经济活动日益频繁，这使国际市场上服务领域的贸易活动快速发展。据统计，1980—2008 年，国际市场上服务业方面的贸易往来等经济活动累积增长了 9 倍多。而且服务贸易的经济规模占全球贸易规模的比重也在日益上升。近年来，由于电子通信技术的飞速发展，世界经济随着互联网技术的发展催生出一大批以互联网为核心的新兴服务业，该类行业凭借其密集的技术知识的聚集为当代国际服务贸易的发展注入了极大动力。

四 产业内贸易成为主要方式

20 世纪 90 年代以后，跨国公司的迅猛发展使国际贸易、国际分工更加精细，产业链发展完善，产业内贸易开始占据重要的地位，不同国家经济体之间的贸易往来越来越按照其在某一产业内部所处的位置进行分工合作，这大大降低了生产成本，从而使落后生产技术在国际市场上越来越没有生存空间。产业内贸易的发展使生产要素在全球范围内更加合理地配置，提升了要素使用效率，扩大了国际贸易规模。

五 贸易保护主义升温

2008 年国际金融危机以后，世界经济复苏乏力，各国为保障自身实体经济的复苏使贸易保护有所抬头。2008 年，20 国集团峰会承诺杜绝贸易保护，各国政府共实施了 297 项保护主义措施，这表明当时各国间的国际贸易仍然面临沉重的保护主义压力。如今，新能源、新材料、新技术，尤其是与环保相关的碳排放回收技术的运用，使低碳排放、碳标签商品、碳关税等新生事物，以及游客对国际贸易格局带来深刻的变化，发达国家将借此再度掌握国际贸易的主动权。

第二节 当代国际贸易不公平性的表现

一 南北贸易体现的劳动分工差异

经济全球化是资本、劳动力、技术、知识、信息等生产要素在全世界进行整合，使其在全世界能自由流动的过程。在这个世界市场整合的过程中，主要还是依赖市场进行资源配置。当代国际生产模式的发展过程实际上是分工深化和贸易拓展的过程。

在全球价值链分工体系下，世界各国的利益日益交织，国家间依附性加强，成为彼此联系的命运共同体。任何一个国家都不可能离开世界经济而独立发展。

我们把以原材料为起点、最终消费者为终点的供应链看成一条价值链，并把设计、生产、销售和服务都看成价值链上的生产环节。产生附加值较大的环节称为"高端"，较小的称为"低端"。通常高端环节需要更密集地使用资本和技术，主要从事资本要素密集、技术含量与附加值均比较高的产品的生产，这就需要高素质的人力资源、充足的资金实力、优良的实验设施以及成熟完善的市场，只有以美国为代表的西方发达国家才能满足这些条件；低端环节则更多地使用廉价的原材料资源和劳动力，这些环节主要分布在低收入发展中国家，在国际分工的这个层次中，供给过剩已经成为普遍，成本成为决定国际竞争胜负的关键因素，发展中国家现代要素占有的落后，全球价值链分工位置的低端，国际经济秩序的从属地位，国际贸易利润获取的微薄，使其在全球价值链中具有明显的依附性特征，当越来越多的发展中国家进入劳动密集型产品的生产行列，出口的扩张过度，贸易条件的恶化就会使出口价格的下跌超过出口量的任何增加所带来的好处，出现所谓的"贫困增长"。在全球价值链分工格局下，发达国家与发展中国家之间主要是不同附加值环节的垂直分割，发达国家相对于发展中国家而言，始终保持着经济上的强势地位和对国际经济规则的主导。

以电子业为例，电器、计算机等最终产品的组装是劳动密集型的生产环节。这部分生产在20世纪80年代逐渐从美国转移到韩国和中国台湾等地，到90年代又逐渐进入或"外包"给了中国，中国成为电子产品全球最大的外包承接方。同时美国从最终产品的净出口国变成净进口国。20世纪90年代以后，成品组装环节已经基本转移到了发展中国家，中国和韩国成为净出口国。另外，美国在自动数据处理系统所用核心中间品（如晶体管和电子真空管）的生产上仍然保持着技术优势，所以，这类属于技术密集型的生产环节仍然保留在美国，美国成为很多核心技术部件的净出口国。①

依据科技、知识的不同含量而形成的国际分工，以及在当代世界经济中财富的分配与科技、知识的占有状况相适应的国际经济秩序，必然导致南北差距的进一步扩大。

首先，发达国家通过跨国公司与国际分工，在产业链系统竞争中处于绝对顶端，在原有的科学技术优势的前提下，不断利用"剪刀差"最大化自身利益，提升产品附加值，对于高污染高能耗的加工环节与低利润的产品组合、包装环节，则外包给发展中国家，对发展中国家的经济虽然有一定的促进作用，但是，利益分配明显不均，发达国家通过跨国公司进一步控制成品价格，极大地侵占了原本处于产业链低端的发展中国家的利益，并且掠夺了这些国家的自然资源，破坏了生态环境。

其次，经济全球化下，国家利益多元化、利益主体复杂化，使利益分配竞争也日趋激烈，没有一个统一的组织和规章对此进行规范，处于价值链领导地位的跨国公司、大型公司就会最大限度地利益最大化，公平公正的分配利益无法实现，跨国公司常常通过价格倾斜、内部价格转移等方式使利益共享逐渐成为跨国公司对发展中国家和地区人民的一种变相剥夺，分工与投资利益相互转化成为发

---

① 赵闻等：《国际生产与贸易格局的新变化》，《国际经济评论》2007年第1—2期。

达国家掠夺发展中国家的工具。所谓利益"共享",实际上已经成为跨国公司凭借它们在全球价值链中的主导地位对处于价值链其他地位的国家,特别是大多数的发展中国家利益的一种侵占。[①]

最后,在国际市场上,由于发达国家占主导,市场交易并不是按照价值进行交换。发展中国家出口的主要是来自生产率低下的落后部门的农产品、原材料或低级加工品,进口的主要是发达国家生产的机械设备。在交换过程中,发达国家人为地压低原材料和低级加工品的价格,提高机械设备的价格。这种不等价交换使价值从发展中国家向发达国家大量转移,造成富国越富、穷国越穷的局面。

二 产业内贸易与公司内贸易及其消极影响

产业内贸易指一个国家既进口又出口同一个产业内产品的交易行为。即使两国具有完全一样的资本劳动比率,它们的企业也会生产同类但有差别的产品,而消费者对这些产品的需求,一方面会促进各国扩大某种产品的规模;另一方面则会促使两国之间进行这些产品的贸易,有进有出,形成产业内贸易。如日本向美国出口丰田、日产、马自达、蓝鸟等牌子的轿车,同时从美国进口福特、林肯、克莱斯勒等牌子的轿车,这便是两国在汽车业的产业内贸易。

产业内贸易可以分为多种形式。从国家经济发展水平角度看,产业内贸易可以划分为经济发展程度相同国家之间的产业内贸易和经济发展程度不同国家之间的产业内贸易;从产品差异角度看,产业内贸易可以划分为同质产品的产业内贸易和异质产品的产业内贸易,后者又可以进一步细分为水平型产业内贸易和垂直型产业内贸易。

水平型产业内贸易发生在经济发展水平类似的国家之间,同时又具有规模经济的特征,在需求拉动下,使国际贸易得到了极大的发展。第二次世界大战后,发达国家与发达国家之间的相互投资与

[①] 贾俐俐:《全球价值链分工下中国产业国际竞争力研究》,博士学位论文,中共中央党校,2008年,第64页。

产业内贸易额同时增长的现象充分证实了这一点。

垂直型产业内贸易，从短期来说，对一国外贸竞争力具有促进作用，但从发展角度分析，发展中国家总是接受前一轮被淘汰的技术，在技术发展上始终处于相对劣势的地位，对发展中国家产业结构升级的促进作用不大，因而这种产业内贸易的扩大并不能代表真正的技术水平和竞争力的提高。发展中国家与发达国家之间的垂直型产业内贸易并不是一种真正平等意义上的贸易。在这种贸易中，发达国家向发展中国家出口的异质产品往往是技术相对密集、附加值高的最终消费品和资本品，这类产品需求的收入弹性高，市场潜力大；而发展中国家向发达国家出口的异质产品往往是劳动相对密集、附加值低的最终消费品和资本品，这类产品需求的收入弹性低，市场潜力小。因此，无论从静态看还是从动态看，贸易条件无疑朝着有利于发达国家的方向发展。

芬斯特拉（Feenstra）形象地以芭比娃娃的生产与销售过程为例，对垂直型产业内贸易分工做了说明：一个芭比娃娃在中国，或印度尼西亚，或马来西亚这些劳动力成本低廉的国家生产，而芭比娃娃的模型是由美国的母公司设计的，美国的生产单位又负责对娃娃的着色与打扮。一个芭比娃娃在美国市场的售价为10美元，其中，中国的劳动力成本只占35美分，中国的布料成本约为65美分。通过中国香港转口贸易，一个芭比娃娃在中国香港的离岸价格为两美元，即从中国内地到中国香港的运输成本、仓储费、中国香港出口商的一般管理费用与利润总和大约为1美元。在美国，生产芭比娃娃的母公司Mattel公司在每个芭比娃娃上赚1美元利润，这说明，一个芭比娃娃的主要价值链是分布于美国的进口、运输、配色、库存与营销环节上，这方面的价值总和约为7美元。1995年，Mattel公司凭这种生产活动全球化的垂直分工体系，在每秒钟可生产两个芭比娃娃，全年的营销额达14亿美元。

与产业贸易相关的还有公司内贸易，公司内贸易也称企业内贸易，主要是指跨国公司母公司与子公司、子公司与子公司之间的商品进出口交易行为。目前,全世界共有6.3万家跨国公司,69万家境外分支机构。跨国公司全球范围内的销售额为14万亿美元,是全球出口的近两倍,与国际生产相联系的总产值是全球GDP的10%。现在跨国公司已经控制了世界贸易的60%,而20世纪90年代,全球跨国公司内部贸易占世界贸易总额的比重已经达到33%。可见,公司内部贸易已成为跨国公司总贸易构成中重要的组成部分。[①]

跨国公司以公司内贸易的方式对国际贸易进行垄断,而这种垄断是阻碍国际市场价格机制作用的。垄断使价格受到人为因素的控制,在一定程度上削弱了自由竞争这一经济运动的"原动力",使经济活动失去活力。在公司内部,虽然可以利用垄断优势实现资源在全球的最佳配置,但这一点却是以阻止竞争进入市场为代价的。它不仅破坏了有关国家的资源合理配置,造成了贸易利益国际分配的不公平,而且它也不可能达到世界效率最优化。具体来说,公司内贸易对国际贸易的消极影响体现在以下四个方面。

首先,公司内贸易经常运用转移价格的手段,达到跨国公司全球利益最大化的目的。由于它切断了国际市场价格与供求关系之间的联系,使国际市场更加变幻莫测,依赖价格反馈的信息可能会导致完全的错误,而使母国或东道国的利益受到损害,跨国公司的得与母国或东道国的失在很多时候构成因果关系。

其次,通过公司内贸易进行的由子公司向母公司的产品返销使跨国公司母国的进出口国地位发生了改变,由原来的该产品的出口国变为进口国,而使东道国由原来的进口国变为出口国,这种改变会影响到各国的国际收支状况,从而使各国之间的国际贸易利益关系日益模糊。比如说,美国的巨额贸易逆差很大程度上是由跨国公司的返销造成的,美国国际收支的"恶化"则成为其用来向贸易伙伴施加压力的借口,但事实上,美国跨国公司因采用转移价格而获

[①] 陈茂直:《垂直专业化贸易、公司内贸易和产业内贸易的对比研究》,《重庆教育学院学报》2008年第6期。

取的巨额利润却没有完全计入美国的国际收支,其贸易逆差只是一个片面的统计。

再次,公司内贸易创造了一个内部一体化市场,使传统国际贸易中的国别市场界限在很大程度上消失,即传统的"自由市场"缩小,"封闭的市场"日益扩大。跨国公司通过内部贸易,采用歧视性定价策略,排挤竞争对手,垄断了国际市场。跨国公司在许多重要制成品和原料贸易中均处于控制地位,如在拉美国家,以美国为主的跨国公司操纵了这一地区小麦贸易的90%、糖料贸易的60%、咖啡贸易的85%、玉米贸易的80%、茶叶贸易的80%。几大跨国公司控制了全球汽车贸易。目前,跨国公司直接投资额约占国际投资总额的90%,掌握和控制着研发的80—90%,国际技术贸易的60%—70%,全球生产总值的40%。避开外部市场的不完全性的公司内部贸易进一步扭曲了外部市场。①

最后,跨国公司生产经营的目的是在全球范围内实现"个体利益"最大化,其"个体利益"经常与国家的"整体利益"并不完全一致。公司内贸易的双方都处于共同所有权之下,进行交换的市场是跨国公司内部市场,它并不完全受东道国和母国的管辖,绝大部分时候也无须国家作为中介来进行。跨国公司内部贸易的逃税、利润转移等"特殊功能",使东道国在制定对外贸易政策时左右为难:一方面,为吸引外资和技术以发展本国经济,必须有鼓励和优惠的引资政策;另一方面,为了减少跨国公司内部贸易给本国带来的损害,又不得不对外资加以限制。同时,跨国公司利用内部贸易的灵活性来避开不利于自身利益的国家政策,削弱了国家财政、金融、贸易等政策效力。如20世纪60年代,美国曾制定严禁资本外流的法规,但美国跨国公司通过在内部贸易中压低出口价格和抬高进口价格,间接地将资金调往国外,使美国的外汇控制没有达到预期的效果。

---

① 朱庆:《跨国公司内部贸易透析》,《经济师》1999年第10期。

三 非关税壁垒增加

非关税壁垒是指一国政府为限制进口采取除关税以外的各种办法，对本国对外贸易活动进行调节、管理和控制的一切政策与手段的总和。

20世纪70年代，西方发达国家经济发展停滞不前，通货膨胀率持续上涨，出现了经济学上所说的"滞胀"情况，世界各大经济体、区域经济、经济大国竞争日益激烈，多边贸易谈判使各国关税普遍降低，关税保护受到了关税总协定的约束，工业制成品平均关税率从40%降到了7%，然而，发达国家并不甘心放弃贸易保护政策，20世纪70年代，当西方经济出现滞胀后，特别是发达国家往往以促进全球利益发展的外衣，经常利用它们与发展中国家的经济发展差距，对大多数发展中国家实施诸如绿色壁垒和技术壁垒等一些变相的贸易保护措施，而这种所谓的贸易保护措施在目前的国际贸易中愈演愈烈。这种变化导致了一场以非关税壁垒为特征的新贸易保护浪潮。

与关税措施相比，非关税措施具有下列三个明显的特点：

第一，非关税政策具有更大的操作空间。政策的制定，往往需要走完整的法律程序，税率的改变也必须通过一定的法律程序，因此，关税具有一定的延续性。非关税措施的制定与实施，一般采用行政程序，制定比较迅速，程序比较简单，能够针对某出口国或某项产品制定出相应的政策限制其出口，迅速达到保护国内某项领域的目的。

第二，非关税保护的力度较强。通常的关税措施通过税率来提升商品的成本，从而抬高其价格，达到削弱竞争力的目的，其保护作用具有非直接性、传导性，而且相关出口国的反制措施也很多，比如，采取出口补贴、商品倾销等办法应对关税保护。非关税措施的作用则明显得多，比如，设定某项商品的进口配额、数量或者金额，效果远胜于关税政策。

第三，非关税政策更加隐蔽，更加具有歧视性。关税政策中起决定性作用的关税率以及相应的征收方法，都是公开透明的，出口国、出口商可以根据具体规定，调整出口计划。关税的歧视作用效果不明显，它主要受到双边关系和多边贸易协定的制约。非关税措施则相反，透明性差，隐蔽性强，而且很容易针对某一特定国家、行业，容易操作。

下面我们分别从技术壁垒、绿色壁垒和碳关税这三个典型性非关税壁垒出发，对非关税壁垒的特征及其不合理性做进一步分析。

我们先看技术壁垒，技术性贸易壁垒（TBT）是国际贸易中，商品进口国在实施贸易进口管制时，通过制定法律、条例、规定、法令，或者建立一系列技术标准、检验制度或者认证制度等方式，对各种国外进口的商品和贸易制定某些非常严格的技术标准、卫生检疫标准、商品包装和标签标准，从而提高进口产品的技术要求，增加进口难度，最终达到限制进口的目的的一种非关税壁垒措施。技术性贸易壁垒构成了非关税壁垒的主要部分，据20世纪70年代数据统计，国际贸易中的技术性贸易壁垒约占非关税壁垒的10%—30%。到90年代末，这个比例已达到45%左右，而且还将有较大幅度的提高。

通常，我们可以将技术性贸易壁垒的主要特点归纳为以下三个方面。

（1）形式上的合法性。技术性贸易壁垒一般是以TBT为依据，这使它具有合法的形式。这样，它可借保护人类健康和生态环境之名，行贸易保护之实。例如，环境标志制度，虽然对于环境保护具有独特作用，但由于发展中国家经济及技术水平发展滞后，对其出口贸易十分不利。因为环境标志制度所确定的环境标准相当高，发展中国家的产品很难满足其要求。要达到环境标志的要求，很多产品必须改变其原材料成分和生产工艺，这又受经济发展水平、资源禀赋及技术能力等因素的制约。

（2）涉及的范围十分广泛。产品的开发、生产、加工、包装、运输、销售、消费和废弃等整个生命周期，包括其中的加工程度和技术水平不同，都会导致其对环境和人体健康造成不同程度的影响。对环境不友好、对健康不利的产品就会受到进口国 TBT 的制约，那些不利于生态环境的投资、保险、专利技术等，也有可能受到限制。

（3）表现形式灵活多样。世界各国的 TBT 措施名目繁多，错综复杂。它可以引用国际公法、环保公约、议定书等的规定，也可引用世界贸易组织的有关规定，还可以引用国内的法律、法令、规定、要求、程序等，对进口的产品或服务等加以限制。

尽管技术性贸易壁垒协议要求各国尽可能采用统一的国际标准，实行成员国普遍一致的待遇，不允许存在歧视。但是，在实际中，由于经济发达国家的科学技术手段比较发达，它们为了保护自身的利益，通过立法手段，制定只有发达国家才能够达标的技术检测指标，限制外国进口商品，而这种技术标准和指标对于技术落后的发展中国家，它们往往无法达到要求，这样，无疑对发展中国家造成了更严重的伤害，导致其受到严重的经济损失。发达国家设置技术标准壁垒的目的是想在利用世界贸易组织规则打开发展中国家市场的同时，又用技术壁垒保护本国市场，削弱发展中国家廉价的劳动力和自然资源的比较优势，阻止发展中国家的技术赶超，持久地保持自身优势，从而在国际经济交往中获得持久的利益。于是发达国家凭借对其有利的国际标准，使本国产品长驱直入发展中国家，反过来又用这些技术标准保护本国利益，将发展中国家的产品挡在国门之外。据统计，发展中国家受技术壁垒限制的案例大约是发达国家的 3.5 倍。

以中国为例，改革开放以来，我国的国际贸易发展十分迅速，但我国出口产品在国际贸易市场遇到的技术壁垒也与日俱增。这些非关税壁垒对我国国际贸易的健康发展产生的抑制效应主要表现在以下四个方面。

（1）影响我国产品出口的原因众多。我国的科学技术较西方发达国家有较大差距，因此，出口产品的质量很难达到西方国家制定的安全、环保、卫生等方面的标准,这种局面短期内难以得到有效的改善,因此,严重阻碍了我国出口市场的扩大。比如,近年来,中国出口日本、美国的农产品及其加工产品,多次因进口检测不达标而遭到退货,中国的大蒜几年前遭到韩国的退货就是典型。

(2) 企业出口速度下降。目前,机电产品是我国第一大类的出口产品,但是,近几年随着环境保护日益兴起,防污、防噪等指标的出现,使我国没有添加环保元素的产品无法达到发达国家的新标准,受到技术壁垒影响越来越大,如美国颁布的 1998 年新版的 UL588 标准所包括的内容比旧标准所包括的检验项目多了两倍左右,标准扩大到电线、塑料、插头等产品。同样,纺织品和服装作为中国出口的另一大类产品,同样经常面临着各种繁苛的技术壁垒,如欧盟提出的"ORO – TexStandard100"生态纺织品标准对进口的纺织品中一些物质的含量要求达到 PPB 级,这已成为中国纺织品和服装对欧洲出口的另一个阻碍。

(3) 增加企业出口成本,降低产品竞争力。首先,由于强制认证制度,企业必须通过强制认证这一关,这将增加企业的成本,使竞争力下降;其次,国外的技术标准经常变动,企业应当随时关注相关的技术变动指标,既要速度,也要质量,从而能及时更新设备与产品,降低成本,减少损失;最后,包装标签的特殊要求,导致企业在宣传、产品包装上需要投入,成本会上升。

(4) 导致贸易摩擦,阻碍贸易关系成长。技术壁垒几乎是发达国家的专有名词,是发达国家攫取发展中国家利益的重要工具,从国际贸易中获益的发达国家,凭借已经取得的利益,继续保持、发展技术优势,从而使技术壁垒越来越坚固,发展中国家越来越难以在技术上跟上发达国家的技术要求,发达国家与发展中国家贸易摩擦不断,中美之间的加入世界贸易组织谈判的焦点之一就是中美产品的检验检疫技术及标准问题,就是证明。

绿色贸易壁垒属于技术壁垒之一,为了体现其重要性,单独列出。绿色壁垒,顾名思义,就是为了保护生态环境、自然资源与社会群体的健康,而从法律上设定的一系列法律规章,对进口商品设置严格标准,限制进口。1996年4月,国际标准化组织(ISO)专门技术委员会正式公布了ISO 14000系列标准,对企业的清洁生产、产品生命周期评价、环境标志产品、企业环境管理体系加以审核,要求企业建立环境管理体系,这是一种自愿性标准。目前,ISO 14000正成为企业进入国际市场的绿色技术壁垒。主要发达国家先后分别在空气、噪声、电磁波、废弃物等污染防治、化学品和农药管理、自然资源和动植物保护等方面制定了多项法律法规和许多产品的环境标准。

绿色壁垒的基本特征主要有以下四个方面。

(1) 道义上的合理性。绿色壁垒往往宣称保护世界资源、生态环境和人类健康。这样很容易蛊惑人心,随着"可持续发展"观念的发展,人们对环境保护的要求越来越高。当今社会,人们普遍关心生活质量和生态环境。环保消费的心态正在不断加强,人们越来越认同绿色保护措施。其实,任何的绿色壁垒看似追随当今生态保护理念,正是抓住了环境污染日益引起人们的反感,绿色消费容易为消费者接受的客观事实,大肆宣传绿色产品,提高进出口绿色壁垒,绿色消费浪潮的兴起,使传统消费模式正在发生历史变革,绿色壁垒在这个大环境下就大有生存的土壤。

(2) 形式上的合法性。与其他传统的非关税壁垒相比较,绿色壁垒往往更容易在国家层面立法,甚至在国际上也得到广泛的认可,很多国家都公开立法支持。尽管绿色贸易壁垒实际上在某种程度上违背了普遍公认的国际贸易原则、自由贸易原则,但是,由于和环境保护这一个世界范围的热点紧紧相连,在相当长的一段时间内,绿色贸易壁垒很难像其他措施那样被轻易废除。

(3) 保护内容的广泛性。绿色保护所涵盖内容十分宽泛。20世纪70年代以来,国际社会与组织为了保护生态环境与人类健康,颁布了一系列公约,保护的内容上天入地,无所不括。不仅在商品的生产销售过程中设立了严格的资源环境和健康的相关规定和限制,而且对工业产品和制成品,在安全、卫生、防污等相关标准上也做出了相应的要求。

(4)保护方式的巧妙性和隐蔽性。第一,种种绿色壁垒借助环境保护之名,表面上看,一视同仁,一般不存在配额问题,也没有具体到哪个国家;第二,它们都是高科技基础上的检验标准,其标准具有易变性,面又很广,标准对错,是否科学,发展中国家难以做出判断;第三,把贸易保护的视线转移到人类健康保护上,有更大的隐蔽性。

近年来,发达国家基于自身的利益,经常打着环保的口号,采取单方面的贸易措施,限制外国特别是发展中国家农产品的进口,频频引发双边或多边贸易摩擦与纠纷。而与此同时,发展中国家却由于本身的贸易地位和影响所决定,普遍缺乏充分利用绿色壁垒所提供机会的能力,它们受绿色壁垒的负面影响要比发达国家大得多。据联合国的统计,中国每年就有包括农产品在内的价值 70 多亿美元的出口商品因绿色壁垒受阻,从而使中国承受了巨大的贸易损失。

"碳关税"是近几年由一些欧美发达国家提出的新概念。所谓碳关税,是指对高能耗的产品单独征收二氧化碳排放的关税,这一概念首先由法国总统希拉克提出,主要是为了让欧盟统一对未遵守《京都议定书》的国家单独征收碳排放税,保证欧盟在碳排放交易机制运行以后,出口商品遭受不公正待遇。但实际情况是,发达国家多数没有切实遵守《京都议定书》,发展中国家又暂时不承担减排份额,这使"碳关税"征收缺少了现实的支撑,几乎是借气候保护之名,行贸易保护之实。

2009 年 6 月 26 日,美国众议院通过了《美国清洁能源安全法案》(也称《气候法案》),《气候法案》规定从 2020 年起开始实施"碳关税"。《气候法案》明确提出了对不实施碳减排限额国家(包括我国),在对这些国家进口的如铝、钢铁、水泥和一些化工产品(排放密集型产品或高碳产品)征收特别的二氧化碳排放关税。美国能源部长朱棣文表示:"碳关税是有利于保护美国制造业的武器。"而中国出口到美国的钢铁制品、电解铝、电解铜等产品将会受到较大的影响。更甚的是"碳关税"或许将引发欧洲采取类似措施,做出类似碳关税的贸易安排。"碳关税"无疑将成为美欧对我国实施贸易保护的"绿色"的新手段。

在经济全球化条件下,西方发达国家提出碳关税的主要动机有以下三个方面。

(1) 实行贸易保护主义。碳关税以名义上的合法性、保护范围大、保护方式隐秘等特点成为发达国家贸易保护的首选,但是,碳关税的征收不仅缺乏理论与法律上的支持,在实践中,也缺乏技术支持,发达国家征收碳关税的根本原因是为了削弱其他国家产品的竞争力,保护本国工业,碳关税实质上是借环境保护之名,行贸易保护之实。

(2) 制约发展中国家发展。发达国家对进口产品征收碳关税是为了制约发展中国家工业发展。在经济全球化的背景下,发展中国家实际上处于产业链的中下端,接受的是高排放、高污染、高能耗的加工,以及低利润率的包装业,自身环境受到了污染,对发达国家出口时还被征收了碳关税,十分不公平。为了达到发达国家制定的碳排放标准,发展中国家要投入更多的资源,进行产品技术改革,削弱发展中国家产品的国际竞争力。

(3) 提高本国经济利益。发达国家为了推卸全球变暖的责任,减少对环境的危害,保护国内市场,制定了一系列的减排政策,迫使发展中国家出钱购买自己的环保技术、清洁能源技术,转移减排责任,维护自身利益,削弱发展中国家出口的竞争力。同时,发展低碳经济,使国内产业转型升级,提高竞争力,发达国家在资金、技术上有绝对优势,进一步加强了在全球经济中的领军地位,并且利用这些优势,制定国际贸易准则,掌握定价权,不断巩固未来在以低碳化为核心的绿色经济中的主导地位。①

---

① 郑雪姣:《碳关税:绿色贸易壁垒旧瓶装新酒》,《经济论坛》2010 年第 9 期。

因此，分析西方发达国家提出碳关税这一概念的动机可知，碳关税从本质上说是贸易保护主义在当今形势下又一新的表现形式。具体原因如下：

第一，碳关税违背世界贸易组织基本原则。最惠国待遇原则规定，缔约一方现在和将来给予任何第三方的所有特权、优惠与豁免，必须也要给予其他成员国，这就使一切缔约在各成员国家中完全平等，由于各国环境政策和环保措施差异较大，对各国产品征收碳关税的额度必然有所差异，直接违反了最惠国待遇原则。此外，碳关税对相关产品的进口增设贸易壁垒，与世界贸易组织自由贸易规则相违背，不利于发展、扩大多边贸易，健全贸易体系。

第二，碳关税违反了《京都议定书》的基本原则。《京都议定书》是由《联合国气候变化纲要公约》参加国在1997年12月制定的，根本目的是降低温室气体在大气中的比例，以防剧烈的气候改变对人类造成伤害。《京都议定书》规定了"共同而有区别的责任"的原则，主要是对温室气体的主要排放国家、发达国家规定的具体减排目标，中国、印度等发展中国家历史与现实的排放量都不算大，暂不承担排放额度。但是，碳关税显然违背了这一原则，将发展中国家列入征税对象，更何况，世界最大的工业大国——美国自身拒绝签署《京都议定书》，不愿意承担减少排放额度的义务，现在却制定法案向"广大发展中国家不实施碳减排限额国家"征收碳关税。碳关税给发展中国家施加不切实际的压力，不利于各国在全球气候谈判中达成共识，更不利于解决气候问题，"以环境保护之名，行贸易保护之实"的本质暴露无遗。

以中国为例，美国是我国最大的单一国家出口市场，机电产品、钢铁、水泥、化肥等高碳产品在我国出口中占一半以上。根据外贸统计，2008年，我国对美国出口总额达2523亿美元，约占全年总出口的17.7%。其中，对美国机电产品出口额为1528.6亿美元，占我国机电产品出口总额的31.5%，占我国对美国出口总额约60.6%。美国对我国出口的高碳产品征收碳关税对我国资源密集型出口产品产生重大影响，严重损害我国的经济利益。更让人担忧的是，美国征收碳关税后，如同打开了潘多拉的魔盒，其他发达国家会纷纷效仿，我国出口产品将会在发达国家市场受到重挫，外需面临"雪上加霜"的困境。刘小川等在课题"美国征收'碳关税'对中国经济的影响"中，对征收碳关税可能的影响做了专门研究。其结论是：征收 30 美元/吨碳的关税，将导致我国进口总额下降 0.517%，对美国进口下降 1.57%；出口总额下降 0.715%，对美国出口下降近 1.7%；拖累我国 GDP 下降 0.021%。如果碳关税率提高至 60 美元/吨碳，对我国进出口总额的负面影响相应增加，进口总额下降 0.869%，对美国进口下降幅度增加为 2.59%；出口总额下降 1.244%，对美国出口下降幅度增加为 2.6% 以上；GDP 下降 0.037%。[1] 由此可以看出，"碳关税"对限制我国出口起到相当大的负面作用。

四　商品倾销与原产地规则的不合理性

商品倾销是指出口国垄断资本在控制国内市场前提下，以低于国内市场价格（甚至低于成本价格）向国外大量抛售商品。关贸总协定对其下的定义是："用倾销手段以低于正常价格的办法挤入另一国贸易时，如因此对某缔约国领土内已建立的某项工业造成重大损害或产生重大威胁，或者对某一国内工业的新建产生严重阻碍，这种倾销应该受到谴责。"

以中国为例，随着我国加入世界贸易组织，非贸易壁垒日益削弱，我国的关税水平逐渐下降，这为外国商品在我国进行倾销提供了方便。以相机胶卷为例，美国的柯达胶卷和相纸在其本土的批发价为 2.7 美元/卷和 68.5 美元/筒，按当时的汇率相当于人民币 22.3 元和 567 元，而在我国口岸的报关价为人民币 7.5 元和 291 元，仅为美国本土的 34% 和 51%；而日本富士胶卷和相纸在日本本

---

[1] 吕海霞：《碳关税：全球金融危机下的新型绿色壁垒》，《中国物价》2009 年第 10 期。

土为 300 日元/卷和 1.14 万日元/筒，按当时的汇率相当于人民币 19 元和 709 元，而其报关价为人民币 7.5 元和 247 元，对比其本土价格降价幅度达到惊人的 61% 和 65%。随着我国开放程度的逐步扩大，外国在我国倾销的商品已经波及了五金建材、化工原料、家具家电、电子计算机的诸多行业，严重扰乱了我国社会经济发展的正常秩序，极大地影响到我国新型工业化的顺利推进。① 近年来，国外商品的倾销对我国经济的严重影响主要有以下四个方面。

（1）冲击国内商品市场。西方国家的一些企业，特别是一些有实力的跨国公司，利用其在资金、技术上的优势，有时候甚至不惜亏本以极低的价格向中国销售其产品，从而在我国尚缺乏竞争力的一些产业形成外资垄断，严重挤占了国内相关企业的生存空间。比如在一些利润率较高的日用工业品领域当中，外国商品的市场占有率非常大，比如香皂占 40%、洗涤剂占 35%、化妆品占 34%、啤酒占 30%、彩色胶卷占 80%，而在一些高科技产业和很多关键行业中，情况更是不容乐观，如计算机 CPU 等。

（2）阻碍我国产业结构的调整和升级。随着改革的深入，我国的市场机制逐渐形成并完善，部分产业正在渐渐发展成熟起来，新的产业正在不断涌现。但是，在这种情况下，由于国外相似的替代品倾销，这必然将给国内的新兴产业发展带来巨大的冲击，这些新兴产业的发展就很有可能被扼杀在摇篮之中。

（3）造成失业人口增加。外国商品凭借着种种优势对我国倾销给国内相关企业生存带来严重的挑战，经营环境与竞争环境将一步步恶化，最后被外国倾销产品压迫生存空间，甚至破产，这对于我国居高不下的城镇失业率更是雪上加霜，相关企业破产，每年会增加大量的失业人员，不仅仅对我国尚不成熟的社保体系造成冲击，更是极大地影响了我国经济发展、社会稳定。

（4）威胁我国的国防安全和国家利益。外国商品在我国倾销，

---

① 赵峰：《外商对华倾销的原因及对策》，《价格月刊》2003 年第 8 期。

如果程度严重,影响我国国防工业、军工业以及民族支柱产业,直接危害我国国防建设与民生工程,甚至瓦解我国的经济体系,威胁国家利益,严重损害国家竞争力。例如,如果外国企业把与国防、军工生产相关的民族企业挤垮,就会使国防产业受控于外国,严重影响我国国防安全;而且,如果不控制,任由外国商品倾销蔓延,很可能会瓦解我国国民经济体系,削弱政府的宏观调控能力,对国家利益造成严重的危害。

同商品倾销这一传统损害国际贸易的行为不同,过去,原产地规则曾经被认为是一个不起眼的技术性问题而不受重视,但是,随着贸易自由化进程的不断推进,各国的关税壁垒被大幅拆除,世界各国特别是鼓吹贸易自由化的西方发达国家,为维护其经济利益,转而采用了种种非关税措施来进行贸易保护,而原产地规则也正是在这种情况下粉墨登场,成为贸易保护主义者手中的"新宠"。

按照乌拉圭回合多边贸易谈判所达成的《原产地规则协定》的定义,原产地规则是为确定货物原产地而实施的普遍适用的法律、法规和行政裁决。一般来说,原产地规则可以划分为优惠性原产地规则和非优惠性原产地规则两大类。一般而言,非优惠或一般原产地规则指的是并非以对不同原产国标记的商品实施差别待遇为主要目的,更多的是用于海关统计和供进口国分析进口商品结构而实施的原产地规则;而优惠原产地规则指的是为了辨别产品不同来源以实施不同优惠待遇的原产地规则。

在区域经济集团和共同体中,设计优惠原产地规则的问题较为少见,通常对外实行统一关税,大多数贸易区都有自己的原产地规则,主要目的是顺利实施关税优惠待遇体制。虽然区域经济集团设置原产地规则目的在于区分产品不同的原产地,区分不同的优惠待遇,但它的实施本身就带有一种不公平性。按传统国际贸易理论,对不同来源的进口产品给予同等的待遇不仅体现商品经济中的公平正义原则,更有利于资源在世界范围内的合理配置,而且也可保证进口来自最低成本的供应,降低成本,从而加强世界市场基于比较优势的贸易发展,最大限度地缩小国内保护的代价。优惠原产地规则却通过关税或非关税不公正待遇间接地鼓励生产商更多地使用区域内的当地成分,人为地破坏市场资源的合理配置,降低资源使用效率,从而阻碍了国际贸易的健康发展。① 具体而言,这种消极影响表现为:

(1) 贸易限制作用。一般而言,原产地确认中较高的增值比率要求和技术工艺标准通常会给区域集团以外的第三国中间产品的出口造成困难,这样会减少它们与区域集团内各国的贸易量。

(2) 贸易转移效果。原产地材料使用规则越是严格,则贸易转移受该规则的影响越大。例如,北美有关纺织品贸易的规则中的"北美纱线规则"就要求:若要享受北美的自由贸易优惠待遇,则要求生产的纺织品所用到的原材料完全来自北美三国。该条例使得墨西哥面临着两种选择:如果要享受北美三国的服装出口方面的自由贸易待遇,则其必须购买源自出口国家的价格较高的原材料投入生产,或者放弃自由贸易区内优惠待遇而购买价格更加实惠的自由贸易区外的原材料。而大量贸易转移之所以会形成,则是因为第一种选择会使墨西哥的贸易收益更大。

(3) 增加产品成本。由于原产地规则的存在,国际贸易的双方在进行经济活动的时候必须参考该规则准备必要的材料来证明其生产活动是否满足该规则,这势必产生不必要的额外费用,从而导致生产成本的增加。

(4) 影响国际直接投资流向。原产地规则在造成贸易转移后将进一步影响国际直接投资的资金流向。这是因为,自由贸易区外的出口企业为了保证其在自由贸易区市场中既有的份额,不得不在自由贸易区内进行直接投资。因为只有将生产当地化,才能将原产地规则对其的影响损失降至最低,从而保证其与在自由贸易区内的企

---

① 王学:《世界贸易组织原产地规则及其贸易影响探析》,《西南民族学院学报》2000年第6期。

业进行相对公平的竞争。

综合来看，首先，对外贸易占比越大的国家受优惠原产地规则的影响越大，因为对外贸易活动受国际市场中的商品流通规则的影响非常大。其次，发达国家由于其所生产的产品具有极高的技术含量和高附加值，这使发达国家凭借着"实质性改变""工艺加工标准""增值比率"等原产地认定方法在国际市场竞争中占据着绝对优势的地位。因此，对于那些出口低附加值产品的发展中国家来说，由于低附加值产品的生产条件相对容易，使得在国际市场上销售方之间的竞争非常激烈。这将导致原产地规则对这些出口国的影响非常大。因此，这种规则对发达国家的影响远低于发展中国家。

以中国纺织品服装出口美国遇到的原产地规则问题为例，美国于1996年7月1日生效了重新修改的纺织品服装的原产地规则，并与世界贸易组织《原产地规则协议》有许多不一致的地方，有些内容甚至背离世界贸易组织的《原产地规则协议》精神。

美国新原产地规则的特点是：（1）纱类产品以纺纱地为原产地；（2）布类产品以织布地为原产地；（3）针织成型产品以织片地为原产地；（4）裁剪成型产品（服装）以缝制地为原产地；（5）多国缝制以最重要的缝制地或最终缝制地为原产地。

新规则直接损害了像中国这样服装加工型和转口型出口国利益。我国来料加工的服装，在国内增值比率较低，企业只获取加工费；而按"缝制地"作为原产地，对于在中国香港裁剪，在我国内地缝制的服装，出口到美国，原产地则由中国香港改为中国内地，不仅占用了中国内地的纺织品配额，还影响到中美之间的贸易统计和贸易顺差问题。

因此，按照新原产地规则，在其他国家（如韩国）或地区裁片在中国缝制，随后出口到美国的服装；或运到其他国家（如意大利）或地区经染色和印花加工后，再出口到美国的中国坯布；运到其他国家或地区被用来制成家居（如沙发）或其他制成品，再出口到美国的中国面料均将视中国为原产地，挤占中国的配额。①

第三节　市场产权与国际贸易规则完善

在经济全球化时代，随着世界科技的进一步发展及通信手段的突飞猛进，全球范围内的贸易往来变得更加便捷和频繁，电子商务等新形式的贸易方式已成为当今国际贸易的主流。这些新形式的贸易方式使国际贸易更加快捷、更加无国界，世界被联系成一个更加紧密的全球性大市场。这一庞大的市场内，各国存在着经济实力的强弱，存在经济体制的差异，而各国都必定以追求自身利益的最大化为第一目标，因而这一市场愈加纷繁复杂，难以驾驭。这种形势下，必定需要有一个强有力的、全面的、公平的、公正的国际贸易规则，以使这一市场健康有序地运行。当前，虽然在国际贸易组织这个"经济联合国"庞大框架下，有着比较完善规则指导着国际贸易发展，但大量事实表明，当代国际贸易仍然存在着诸多的不公平。我们都知道，当前的国际贸易是由发达国家主导的国际贸易，谁有实力谁就有话语权，因而发达国家往往利用它们在经济实力及技术条件方面的强势，制定出有利于自身利益的国际贸易规则，从而攫取巨额利润。

一　国际贸易自由化的市场边界界定

从国际分工和国际贸易产生起，关于保护贸易和自由贸易的不同观点就相伴而生并相互争论了。虽然连最坚定的贸易保护主义理论家也承认自由贸易可以使世界经济利益最大化，但是，各国在不同的经济发展阶段都先后采取了各种不同的贸易保护措施，自由化贸易从来就没有在真正实施过，出现了一种既承认自由贸易的利益

---

① 郭燕：《我国纺织品服装出口美国遇到的原产地规则问题》，《北京服装学院学报》2004 年第 3 期。

又纷纷推行贸易保护的奇怪现象。特别是在经济实力和科学技术条件上拥有强势地位的发达国家，往往在鼓吹强压发展中国家开放自己市场时，自己却制定出许多更加隐蔽、复杂的贸易壁垒以保护本国市场。因此，在国际贸易中由于各参与国存在实力差异的情况下，由发达国家强推的市场自由化往往带来的是对发展中国家的不公平。在全球化潮流中，发展中国家国内市场的被迫开放，使发达国家的大量优势产品得以长驱直入，冲击发展中国家的基础产业和关键行业，危及广大发展中国家国家经济安全。大量事实表明，一旦发展中国家国内市场无限制放开，其羸弱的实力必定难以抵抗住发达国家对自己市场的蚕食。对此，在国际贸易自由化市场内各参与国实力不均等的情况下，我们不能盲目鼓吹无限地市场自由化，而应该理性地将各国经济实力及所处制度环境考虑在内，对国际贸易自由化的市场边界有一个理性的界定。

在市场自由化的边界界定方面，以往的经济学家也提出了各种理论试图去解释这一问题，论证弱势国家保护本国市场的原因和必要性，为保证国际贸易中弱势国家的经济安全提供理论依据。但这些理论大都只从微观层面或是行业角度进行了阐述，难以全面有效地解决市场自由化边界问题。为此，中南财经政法大学曾繁华教授在学术界首次提出了"市场产权理论"，为解决自由化市场的边界界定提供了有力的理论基石。他在《论市场所有权》一文中首次提出了"市场所有权"概念。他认为，市场本身也存在一个所有权即产权界定问题，如果没有市场产权本身的理性制度安排，不仅会导致微观产权模糊不清、价值难以界定等问题，而且还难以解决跨国公司或国外产品的市场准入等问题，因此，难以形成有效有序的竞争市场结构，难以对本国基础行业和"夕阳"产业进行有效保护。他在对市场的起源、发展以及市场的成本与收益进行分析时，认为在盲目推行市场自由化时，国家间的经贸往来往往由于缺乏市场权利的界定，导致一国经济利益过度受损或者过多收益，进而引致国与国之间利益格局的严重失衡，引发国与国之间的贸易摩擦与冲突不断升级，甚至爆发战争。为此，界定市场所有权将有利于阻碍国际霸权主义的推行，切实维护国家贸易应有收益，缩小国际利益格局的贫富差距，赢得世界的和谐。①

在经济全球化及市场一体化的今天，自由化市场理念大行其道。尽管包括许多推崇贸易保护的经济学家在内的大部分人都同意，实行自由贸易可以使全世界范围内利益最大化，能使世界总体福利水平提高，但是，自由贸易在各国国内带来的并不都是利益的增加。实行自由贸易能够增进全国的福利，同时也会损害特定社会阶层的利益，使之因自由贸易的开展而收入下降，因而自由贸易在一国内部并不是帕累托改进。因此，当前在一个高度自由化的市场内要达到各参与国的利益均衡却是一个很难实现的现实。因为它缺少一个必要条件：各国拥有均衡的经济实力、资源禀赋及科学技术水平。显然，这一必要条件在当前短时间内是很难实现的。所以，在当前发达国家所强推的自由化市场中，发达国家往往攫取了更多的利益，大多数发展中国家则承受着市场开放对本国基础产业及关键行业的冲击。因此，笔者认为，当前国际贸易中的市场自由化并不能简单地、无限制地市场自由化。在当前国际贸易规则大力推行市场自由化的同时，必须考虑各国特别是广大发展中国家的经济实力及科学技术水平，不能强压其无限制地开放本国市场，不然势必造成对这些弱势国家基础产业及关键行业造成冲击，甚至危及其国家经济安全。这也必将造成整个市场的混乱，影响全球整体福利，从而降低各国福利水平。

从曾繁华教授的"市场产权理论"可知，市场不仅存在产权界定问题，而且存在产权主体归属问题。而在经济全球化及市场一体化条件下，世界各国日益联系成为一个全球性的大市场，各个经济体必须明确对自身市场产权主体所有权。因为明晰的市场产权不仅

---

① 曾繁华、曹诗雄：《国家经济安全的维度、实质及对策研究》，《财贸经济》2007年第11期。

能解决国内市场所有权、市场经营权、市场占有权及市场收益权等权利束的规制与制度安排问题，而且还能解决各个经济体之间市场产权"游戏规则"问题，因此，市场产权是一系列权利束的规则与制度安排的集合体。① 市场产权理论为我们划定自由化市场的理性边界提供了理论基础。在市场产权理论的指导下，我们在开放本国市场时，必须考虑跨国公司和国外产品的进入既不能危害国家市场安全，如不冲击某行业市场引致市场大的动荡或市场不安全，又要保证市场有相当的开放空间以增强市场的活力，获取均等的利益，使国际贸易的市场自由化达到一个安全理性的边界。

二 非关税壁垒应体现发展中国家市场经济水平及市场产权利益

由前文所述，贸易自由化的进一步发展，促进了国际贸易的扩大和经济全球化的进程，同时也加剧了各国之间经济贸易的竞争，使原本已十分激烈的国际竞争更趋白热化。在这样的形势下，贸易保护主义思潮并未因世界多边贸易体制的加强而偃旗息鼓，而是变换手法，寻求新的保护手段。特别是随着世界贸易组织框架下国际贸易参与国之间关税进一步缩减，一些发达国家为了维护自身的经济利益，争相以各种名义制定出种类繁多、纷繁复杂的非关税壁垒来实施新的贸易保护措施，逃避世界多边贸易制度的约束，以达到保护本国产品和市场的目的。

在当前白热化的国际贸易竞争中，各国为了保护本国的产品和市场，最大限度地保证本国企业的绝对竞争力和利润，大多是通过制定一些非关税的行政性手段来调控国际贸易。我们知道，现在的国际贸易中，发达资本主义国家仍占据明显的优势地位，因为它们的经济实力及科学技术水平已经发展到相当的高度，所以，在以中国为首的发展中国家在国际贸易中崛起的时候，它们就必然会采取

---

① 曾繁华、曹诗雄：《国家经济安全的维度、实质及对策研究》，《财贸经济》2007年第11期。

一些必要的手段来保护本国利益。而现存的国际贸易规则可以说都是由发达国家和其控制的国际经济组织制定的,甚至是在发展中国家缺席的时候制定的,多半不会考虑发展中国家的利益,简而言之,就是为发达国家自身量身定做的。马丁·舒曼在其《全球化陷阱》一书中写道:"在经济政策、贸易政策、社会政策、金融政策和货币政策方面,最终是华盛顿的政治家及其顾问在为全球一体化制定规则。"①

正是由于发达国家与发展中国家相比具有经济实力和科学技术水平上的显著垄断优势,它们往往利用国际贸易组织尚未产生公平合理的能够得到各国普遍接受的国际公约的时机,或是凭借自己在国际经济组织中的强大影响力,借保护环境和推行产品技术标准之名,通过立法等手段,制定出品种繁多的技术标准,迫使发展中国家耗费大量人力、财力遵循,为满足发达国家制定的种种类似于碳排放等准则的规定,技术落后的发展中国家只能通过购买发达国家的技术,甚至在必要时还要引进评估、检测、试验、购买人员培训,导致发展中国家出口成本激增,出口严重受制,严重制约了发展中国家出口企业的发展。这在市场自由化的大趋势下对广大发展中国家显然是不公平的。据粗略统计,发达国家制定的各类技术准则甚多,如美国制定的技术法规、采购标准和环保准则等高达 7 万多个,还有诸如各类贸易协会、行业协会、大型公司等机构制定的标准也有 4 万余个,欧盟各类详细的技术细则更是多达十万余项。

发达国家这些种类繁多的非关税壁垒在当代国际贸易中,往往披着环保、健康、人权、安全等外衣,具有合法性、复杂性、隐蔽性、普遍性等特点,广大发展中国家企业羸弱的经济实力及低下的技术水平,往往难以与其进行有效抗争,它们许多传统产品往往因产品质量和包装未达到发达国家的环保和技术标准而被挤出国家市

---

① 潘隽永:《中国在经济全球化中如何增强国际贸易竞争力》,《时代经贸》2008 年第 6 期。

场。以中国为例，仅仅在2005年，我国外贸企业因技术壁垒造成的经济损失总和超过2400亿美元，发达国家洗衣机噪声标准导致我国产洗衣机的20%退出国际市场。同年，我国有15.13%的出口企业受到技术贸易壁垒的影响，在22类产品中有18类受到国外实施技术性贸易壁垒的影响，直接经济损失691亿美元，增加生产成本217亿美元，企业造成的出口贸易机会损失1470亿美元，分别占全年出口额的9.07%、2.85%、19.29%。又如，2006年5月29日，日本开始实施"肯定列表"制度，一棵青菜从中国出口到日本，需要接受200个项目的检测，这一制度的实施影响了约30%的中国农副产品出口；欧盟的环保指令导致我国家电产品出口成本增加10%；我国沿海地区至少有超过8000家企业接受过跨国公司的社会责任审核，很多企业因不合其要求而被取消了供应商资格。

由上而知，发达国家这些无孔不入的环境和技术标准，对包括我国在内的广大发展中国家经济利益造成了严重的危害，它的非关税性和隐蔽性的表现形式必将使本已困难重重的贸易自由化之路变得更加举步维艰。在当前的国际贸易格局中，发展中国家受制于自身的技术、经济发展水平等因素，往往成为非关税壁垒的主要受害者。一方面，发展中国家对外贸依存度普遍较高，某些出口产品的供给弹性小，当遭遇非关税壁垒时，引起的成本大幅上升，经济波动显著；另一方面，伴随着世界产业结构的升级，农产品贸易受到非关税壁垒影响的程度超过工业制成品，劳动密集型产品贸易受到的非关税壁垒影响的程度超过技术密集型产品，这在很大程度上阻碍和损害着发展中国家国际贸易的发展。从市场产权角度来看，就是在贸易自由化趋势下发展中国家开放了自己的市场，而自己的产品却因各种非关税壁垒被国外市场拒之门外，即发展中国家对自己市场占有权的转让并没有获得对等的收益。这显然是不公平的。所以，在当代由发达国家主导的国际贸易规则中，只有充分考虑发展中国家经济发展水平及市场产权利益，才能创造一个公平的国际贸易环境，使自由化的全球市场真正实现。

三 合理运用反倾销以维护发展中国家市场产权利益

从前文对商品倾销的分析可知,商品倾销是指在国际贸易中出口国垄断资本在控制国内市场前提下,以低于正常价格向国外大量抛售商品的行为。

从出口国的角度看,用低于正常价格的方式向对方出售商品,表面上也是在一定时间内给予进口国的优惠。但谁都清楚,哪个国家都不会长期做赔本的生意,世界上就有许多靠低价占领并垄断他国市场后再以垄断高价把倾销的损失补回来的,从而进一步赚取巨额垄断利润的例子。由此可见,倾销行为的危害是巨大的:(1)倾销行为违背自由市场经济的公平竞争原则。出口商长期以低于其国内市场价格或生产成本出口产品,十之八九都受到出口商本国政府不同形式的补贴。这种形式实际上已经改变了贸易主体的实质或者说由于出口国政府的干预,破坏了公平竞争的原则。(2)倾销行为往往手法虚伪诡异,动机险恶。出口商以各种手法长期低价倾销以图挤垮进口国对手,逼其退出市场,从而使自己可以任意左右价格,获得垄断利润。(3)倾销行为的最大危害在于其的非公平竞争往往对东道国基础性行业或是关键产业造成严重冲击,危害东道国国家经济安全。在进口国市场经济体系中,存在某些过去短缺的产业正在逐步形成,或是一些新兴的产业正在酝酿和出现。而外国商品的倾销则严重地阻碍了进口国此类新兴产业的建立和发展,加大了进口国产业结构调整的难度。一旦倾销国削减出口或停止倾销,就会造成进口国对倾销产品依赖性较强的产业在资源和投资上的巨大浪费,进而导致整个国家的经济损失。

倾销的实质是对进口国市场产权的严重侵蚀。本书旨在从产权角度分析国际贸易的市场规则。以往我们对市场的认识也大都局限于其资源配置功能的微观层面,在产权日益泛化的条件下,我们需要进一步拓宽对产权研究视野。其实,市场本身也有一个所有权即产权问题,市场本身也有所有权属性。在当代日趋白热化的国际竞争市场上,市场成为各国竞争的焦点所在,国际贸易中的各种贸易战实质上是对市场经营权、控制权和受益权的争夺，各国实行对外开放和自由贸易实际上也是市场经营权、控制权和收益权的有限转让，国家作为市场的运作主体，在国际市场竞争中的地位和作用始终是第一位的。因为尽管全球市场一体化进程正在快速发展，但只要有国家界限的存在，就有国家经济利益纷争，全球性高度一体化的自由竞争在市场短时间内是很难实现的。市场是社会经济的发动机，是国家经济利益的孵化器，所以，作为市场运作主体的各国政府都以本国的疆域为界，掌握着本国市场的所有权。

市场产权的建立与维护都要付出巨大的成本，各国政府要为本国市场的建立承担诸如基础设施、基础工业及制度安排等有形成本，还要付出市场秩序维护、市场产权运行的监管等无形成本。所以，各国政府理所当然应该享有本国市场的收益权。但是，发达国家利用自己雄厚的经济实力及国际组织中的强大影响力制定的国际规则，常常以非正常手段对广大发展中国家实施倾销，侵害其市场产权，自己却以各种霸王条款抵制广大发展中国家的产品进入，或是动辄以反倾销之名对发展中国家的产品实施限制，这在经济一体化的全球大市场中显然对处于弱势地位的广大发展中国家是非常不公平的。因而，在全球化和世界经济一体化日益发展的条件下，要想实现一个公平的国际贸易环境，世界贸易组织等国际经济组织及发达国家在制定国际贸易规则时，应该按照市场所有权具有国家排他性及市场产权具有可交换性等原则来制定。只有充分维护发展中国家的市场产权权益，才能实现一个更加公平、更加自由的国际市场环境。同时，发展中国家也要重视自己的市场所有权具有的国家排他性及市场产权具有的可交换性，利用合理的反倾销来抵制发达国家对自己市场产权利益的侵害。

第六章 基于市场产权的国际投资与贸易规则的中国对策

第一节 软规则：建立健全有关国际投资与贸易规则

一 适用世界贸易组织国民待遇原则，完善国际投资与贸易规则

从市场产权角度看，国民待遇原则的适用尤为突出。国民待遇原则是国际投资与贸易规则通用的一致规则，然而，我国长期以来对外商投资企业实行超国民待遇原则。对外资适用的超国民待遇实际上就是把国内的市场产权让渡给外商投资企业，与国民待遇原则相违背。以下就以国民待遇原则为切入点加以阐述，以维护我国的市场产权。

（一）国民待遇概念的界定

国民待遇是指在经济活动与法律民事权利义务等领域，一国给予其境内外国国民的待遇不低于其本国国民所享受的待遇，或者相同于本国国民所享受的待遇。简言之，在同一市场中，外资与本国资本享受同等待遇。我国在外资引进中的政策往往给予高于国民的待遇政策，即超国民待遇政策，这也是下面将要具体阐述的主要内容。

（二）我国投资贸易领域的超国民待遇问题与规则对策

超国民待遇政策违背市场产权制度安排，我国对外资的超国民待遇政策造成我国国内市场产权被其占有。我国对国际投资与贸易适用国民待遇原则历来持谨慎态度，直到加入世界贸易组织以后，我国才全面按照世界贸易组织的规则承诺对国际投资适用国民待遇原则，在实际实施过程中，这一政策实施起来步履维艰。当前，我国对外商投资企业适用国民待遇原则基本上完成了履行，其中存在的主要问题是"超国民待遇"和"次国民待遇"的问题。这两个问题对于我国在投资贸易领域建立统一、平等的法律环境均具有非常重要的意义，值得深入研究。严格来说，"超国民待遇"并不是一个经济上的术语，而是通常人们一种形象的说法。它是指在华的外商投资企业所享受的优惠待遇在某些方面超过了包括国有企业在内的内资企业所享受的待遇。这种优惠待遇主要体现在相关法律给予外商投资企业各种优厚的待遇。由于这一问题有悖于经济环境的公平性，自然成为国内外各界关注的热点问题。

1. 我国投资贸易领域中外资超国民待遇，侵占国内市场产权的体现

第一，企业经营管理方面的超国民待遇。经营管理方面，企业法给予外商投资企业享有生产经营自主权的方面涵盖了资金、人事、采购、生产、销售、进口等方面。从目前我国的经济法律法规来看，国内企业却难以完全拥有这些生产经营自主权方面的优惠待遇。比如，外商投资企业在我国获取原材料方面是和我国国有企业相同的，都是按照我国的国内市场价值进行计量的，并且都以我国货币进行支付，然而，我国内资企业在物资供应上却很难完全享有这样的优惠。

第二，投资权的超国民待遇。在投资权方面，外商投资企业享有外汇管制的优惠。例如，外商投资企业可以不结汇，全额保留其外汇收入，享受优于国内企业的结汇待遇。在所得税方面，按照《外商投资企业和外国企业所得税法》的规定，外商投资企业的所得税税率根据设立地区（如经济特区、经济技术开发区、高新技术产业开发区等）、企业性质（如生产性企业）和所属行业（如基础

设施和第一产业等）的不同，可以减按24%或15%的税率征收。

第三，税收方面的超国民待遇。外商投资企业享受"二免三减"的优惠；对投资于农、林、牧和边远地区的外商投资企业，除可享受"二免三减"的优惠外，还可以继续享受按应纳税额减征10%—20%企业所得税的优惠。另外，外商投资企业发生年度亏损，还可以用下一年度的所得弥补，并可逐年延续至第五年。上述所得税优惠，国内企业均不享有，其只能按照25%的所得税率按期交纳。在关税方面，外商投资企业可以依法免税进口生产设备、零部件以及为生产出口产品而进口的原材料、辅料、元器件以及包装物料等，外商投资企业还可以免税进口数量合理的供自用的生活用品。而国内企业无法享有上述优惠。这其中的差别待遇非常之大，直接造成了目前很多的"假三资"企业的出现。

第四，外汇管理与调剂渠道方面的超国民待遇。依照我国现行的外汇管理条例，从外汇使用、外汇借贷方面来看，我国企业是受到严格限制的，除特别批准情况以外，企业的经常项目外汇收入都不允许留存在企业的外汇账户上，而应在特定银行进行结售；但外商投资企业则可以不用将外汇收入结售给中国银行而可以留存全部的外汇收入，直接从外资银行进行外汇借贷；从外汇调节手段和渠道来看，国内企业与外商投资企业相比，常常处于被动地位，进行外汇调剂的费用和成本都要高很多，它们的外汇结售只能在特定的银行进行，而外商投资企业的外汇买卖相对自由，它们可以在外汇调剂中心进行售卖，也可以在特定银行进行自由售卖。①

第五，土地使用方面的优惠。我国现行的全国性土地法律法规和广州、上海、深圳等地的地方性土地法律法规明确指出，外商投资企业在使用土地时，可以获得土地使用费和土地使用时间方面的优惠。如果外商投资企业是出口产品企业或者是技术先进企业，那

---

① 王毅：《WTO国民待遇中的法律规则及其在中国的适用》，中国社会科学出版社2005年版，第243页。

么当地政府可以根据实际情况给予它们一定时期内免费使用土地的权利,这类企业能够享受的待遇通常都会更加优惠。

2. 投资贸易领域中对外资超国民待遇的弊端

随着我国逐步建立市场经济体制,国有企业、集体企业、私营企业、外商投资企业、个体企业和股份制企业等各种形式的所有制混合经济开始在相同的市场机制下展开竞争。由此可见,一个多元化的市场主体结构逐步形成,对法律的需求是建立一个各种经济主体公平竞争的法律环境,不能以所有制作为理由进行差别待遇。这种经济政策的需要必须反映到法律上来,就要求超国民待遇问题必须逐步解决。外商投资企业享受的超国民待遇就开始显现负面效应,背离了"创设竞争平台"的原始初衷。这其中的主要问题是外商投资企业享受了高于东道国内资企业,甚至高于外商投资企业在其母国所受待遇的"超国民待遇",使国内企业处于不利的竞争地位。吸引外资的初衷,是为了利用国际资源促进国内经济发展。在中国加入世界贸易组织,市场经济体制逐步建立之后,如果长期维持对外商投资企业的超国民待遇不变,将不可避免地产生一些负面效应,主要体现在以下三个方面。

(1) 超国民待遇造成国内企业与外商投资企业及外国企业之间的不平等竞争条件。当国内经济改革将原有计划体制下对国有企业和集体企业的各种原料、能源、贷款优惠条件取消之后,当中国加入世界贸易组织承诺将关税大幅度降低,非关税保护措施取消之后,外国的产品制造商和服务提供者已经取得国民待遇,内企业与外商投资企业已经处于一个大致平等的市场经济环境中。在这种情况下,如果对外商投资企业的税收优惠政策保持原样不改变,就造成了国内企业与外商投资企业竞争条件上的不平等,这与法律的最基本原则不相符。在一些产业领域,市场平等与税收优惠的不平等,已经造成了国内企业与外商投资企业不公平的赋税,导致了不公平的市场竞争起点。比如,金融行业与国家经济命脉密切相关,并且是竞争相当激烈的行业,但国内金融机构和外资金融机构面对的是两套不同的所得税制度,这就导致了本来在市场竞争中就处于弱势的中国金融机构进一步处于不利地位。然而,这种税收上的差异,已经存在很久了。从 1996 年年末开始,外资银行按照相关规定,可以经营人民币业务,这使市场竞争越发激烈。1997 年年初,为了缩小中国本土银行和外商投资银行所得税的差距,国务院决定把原为 55% 的中国本土金融机构和保险业的企业所得税降到 33%;并将 33% 定为外商投资银行人民币业务所得税税率,试图将中外银行的赋税平等化。虽然中国本土银行的所得税税率与外商投资银行人民币业务所得税税率相同,但是,外商投资银行非人民币业务的所得税税率不是 33%,而是 15%,仍然存在超国民待遇。因为税收的不平等,所以,在同样的产品和业务上,中国本土金融企业和外商投资银行的起点是不公平的。这种不公平的法律环境主要有以下三个方面的体现:第一,不同的企业所得税税率,中国本土金融机构的所得税税率为 25%,而外商投资银行的企业所得税税率是 15%,而且从外商投资银行盈利那一年算起,还能获得"一免二减"的优惠。第二,优惠的税基政策,中国本土金融机构对于如职工工资等支付税前只能作部分扣除,但外商投资银行却能作全部税前扣除。第三,不同的营业税,由于收入结构的不同,中国本土金融机构与外商投资银行相比,营业税较重。外商投资银行享有的这些税收优惠政策是特定时期的特殊政策。依据中国加入世界贸易组织时做出的承诺,2006 年中国金融市场将全面对外开放,中外银行将在同一水平线上进行业务竞争,而无论是从合理性还是合法性来看,外商投资银行曾享受的"超国民待遇"已不能适应这一形势变化的需求了。

(2)大量投资也因为"超国民待遇"而被扭曲。由于我国存在着国内投资和国外投资的差别待遇,因此,在这些"超国民待遇"制度吸引下,各种各样的"假合资、假外资"经常出现。有很多国内投资运用各种手段进行海外投资,然后再以外商投资企业的名义回到国内进行投资,试图以这种方式取得超国民待遇的优惠条件。

据不完全统计，在中国实际国际直接投资总企业的 1/3 左右是"假外资"。"假外资"实质是一部分国内资金通过各种合法和不合法手段追求超国民待遇的行为产物。"假外资"就是对超国民待遇的一种负面反映，从负面提醒我们超国民待遇的弊端，只有减轻和消除超国民待遇，才能减少这种不正常的扭曲现象。① 另外，在上述法定的差别税率制度之外，在国内一些地方和一些行业领域还存在一些没有法律依据的擅自给予外资优惠的地方违规行为或"土政策"。一些地方政府出于"招商引资"的"政绩"和完成指标的动机，往往对外资越权承诺税费减免和抵扣政策，并在出让土地使用权和信贷方面给予种种优惠，造成国家税收和国有资产的流失。在这种不合法的给予外商投资企业"超国民待遇"过程中，某些地方主管部门没有透明度的自由裁量权又可能带来各种腐败和"权力寻租"行为。

（3）超国民待遇也可能潜在威胁着国家经济安全。虽然从客观上说，外商直接投资对东道国有积极作用，如促进经济发展、维护国家经济安全等，但是，在其实现利润的过程中，如果运用的鼓励措施不当，外商直接投资也可能威胁到东道国的经济安全。这方面的问题已经初露端倪。第一，外资的引进使东道国与世界的经济联系更加紧密，国际经济因素容易干扰东道国的经济，从而影响东道国经济的稳定性。第二，大量外商投资企业涌入国内，威胁着东道国民族工业的发展。第三，外资的引进还可能使东道国面临本国货币的升值压力，可能会因为货币供给量的急剧增加而出现通货膨胀。第四，投向发展中国家的发达国家的资本，很少投资到基础产业中，如农业、能源和交通等行业，而往往集中在利润率高、收益快、生命周期短的行业中。假如没有合理的超国民待遇结构，并且超国民待遇不能正确引导外资，那么发展中国家原本不合理的经济

---

① 刘永伟：《税收优惠违反国民待遇原则悖论——兼谈我国外商投资企业税收政策的选择》，《现代法学》2006 年第 2 期。

结构，就会更加不合理化，造成国民经济不能协调发展并制约产业结构的优化升级，导致东道国的产业结构失衡，经济实力减弱，甚至会威胁国家经济安全。

3. 逐渐消除我国投资贸易领域中的超国民待遇，收回国内市场产权的经济对策

超国民待遇是政府在不完善的市场经济体制下引导国际直接投资的不规范行为，为了逐渐消除我国投资贸易领域中的超国民待遇现象，收回国内原有市场产权，重塑外资优惠政策已势在必行。应该以国民待遇原则作为现阶段重新构建外资优惠政策框架的指导原则，逐渐消除扭曲了的国民待遇原则，即超国民待遇和次国民待遇并存的现象，为外商投资企业和本土企业营造共同的、良好的市场企业环境，使两者拥有公平竞争的同一市场规则，使国际直接投资能够良性循环。为了达到这一目标，应该对世界贸易组织体制下的国际直接投资优惠政策进行形式上的创新和内涵上的创新，因此，应该从以下三个方面进行调整。

第一，加强外资立法，加强政策的统一和稳定。我国的国内经济立法和外商投资立法双轨制现象明显带有计划经济的性质，同时，这种对内外资的差别立法也是超国民待遇产生的直接原因，并将产生严重后果。一方面会使我国法制不统一，另一方面会因为外资享受了差别待遇，而导致市场竞争不平等。需要注意的是，以往对外资法所做的一系列局部调整对我国摆脱超国民待遇和次国民待遇并存的困扰起不到真正的作用。要从根本上消除这一现象，根本方法是取缔双轨制立法模式。[①] 笔者认为，目前，我国已经利用外资有30多年历史了，实行社会主义市场经济也已经超过20年，特别是在加入世界贸易组织以后，中国的国内环境以及国际环境都发生了巨大变化，在此背景下进行我国外资立法体系的重建工作，条

[①] 陈咏梅：《国际投资法中的国民待遇问题》，《西北师大学报》（社会科学版）2003年第6期。

件已经成熟。我们应该在完善中国特色社会主义市场经济体制的基础上，积极促进外资立法和投资优惠政策统一，建立和健全外资立法体系，使其适应于中国特色社会主义市场经济。为了从根本上解决问题，应从表面形式到具体内容，对正在施行的外资法尤其是外资优惠政策进行彻底调整，将目前不同地区多层次、内容繁多的外资优惠政策在全国范围内进行统一，将各种不同的利用外资的单行法规、行业法规和地方法规进行统一。最终将外资法和本国国内经济立法统一起来。

第二，以世界贸易组织国民待遇为指导原则，加强外资优惠政策和其他宏观经济政策的协调性。产生超国民待遇的原因很多，外资优惠政策和国家其他宏观经济政策的不协调则是其中之一。因此，要彻底消除外资超国民待遇及其与内资差别对待、抑制内资鼓励外资的现象，就应该切实促进外资优惠政策同产业政策、外汇政策、外贸政策等宏观经济政策的协调一致，积极改变和消除本土企业进口经营审批制度，促使外商投资企业与本土企业持有外汇和使用外汇的制度统一。

第三，逐步建立制度性、功能性和产业结构性的外资优惠政策，使之代替针对性、让利性和补贴性的各种现行的税收优惠政策。一直以来，我国的外资优惠政策的形式过于单一，基本上都是和土地、税收有关，地方政府也总是积极减免外商投资企业的企业所得税，有的给外商投资开出的条件和做出的承诺甚至超越了我国经济法律法规所规定的范围。在新形势下，应摆脱这种对外商投资的低层次优惠，而在外商投资优惠政策的形式和内涵方面进行创新，积极引导外资进入基础设施、高科技以及进口原料等项目中，积极促进外资进入我国中西部地区进行投资，加强对外商投资的引导作用，特别是产业引导和科技引导。同时应看到，在市场经济尚不完善的情况下，在市场不能发挥有效配置资源的领域，还需要政府以适当手段发挥调节作用，包括运用非中性的税收优惠制度。在加入世界贸易组织后，实行投资贸易优惠政策，不应该体现在外资与本土投资的优惠差异上,而应该表现为产业性优惠和地域性优惠,产业性优惠是指优惠政策应该倾斜于农业和能源开发等产业,地域性优惠是指优惠政策应向中西部开发投资倾斜。在实行这两类优惠政策时,不应注重资本是来源于国内还是国外,而应对一切投资于这些产业和地域的投资者均给予鼓励,并且这些投资者均应享受同等的优惠待遇。① 国际上很多国家已经这样做了。例如,巴西、埃及、菲律宾等许多发展中国家,都曾针对某些地区或行业,制定同时适用于外商投资企业和内资企业的企业所得税优惠政策。另外,应努力实现外商投资者和国内投资者平等享有优惠政策,即只要投资满足产业投资导向或地区投资导向的要求,无论投资者是外商还是本土商人,都应一视同仁,避免新的投资贸易优惠政策倾向于外商投资者,从而有效地消除旧的超国民待遇现象,同时避免新的超国民待遇现象的产生。

二 积极参与多边体制下的双边和区域经济一体化合作与规则博弈

(一) 区域经济一体化的内涵及其特点

1. 区域经济一体化概念的界定

我国学者普遍赞同贝拉·巴拉萨对区域经济做出的过程与状态的定义,以及他对区域经济划分为自由贸易区阶段、关税同盟阶段、共同市场阶段、经济联盟阶段和完全的经济一体化阶段五个阶段。还有一些国内学者认为,经济伙伴国家之间从生产要素市场、产品市场到经济政策统一逐步深化的过程就是区域经济一体化(庞效民,1997)。在这些有关区域经济的定义中,最明确的定义是:为谋求共同的经济或政治利益,两个或两个以上有地缘关系的国家或地区,以签订政府之间的协议或条约的形式,制定统一的行动准则和统一协调的政策,甚至是建立具有政府授权的某些组织机构,

---

① 李双元:《世界贸易组织(WTO)法律问题专题研究》,中国方正出版社2003年版,第102页。

这些机构主要负责实行超国家的经济调节，这种调节往往是长期的、稳定的，在经济甚至是政治上达成联盟（王志民等，2000）。

笔者认为，所谓区域经济一体化，指的是相邻的、邻近的或在一定的地理范围之内的两个及以上经济体以获取区域内国家（或地区）间的经济集聚效应和互补效应为宗旨，维护既得经济、政治利益，实现未来共同利益，以签订某些政府间条约或政府间协定的方式，制定统一行动准则，制定协调一致的政策，甚至是建立共同组织机构来进行超国家的经济调节，这类组织机构是得到了各国政府一定授权的，而这种经济调节往往是长期的、稳定的。更进一步地，可能是达成经济或政治联盟。通过制定共同的贸易政策措施，消除相互之间阻碍要素流动的壁垒，实现成员国的产品甚至生产要素在本地区内自由流动，能从实际上降低在全世界范围内寻找资源及资源配置的成本。另外，因为处在区域经济一体化结构中的经济体，具有邻近的地理位置、相似的历史文化、互补的市场结构等优势，所以，能够有效地降低经济活动中的不确定性和交易成本。

2. 区域经济一体化的特点

区域经济一体化组织具有以下显著特点：

（1）区域性。相对于全球经济一体化来说，区域性是区域经济一体化最显著的特点。在一体化进程中形成的区域经济一体化组织一般是由地理位置相邻，具有相似的历史文化背景，有共同追求的经济利益的国家所组成，自然也存在少数地区跨度较大的国家组成的一体化组织。这样易于进行相互之间的资本互投、商品交换、服务交易和人员交流，有利于建立和拓展各国的共同经济、政治利益，形成互补的国际分工格局，有利于节省交易成本等。

（2）集团性。集团性是指有别于一般一体化组织参与成员内部相对松散的联合形式和联合程度低的一体化组织，例如，为人们熟知的欧盟就是这样一个集团性的一体化区域经济组织，其内部成员国是紧密联系的整体。

（3）排他性。这一特性是指区域经济一体化的合作仅限于其成员国之间，目的是保护区域经济一体化组织内部参与国的经济利益和政治利益。成员国之间相互给予的优惠待遇，他方不能享受；成员国之间的经济交流与合作，他方不容介入和参与；成员方和非成员方及其他国际经济组织的交往，不得影响和干扰组织内部的经济关系，且必须符合组织共同制定的规则和对外政策。但目前一些区域经济组织也同样提供给非组织成员以贸易优惠安排，不搞内向型的排他性的贸易集团，诸如 APEC 要组建的亚太自由贸易区。

（4）超国家性。区域经济一体化组织的超国家性指的是各成员国服从区域经济一体化组织在某些经济领域实行的区域性的或跨区域性的管理、协调和干预，而这种管理、协调和干预都超出了某一个国家的范围。欧盟就是这样一个典型的具有超国家性特征的区域经济一体化组织。[①]

（二）区域市场产权的产生与发展

1. 区域市场产权的产生

肯尼思·沃尔兹在《国际政治理论》中认为，国家将为它们的生存而担忧，自助是国家生存的必要原则。在一个无政府的世界中，国家不得不首先依靠它们自身和其他任何有价值的目标来谋求本国的生存。"自助系统是这样一个系统：在这个系统中，那些不自助的行为主体或者在自助方面不如其他行为主体有效的行为主体，就不能繁荣，就会面临危险，就会遭受损失。"[②] 为此，追求安全保障的国家将制衡正在出现的主导力量；或者在一个存在主导力量的世界当中，弱小国家将彼此联盟以制衡主导力量。这种均势政策可以采取内部均衡和外部均衡两种形式。前者依赖于各国自身实力的提升，后者则依赖建立国际同盟。

当然，发达国家特别是超发达国家为了维持其在全球市场的霸

---

① 陈晓文：《WTO 体制与中国参与区域 FTA 的路径》，《世界经济研究》2006 年第 4 期。

② 陈晓文、姜学民：《区域经贸与生态环境治理的实证研究》，《国际贸易问题》2007 年第 1 期。

权力量,一方面千方百计瓦解或分离发展中国家之间联盟的区域市场,以及发展中国家与一般发达国家联盟的区域市场;另一方面积极与一般发达国家进行联盟,形成超发达经济实体,企图维持其在全球市场的绝对控制力。因此,在全球市场中,各国为了制衡市场中的主导力量,或者维护市场中的主导力量,必然出现多种区域市场类型的并存,从而推动国家市场向区域性市场的过渡。

发展中国家寻求外部制衡是区域市场产权产生的重要根源,也是区域市场产权形成的助推力。由于各国生产力发展的差异以及市场经济发展的不平衡性,在经济全球化背景下,国与国之间的贸易利益很难实现公平和公正。尤其是超发达国家依仗自身强大的经济实力与军事力量,在全球市场推行经济霸权行为,致使一些国家特别是发展中国家在贸易过程中利益受到巨大的损失,进而扩大超发达国家与发展中国家的贫富差距。如果这种趋势未能得以改变,发展中国家必定遭受超发达国家推行新一轮的经济殖民主义,其后果不堪设想。为此,寻求外部制衡来维护国家根本利益是发展中国家迫切需要解决的战略任务。但面对强大的超发达经济实体或国家,发展中国家采取"单打独斗"战略往往无济于事,必须进行发展中国家之间的联盟。因为发展中国家之间的联盟使内部资源实现优势互补,提高资源及产品在全球市场的竞争力,进而提高它们在全球市场的谈判力量,打破超发达国家和经济组织在全球市场的经济霸权主义,为建立公平、公正与公开的国际贸易规则奠定了雄厚的物质基础。这样,发展中国家为了制衡外部强大经济实体或国家,以及维护国家利益以及国家经济主权权能的独立性和自主性,迫使它们之间在政治、经济与法律方面的联盟,从而促进区域一体化市场产权的形成。

区域市场产权所产生的法律效力须以国家市场所有权权能让渡为前提。欧盟的奠基人让·莫内认为,第二次世界大战后,西欧国家面临着共同困境,只有通过让渡主权把各国主权逐步转移到共同权力机构手中,才能实现欧洲的统一,而保持民族独立和主权的转移是相互促进的。① 煤钢联营正是这种思路的产物,并且成为西欧国家走向政治统一的关键。所以,国家市场所有权权能的转移和让渡是区域市场产权产生的前提,否则,区域市场产权制度安排将缺乏有效的法律效力,成为空洞无物、名存实亡的区域性制度安排。当然,国家市场所有权权能的转移和让渡是在尊重主权国家根本利益以及全民意志的基础上,依据自愿原则和自主原则来完成,并非以强加的形式迫使某国市场所有权权能的转移和让渡,否则区域市场产权的形成将会违背主权国家对内独立、对外自主的主权原则,与霸权主义行为没有本质区别。因此,区域市场产权在地缘政治与面临共同危机等因素的作用下,形成以主权国家为独立个体进行联盟的区域一体化市场的制度安排,以此行使主权国家让渡或转移部分的权利与职能,进而维护区域内各成员国的国家利益。

2. 区域市场产权的发展

区域市场产权的建立和发展是维护国家市场根本利益的制度保障。区域市场产权的建立旨在通过主权国家自愿转移和让渡部分国家市场所有权权能,在区域内使各国政治、经济领域更紧密地融合,避免对抗和实现地区稳定,实现各国利益在一体化市场框架内实现共赢;在区域外以同一个声音、以统一的意志和利益提升全球市场的谈判力量,谋求区域国家的国家利益最大化。比如,今天人口近5亿的欧盟是经济一体化程度最高的区域性组织之一。为了推动欧洲一体化进程,谋求欧盟作为一个整体在国际舞台上有更大的发言权,欧盟领导人正是基于这样的目的而急于制定并推行欧盟"宪法",即从《欧盟宪法条约》到《里斯本条约》。《里斯本条约》的生效对"引领欧盟成为一支真正的全球性力量"具有重要意义,对世界多极化格局将产生深远影响。总之,欧洲一体化市场实现了480万多平方千米的疆界统一,拥有近5亿人口的巨大经济实体,成为全球最大区域性市场之一。在欧盟区域市场范围内,成员国国

---

① 蒲傍:《欧盟全球战略中的环境政策及其影响》,《国际论坛》2003年第4期。

家市场产权的边界功能日趋缩小，逐渐让渡给欧盟组织共同行使，在一定程度上实现了国家市场产权与区域性市场产权的统一。其宗旨是通过建立无内部边界的空间，加快区域资源自由流动，提高资源配置效率，加强区域经济的合作与协调，一方面促进成员国政治经济的内部均衡发展，另一方面通过实行共同外交和安全政策，提高全球市场的谈判力量，实现外部经济的均衡发展。所以，区域市场产权的建立和发展，对国家市场内部均衡与外部均衡的共同发展提供了坚实的制度保障。

（三）区域市场产权的实质

区域市场产权指的是在各成员国利益诉求一致的情况下的区域市场的所有权，包括区域市场占有权、使用权、收益权和处分权等权能。

1. 区域市场占有权

区域市场占有权是区域市场所有权的基本权能之一，主要是指区域性组织对市场主体或企业的资本、产品或劳务等在区域市场份额占有比例的权利。《欧盟竞争法》就充分体现这一权能。《欧盟竞争法》起源于《欧洲经济共同体条约》，为了建立确保欧共体内部市场竞争不被扭曲的体系，鼓励所有经济资源如货物、人员、服务和资本的自由流动，不受国界的阻碍，建立一个单一和统一的市场，维持一个合理的市场结构，提高经济效率。在 1957 年，德国、法国等 6 个欧洲国家在罗马签署《欧洲经济共同体条约》，主要包括禁止限制竞争协议（第 81 条）、禁止滥用市场支配地位（第 82 条）、原则禁止国家补贴（第 87—89 条）。1989 年 12 月，欧共体部长理事会制定了针对企业合并管制的《欧共体企业合并控制条例》，规定凡是在欧共体范围内造成影响的合并都是条例的适用对象。

2. 区域市场使用权

区域市场使用权是区域市场所有权的重要权能，主要是指区域组织规定企业利用区域市场的权利与义务关系。在区域市场的框架内，区域市场使用权主要体现为企业在区域市场准入的层面。比如，欧盟是企业和产品评估指标最多的经济实体之一，它对外来企业、产品和劳务进入欧盟市场有着严格的规定，并且这些规定具有很大的弹性和随意性，在很大程度上限制外来企业、产品和劳务进入欧盟市场。虽然这种规定阻碍了全球资源的自由流动，但从区域利益最大化出发是维护区域市场安全的根本表现。

欧盟在反倾销措施方面，为了保护欧盟产品免受来自第三国产品的低价竞争，制定了反倾销法。该法规定，在满足以下四项条件时，欧盟可以对倾销产品征收临时或长期的反倾销税。(1) 当一种产品的出口价格低于相同或相似产品的正常价值，构成倾销；(2) 有证据表明该进口对共同体工业正在造成或可能造成实质性损害；(3) 该损害必须是对整个行业和主要部门的实质性损害；(4) 所采取的补救措施基于共同体的利益考虑。① 当欧盟接到欧盟生产者的倾销指控后，欧盟委员会可以展开立案调查。在此期间，欧盟委员会与成员国协商后可以对被指控产品征收临时反倾销税。如果调查结果证明存在倾销，且该倾销对有关行业的重大损害已经存在或可能出现，欧盟理事会可以根据欧盟委员会的提案，以简单多数决定征收最终的反倾销税。

3. 区域市场收益权

区域市场收益权是区域市场所有权在经济上的实现形式，主要是指区域组织以契约形式把区域市场让渡给市场主体占有使用而获取法定收益的权利。区域市场收益权收益主要来源于税收。在欧洲一体化市场中，欧盟实施了关税同盟政策。1958年1月1日生效的《罗马条约》第2条规定了欧共体的目标，即"通过共同市场的建立和各成员国经济政策的逐步接近，在整个共同体内促进经济活动的和谐发展、不断的和平衡的扩张、日益增长的稳定、生活水平的加速提高以及各成员国之间发生更紧密的关系"。② 为此，6个创始成员国决定建立关税同盟，在成员国之间取消商品的进口和出口关

---

① 陈志敏、[比利时] 古斯塔夫·盖拉茨：《欧洲联盟对外政策一体化》，时事出版社2003年版，第155页。

② 同上书，第151页。

税以及一切具有同等作用的捐税，并对第三国实行共同的关税率。

2004年5月，欧盟成功地实现东扩，扩大后的欧盟税制体系更加复杂。虽然新成员国在过渡期内对本国税制进行了较为彻底的改革，但到2004年加入欧盟时，原欧盟15国与新10国由于经济上的绝对差距，两者间的税制仍然有很大差别，这不但反映在总税收负担上，也反映在税收结构和不同经济类型的税负差别上。① 所以，欧盟实现东扩后，关税同盟的政策任重而道远。

总之，区域市场收益权是区域市场所有权的经济形式，也是区域组织财政收入的主要来源。区域组织可以通过区域市场收益权的制度安排约束和限制外来企业、产品与劳务对区域市场的使用和占有，进而维护区域市场的经济安全和成员国的经济安全。

4. 区域市场处分权

区域市场处分权是区域市场所有权的核心权能，主要是指区域组织以契约形式把区域市场让渡给市场主体占有使用而享有法律上的处分的权利。比如，欧共体所享有的共有权力根据其权力行使的结果可分为替代性共有权力和平行（或互补）共有权力两类。替代性共有权力是指在某一事项领域欧共体和成员国分享管辖权，在欧共体不再行使其权力时，成员国可行使其权力；但是，当欧共体行使该权力时，成员国将失去行使该权力的可能。而平行共有权力主要存在于一体化建设的初期或某一新纳入一体化范围的领域，其主要目的在于避免法律真空现象的出现，随着一体化进程的加速，这种权力将逐渐过渡到由欧盟独占行使。②

在《里斯本条约》中，欧盟的处分权限分为三大类别：一是欧盟独享的管辖权。在此领域，只有欧盟，才有权制定有关法律法规（共同贸易政策、使用欧元国家的共同货币政策等），这就是替代性

---

① 常世旺：《欧盟东扩后的税收政策取向与启示》，《社会科学辑刊》2008年第4期。
② 陈志敏、[比利时] 古斯塔夫·盖拉茨：《欧洲联盟对外政策一体化》，时事出版社2003年版，第145页。

共有权力。比如，将目前的欧盟负责外交和安全政策的高级代表和欧盟委员会负责外交的委员两个职权交叉的职务合并，统归为欧盟外交和安全政策高级代表一职，全面负责欧盟对外政策。二是欧盟与成员国分享的管辖权（农业、能源、运输、环境等领域）。这就是平行共有权力。三是成员国保留的完全管辖权，欧盟实施支持、协调行动或补充行动（工业、文化、旅游、教育等领域）。所以，由于欧盟成员国的政治经济发展不平衡，其处分权限也变得错综复杂。在成员国面临共同危机、利益诉求一致的情况下，享有区域市场独占的管辖区；在成员国利益相左的情况下，市场管辖区掌握在各成员国手里。但从欧洲一体化市场的发展趋势看，区域市场管辖区将越来越集中在欧盟组织手里。

总的来说，区域市场产权主要是指区域市场所有权，包括区域市场占有权、区域市场使用权、区域市场收益权和区域市场处分权等权能，并且各个权能的相互制约、相互作用的辩证关系，确保区域市场所有权的完美状态。区域市场产权的出现，对区域市场经济安全以及成员国经济安全的维护有重要的理论意义与现实意义。

（四）中国参与区域经济一体化市场产权组建的规则及对策

1. 加强与周边国家的经贸关系，制定务实的区域市场产权经济合作政策

中国应该考虑得更加全面、更加长远，在找到合适的区域经济伙伴的基础上，对中国的区域经济合作发展做出合理的规划和合理的战略布局。积极参与市场区域共享的活动并加强经济联系，特别是与较近的周边区域市场。中国虽不是东盟的成员国，但一直积极参与东盟的活动，加强经贸方面的交往和联系，保持了"10+1"合作模式，而且要加快推进"中国—东盟市场区域共享制"的建立。因此，我们要以周边国家为基础，突出重点贸易合作伙伴，按照两个优先和一个多元化原则来协调全球战略布局。两个优先是指周边贸易合作伙伴优先和重要贸易合作伙伴优先，一个多元化指的是市场多元化。

2. 积极参与国际合作，主动发起组建区域经济一体化组织

中国企业应勇于"走出去"，既要积极参与，也要主动发起组建区域经济一体化组织。参与市场区域经济一体化，可以使中国在更大范围内实现资源的优化配置，提高国际竞争力；而发起组建就会更加掌握主动权，从中国自身利益出发，主动配置资源，更好地实现市场区域经济一体化的利益目标。

3. 积极参与现有多边经济合作组织的活动，并努力发挥自身的积极作用

中国在"中国—东盟自由贸易区"的区域经济合作中取得了一些成绩，但是，还应继续利用积极因素，加快推进中国和东盟的贸易合作。亚太经济合作组织是亚洲地区最具市场影响力的区域经济一体化组织，积极推动了亚洲贸易、投资的自由化和便利化。中国应积极参与亚太经济合作组织的活动，充分利用经济规则，开展多种国际经济合作新方式。在促进亚太区域经济繁荣的同时，努力与强势的欧盟和北美自由贸易区进行平等对话。要学习和掌握世界贸易组织规则和区域经济一体化组织规则，有效地使用规则并努力争取在规则制定的过程中获得更多话语权，选择和提出有利于实现中国和其他发展中国家利益的主张和规则参与和推进市场区域经济一体化建设。①

4. 积极推进国内的改革开放，不断提高中国的综合国力

市场区域共享制所要求的市场化程度是很高的。改革开放以来，中国市场化程度有了很大的提高，但从总体上看，市场化程度还不高，仍然是制约中国要素配置效率和改革开放的重要因素。为此，第一，要进一步建立和完善有中国特色社会主义市场经济体系，重点加强生产要素市场的建设，规范市场秩序，提高宏观调控效能，为参与市场区域共享制奠定良好的基础。第二，加快推进外贸体制

---

① 刘力：《南北型自由贸易区：发展中国家区域经济一体化的方向》，《世界经济研究》1999 年第 2 期。

改革的进程,实现中国外贸体制与世界贸易组织规定的国际贸易规范靠拢,形成适宜于中国有效参与市场区域共享制的经济运行机制和外贸运行机制,从而适应市场区域化、全球化的趋势。第三,政府要制定参与市场区域共享制的经济政策,防范和化解参与市场区域共享制带来的经济风险,提高工作效力和监管能力,增强综合国力。

5. 大力培育和发展跨国公司,渗透国外区域市场产权

在市场区域共享制内部,不同国家的跨国公司和跨国公司合作与竞争并存,推动着国际经济合作越来越广泛和密切。在当前的国际贸易中,规模经济和产品差异化是决定比较优势的主要因素,需要打破地区、部门界限,鼓励跨地区、跨部门的企业联合,增强企业抵御风险的能力。为此,第一,政府要制定支持和扶持政策,大力培育和发展有参与国际竞争潜力的企业集团,破除阻碍其发展的壁垒障碍,为企业集团走出国门创造条件。第二,要调整企业集团主辅结构,把集团的资金、技术、人才等优势向主业倾斜,有计划、有步骤地实现企业集团主业低成本扩张,做强主业,做大企业集团。第三,鼓励企业集团积极参与国际市场竞争,充分利用外国资源,提高资源利用效率,不断发展壮大自己的实力,增强自己在国际市场的影响度和控制力。因此,大力培育和发展跨国公司,打破对外贸易中进口国的种种限制、避开贸易壁垒的干扰等,是积极参与市场区域共享制的有效途径。

三 按照市场产权原则制定新"游戏规则"的博弈路径与对策选择

(一)国际投资与贸易"游戏规则"的类型及其基本特征

1. 国际投资与贸易"游戏规则"的类型

当今的国际投资与贸易"游戏规则"大体可分为三类:一是其规则是合理的,在现阶段就可以接受,并按其规则适应经济全球化的趋势和潮流。二是其规则尽管是合理的,但在经济发展的现阶段,马上接受尚有困难,将分阶段逐步接受和采纳。三是其规则是

不合理的，有害于经济安全和经济利益。① 对此，不仅不能接受，而且要加以反对，通过建立国际经济新秩序去加以修正。发展中国家应依据对规则的判断和选定，制定在经济全球化进程中的具体行动和政策，既要适应经济全球化的趋势和潮流，又要注意防范和化解经济全球化带来的种种风险并提高国际竞争力，以促进世界和各国经济共同发展和繁荣。

2. 国际投资与贸易"游戏规则"的基本特征

第一，国际投资与贸易"游戏规则"是国际经济领域中的一种公共产品，它具有很强的外部性，即一个国家的使用不会减少别国对该产品消费的可能性。规则运用得越频繁，从减少的交易成本来看，它降低了交易费用，使经济主体在交易中讨价还价的行为最小化，从而使用者获得的潜在收益就越大，如国际商业交易中结算货币的使用。

第二，任何规则都是非中性的。"各国所以要为国际机制而斗争，主要是由于不同的国际机制会产生不同的分配效果。"② 即使是同样一种规则，由于不同类型国家的经济发展阶段、所追求的目标以及实现目标的手段等都存在很大差异，甚至是相互冲突的，这为参与经济活动的各国带来的损益也是不同的。例如，发达国家要维护自己的优势地位，保持其"游戏规则"的制定权，而发展中国家（包括落后国家在内）要实现赶超目标，摆脱其落后的困境，加强合作，积极参与规则的重新修改和制定。因此，规则不可能完全顾及每个国家的利益。这正是每个国家在参与全球化过程中都试图最大限度地影响国际"游戏规则"修改与制定的原因所在。

第三，国际投资与贸易"游戏规则"具有一定程度的约束性。任何一种规则，不论它由一国或数国政府所倡议，还是来自民间团体，一旦成为国际经济"游戏规则"，就会约束所有国家的行为。

---

① 谷源洋：《经济全球化与"游戏规则"》，《人民日报》1998 年 6 月 10 日第 7 版。
② 王逸舟：《西方国际政治学：历史与现实》，上海人民出版社 1998 年版，第 531 页。

假如没有特殊的（能够得到其他成员认可的）"豁免理由"，单个国家将无权对国际"游戏规则"的合法性提出质疑，当然，也没有权力要求豁免。这样说，并不意味着"游戏规则"的约束是刚性的，只是表明一个国家如果不接受它的约束就需要付出相应的代价或遭受相应的损失。依照国际投资与贸易"游戏规则"约束程度的高低，可以把它分为三种情况：（1）自愿性约束规则。当一国认为从某种规则中能够获益而自主选择遵守；反之则放弃遵守时，把这种规则称为自愿性约束规则，如国际劳工组织等。（2）协商性约束规则。与强制性约束规则相比，协商性约束规则的实施通常不依靠明确的争端解决机制，而是立足于成员国之间的谈判机制，如世界银行等。（3）强制性约束规则。它不仅明确规定了成员国的权利和义务，而且为有效实施这种权利与义务还有一套明确的裁决机制，如世界贸易组织规则。

第四，国际投资与贸易"游戏规则"的修改和制定是动态的、无限多次的重复博弈过程。博弈的这一特性，为合作各方提供了审时度势的空间和权衡得失的机会，各方会考虑到未来效应，因而可以放弃眼前利益，采取政策协调策略，达到帕累托最优均衡状态。在重复的过程中，任何一个博弈参与者都会意识到合作要远比互相欺骗更为有利。由于规则本身就意味着合作，而合作通常能够带来共赢的结果。重复进行的博弈过程能使博弈参与方了解其他参与者的行动，参与方活动水平和延时持续存在正相关，从而在一定程度上减少博弈双方策略选择方面的不确定性，这就为国家间通过协作采取协调一致的政策以获得最大的收益提供了可能。正是这种重复的博弈过程特征，国际投资与贸易"游戏规则"才经历了从无到有、从简单到复杂的过程。但是，各国影响国际投资与贸易"游戏规则"的修改与制定的能力是不同的，这种能力的不同可能来自经济实力，也可能来自非经济实力，或者兼而有之。实际上，重复的博弈过程不可避免地会产生矛盾和冲突。当这种矛盾与冲突难以解决时，新规则的制定就会被推迟或陷入流产，如世界贸易组织多边贸易谈判中就曾经屡次出现类似的情况。由此造成了在经济全球化发展过程中出现的国际投资与贸易"游戏规则"难以被大多数国家接受。

（二）我国参与国际投资与贸易"游戏规则"博弈规则制定的基础

随着时代的变化，我国政治经济地位的迅速提高，已经朝着改变西方国家垄断国际"游戏规则"修改与制定权格局的方向发展。我国参与其博弈的基础主要表现在以下几个方面：

1. 世界经济规则越来越多地体现了发展中国家的利益

我国当前及未来一个较长的时期内处于发展中国家的地位。长期以来，西方主要国家的经济规则几乎等同于世界经济规则，主导、控制着世界经济运行，体现着西方主要国家的经济利益。典型的例子是战前的金本位制和战后的布雷顿森林体系的建立及运行，这类由西方主要国家形成的规则对国际金融体系的形成和运转起绝对主导作用。世界各国的货币行为均得无条件接受这个规则。而这类规则对西方主要国家的利益是明显的。前美国联邦储备委员会主席保罗·沃尔克曾说："对美国来说，美元作为该体系（布雷顿森林体系）的中心确实为美国带来利益。它的确为我们在融资和制定政策方面带来灵活性。"① 自20世纪70年代以来，美国等西方主要国家制定的规则虽然说仍然占主导优势，但这种垄断的优势已经随着发展中国家的崛起而逐渐弱化。因为发展中国家更多地联合成整体，大力组建市场区域共享制，与美国等西方主要国家相抗衡。关贸总协定的乌拉圭回合谈判就是一个典型的例子，尽管该协定的签署仍然具有不公平性，但发展中国家的利益也得到了一定程度的保护，这是世界各国所公认的。

---

① ［美］保罗·沃尔克：《时运变迁》，于杰译，中国金融出版社1996年版，第63页。

2. 制定与实施国际投资与贸易"游戏规则"的方式做了有利于我国的调整

传统上，西方发达国家一直把自己的经济规则作为世界"游戏规则"，强制性地要求其他国家和地区接受，这些规则的制定完全反映着西方大国的利益和愿望，其实施的方式和手段表现为赤裸裸的强权和暴力，对人类共同面临的重大问题如贫困、环境等基本不予考虑，更谈不上国际人道主义。当前，西方发达国家当然不会放弃这种手段。然而，随着经济全球化的发展，人类共同面临的重大问题对世界各国（包括西方发达国家在内）的经济发展都带来了极为不利的影响。这迫使西方发达国家为了自己的可持续发展，不得不改变、调整制定与实施"游戏规则"的方式和手段，不得不考虑我国的国家利益，于是开始采用一些软性约束方式。日益重视对"游戏规则"的内主导，通过采用经济、政治和文化等"软性"的方式，促使别国接受其制定的规则。进而在其追求自身利益的同时，又不至于引起我国的强烈对抗。这在某种程度上给我国带来了一定的发展机遇，从而既有助于人类共同面临重大问题的解决，也有助于推行国际人道主义的实施。

3. "游戏规则"由"霸主垄断"向"群体协调垄断"的变化

长期以来，受利益最大化动机的强烈驱使和"胜者全得"观念的支配，每一个实力领先的列强都采用一种完全由自己决定国际规则的"霸主垄断"模式，偶尔的协调也是不稳定的或被迫的。冷战时期两极体制下，美国具有绝对领先的实力，自然成为西方世界内部经济规则的垄断者，或者说成为西方世界的"霸主"，欧洲和日本迫于安全考虑，不得不承认美国的规则垄断权，接受"霸主"制定的各项规则。冷战结束后，随着经济全球化的发展和世界多极势力的崛起，尽管美国仍然是当今唯一的超级大国，但却不能再像过去一样控制盟国。换句话说，尽管冷战结束，苏联解体，美国仍是霸主，但时代变了，经济相互依存和多极势力崛起使世界经济规则的"霸主"垄断转变成"群体协调垄断"，即由原来单一国家决定世界经济规则变成由西方主要国家协调制定经济规则，实质上，"是由美国单独承担世界责任逐渐转变为整个西方世界，尤其是西方各主要国家共同承担维护与繁荣的使命"。① 西方各国日益重视经济规则制定，执行中协调彼此的立场和主张，试图以此加速其经济主张和制度的扩张，这也是西方至今仍被认为是一个整体而存在的基础。

总之，经济全球化的发展促使了国际投资与贸易"游戏规则"的修改与制定权格局的改变，而这种改变为我国参与"游戏规则"博弈与制定奠定了基础。

（三）利用市场产权制度安排制定新国际投资与贸易"游戏规则"的博弈路径与策略

1. 利用市场产权制度安排制定新国际投资与贸易"游戏规则"的博弈路径选择

当今社会，不管是穷国还是富国，不管是发展中国家还是发达国家，在处理国家间或国家与地区之间的经济贸易往来、投资往来问题时，都应该以市场所有权的国家排他性和市场经营权的可交换性为原则来进行。在世界经济一体化日益发展的条件下，发达国家和国际经济组织在重新调整和制定跨国贸易及跨国投资"游戏规则"时应该以市场所有权为原则，从而制定出合理的市场产权规则，为发达国家和发展中国家能在世界市场上进行公平竞争提供制度保障。它是这样一种产权制度安排，即各国必须互相认可、互相尊重、互相维护，并保证世界市场主权安全和有度地分享市场。在修订和制定经济全球化"游戏规则"时遵循这一原则，要求大型的发达国家跨国公司进入国外新兴市场，尤其是大的发展中国家市场时，在顾及一般市场进入约束的同时，还应考虑有关市场所有权的约束条件。市场所有权约束能够避免发达国家跨国公司对众多发展

---

① 郑通汉：《经济全球化中的国家经济安全问题》，国防大学出版社1999年版，第47页。

中国家实行技术和市场双垄断，即这些跨国公司在发展中国家进行投资过程中，既不向这些国家转让先进技术，形成技术垄断，又试图获取大量的市场经营权，甚至获得大量的市场控制权，形成市场垄断。而这种技术和市场的双垄断会阻碍发展中国家经济发展、技术成长和技术赶超的"市场路径选择"。如果说发展中国家发展本国的民族企业的"大本营"是"自主市场空间"这一市场所有权原则的话，那么发展中国家从发达国家获取资金、技术等生产要素，提升自身发展手段的博弈筹码就应该是市场所有权原则的调整——市场空间让渡。因此，经济全球化的原则应该包含市场所有权这一重要原则和制度安排，应该按照市场所有权原则，重新修改和制定经济全球化"游戏规则"。如以发达国家为主要决定力量制定的，尤其是与专利保护期限有关的专利技术制度，应该以专利技术研发成本和专利技术收益为基础，考虑对其进行重新修改与制定。

通常"游戏规则"在很大程度上决定着不同国家在市场全球化中获得利益的大小。市场产权原则是新"游戏规则"博弈与制定的重要路径选择，制定这些新的"游戏规则"的过程实际上就是发展中国家同发达国家这两大利益集团之间进行博弈的过程。

第一，以跨国公司为微观基础的经济力量是这一博弈过程的主导力量。发展中国家要想在市场全球化中争取更有利的地位和更大的财富份额，必须抓住全球化中的每一契机发展自己，利用西方跨国公司的资本和技术实现跨越式发展，并迅速打造自己的"航空母舰"以加强经济基础。

第二，发展中国家要以国家市场所有权（如构建类似日本的产业组织和行业协会）为博弈筹码，博取发达国家跨国公司的先进技术，增强自身国际竞争力。

第三，积极参与现有区域经济一体化组织，努力组建并参与新的区域经济组织，将区域市场共享制作为博弈的资本，为获取发达国家或地区的先进技术而进行合作博弈，这是改变国际经济力量对比的有效途径，即以市场区域共享制的市场共同力量，增加对目前由发达国家主导和控制的"游戏规则"博弈的筹码，从而促进体现市场产权原则的新"游戏规则"的制定。

2. 利用市场产权制度安排制定新国际投资与贸易"游戏规则"的策略

第一，要协调好市场开放与保护市场产权的关系。市场开放是经济全球化的本质属性，发展中国家要加大改革力度，不断调整国内政策，使其与国际经济接轨，以适应经济全球化大趋势。发展中国家只有不断提高市场开放程度，进行市场经营权相互交换和合作分享，才能加大其参与国际"游戏规则"博弈与制定过程中的砝码。[①] 但是，提高国内市场开放程度，市场经营权和市场控制权极有可能被其他国家特别是发达国家所掌握，造成市场所有权收益大量流失，进而威胁到国家市场所有权安全。因此，市场开放与保护市场产权是一个问题的两个方面，积极开放市场是参与国际"游戏规则"博弈与制定的重要策略，同时维护国内市场所有权安全，加快本国经济发展是参与国际"游戏规则"博弈与制定的目的所在。既不能以市场开放来削弱国家市场所有权安全的维护能力，也不能以保护国家市场所有权安全为由而拒绝市场开放。问题的关键是，要协调好两者的关系，市场开放要渐进有序。

第二，要不断提升发展中国家的综合国力和国际竞争力。在经济全球化和信息化时代，国与国之间的竞争归根结底是综合国力的竞争，提升发展中国家的综合国力和国际竞争力是扩大其在世界市场经营权规模、参与"游戏规则"博弈与制定的重要策略。

（1）要想方设法转变经济增长方式。大多数发展中国家依然依靠大量占有和大量消耗自然资源的粗放型经济增长方式来实现经济的高速增长，而这种经济增长模式将会导致严重后果，比如严重的资源浪费、突出的环境问题、难以维系持续高速和平稳的经济增

---

① 林毅夫、胡书东：《加入世界贸易组织：挑战与机遇》，北京大学中国经济研究中心讨论稿系列，2000年4月。

长、经济效益低下等，这样，综合国力和国际竞争力难以提升，参与"游戏规则"博弈与制定的主动权难以取得。因此，转变经济增长方式势在必行，必须使经济实现集约型增长，即应该高效利用自然资源，提高经济质量和经济效益，减少生产对环境的污染和破坏，充分地发挥人力资本的优势。

（2）要大力推进国内经济结构战略性调整。经济全球化是一个以发达国家主导的、以跨国公司为主要动力的世界范围的产业结构调整过程。发展中国家大多面临着产业结构升级问题，但这种升级又不可避免地受到发展中国家两大历史任务——工业化和现代化的影响与制约。因此，发展中国家在处理世界范围产业结构调整和国内产业升级关系时，必须注意立足现实与着眼未来有机统一。

（3）要努力提高自主创新能力。在知识经济时代，科学技术迅猛发展，能在世界市场上拥有主动权的国家，一定掌握着更多的高科技核心技术和大量知识产权，因此，发展中国家必须加强自主创新能力的培养，提升自身自主创新能力。为此，必须强化企业在自主创新中的主体地位，建立以市场为导向、产学研相结合的技术创新体系；大力实施品牌战略，鼓励开发具有自主知识产权的知名品牌；健全知识产权保护体系，加大知识产权保护的执法力度；完善自主创新的激励机制，实行支持企业创新的财税、金融和政府采购等政策；加强人力资源投资，建立起培养、吸引、留住、使用人才的机制等。

（4）要培育和提升企业核心竞争力。国民经济的基础是企业，培育和提升企业核心竞争力是有效保护一国民族经济的根本途径，是参与"游戏规则"博弈与制定的有力措施。为此，要积极引导和帮助企业快速建立和完善现代企业制度，不断提高企业的技术创新能力和制度创新能力，增强企业对市场风险的防范意识，提高企业对市场风险的抵御能力；努力培育和发展一定数量的具有较强国际竞争力和抗御风险能力的大企业及大型跨国公司，并通过这种途径使中小企业得以成长和发展；加强民族企业在技术研发、产品生产、产品销售等层面与外国跨国公司的积极合作，以提高国际竞争力。

第三，要积极参与市场区域经济共享制的组建。发展中国家通过积极参与市场区域共享制组建，可以提高自身的国际谈判能力。在经济全球化进程中，发展中国家对外经济政策的主要目标是在既定的"游戏规则"下努力维护国家利益以及在新"游戏规则"的博弈与制定中发挥更大的作用，这两个目标直接关系到其在未来国际格局中的地位和作用，对其经济发展起着至关重要的作用。然而，国家实力的差异与其完成这两个目标的能力密切相关，当前的国际经济"游戏规则"的博弈与制定权大多为发达国家所主导、垄断和控制，而单个发展中国家对规则博弈与制定的谈判能力十分薄弱，在这种境况下，它们只能处于被动接受的地位。因此，发展中国家要摆脱这种境况，争取"游戏规则"博弈与制定的发言权，一个有效方式就是积极参与市场区域共享制的组建，通过它的组建，使成员国在国际上用一个声音说话，以集体的力量来影响"游戏规则"的制定，从而增加其博弈与制定的筹码。随着全球化的发展，规则对民族国家的约束力越来越强，这迫使任何国家都不能再游离于规则的制定之外，同时市场区域共享制在"游戏规则"制定过程中的作用越来越大。参与市场区域共享制的组建，有利于规则反映和体现发展中国家的利益及愿望，有利于维护发展中国家的利益。

第二节　硬规则：将市场产权优势转化为市场竞争优势，提升中国企业核心竞争力

任何事物的质变都取决于其内因，要想打败敌人，就只有强大自己。邓小平曾指出，发展才是硬道理。过去40年，为了快速发展我国经济，从上到下的政策就是对外开放，给予外资以超国民待

遇。以市场产权换技术管理。"十二五"规划指出,要转变经济增长方式,调整经济结构。相应的国内外市场要做一次重新分配安排。唯有经济发展了、强大了,才能将原本失去的市场产权收归己有。这就要从硬处着手,把我国的市场产权优势转变为市场竞争优势,因此,可以从宏观政策、中观产业和微观企业三个层面来加以阐述。

一 宏观政策层面:从要素驱动到创新驱动,促进经济增长

(一) 深化市场产权内经济体制改革,提升企业国际竞争力

要提高我国企业的国际竞争力,必须突破影响企业发展的体制性障碍,继续推进国有企业改革,完善以公有制为主体、多种所有制经济共同发展的基本经济制度,完善资本、技术和劳动力等市场体系,规范市场竞争秩序,完善市场竞争机制,改革投融资体制,转变政府职能。

1. 继续完善所有制结构

由于各个产业的性质、技术特点和在国民经济中的地位不同,不同性质的企业在不同产业的适应性也不同。因此,要通过优化不同所有制经济在不同产业的布局,最大限度地提高资源在不同产业之间的配置效率,提高产业运行效率。目前,我国要继续完善所有制结构,一要推进国有经济布局的战略性调整,二要促进非公有制经济的发展。国有经济需要控制重要的、自然垄断的、提供公共产品和服务以及支柱产业和高新技术产业中的企业,如军事工业、铁路、电力、大型钢铁、大型石化、汽车制造等行业中的企业。在调整公有制经济结构的同时,要大力促进民营经济的发展。改革开放以来,我国民营经济从规模较小、进入较易、需要资金较少的劳动密集型行业开始,逐步发展到技术及资金密集型行业和领域,在某些行业已发展到相当规模。但是,要想完全焕发民营经济的活力,还要为它们创造公平竞争的环境。目前,民营经济仍然面对一些产业壁垒,甚至一些外国公司能进入的领域,民营经济却不能进入。民营经济发展的最大困难在于很难获得银行贷款,四大国有商业银

行主要是为国有企业服务的，而不是为最能有效运用资金的中小企业服务。① 一些部门凭借行政力量搞市场垄断，对民营经济常常存在这样那样的歧视。因此，要从体制和机制上解决民营企业的国民待遇问题，推进非公有制经济的发展，落实国务院"36条"意见。

2. 深化投融资体制改革

深化投融资体制改革，逐步减少和弱化各级政府在直接投资中的决策和干预，改审批为企业自主投资决策。对于国家鼓励和允许的项目，由企业依法自主投资，实现投资主体的企业化、多元化。同时，要逐步强化对投资者和经理人的监督制度，保护债权人的合法权益，约束不负责任的投资行为。要深化金融体制改革，健全融资体制。对国有独资银行而言，其根本出路是制度创新，真正实现产权多元化，使银行的法人治理结构得到真正的完善，形成有效的激励机制和约束机制。国有银行商业化经营，离不开利率市场化改革。要扎实推进利率市场化进程，让利率能够真实地反映资金供求状况，促进投资主体真正按照收益与风险对称的原则进行理性投资，引导资金合理有效流动，实现社会资源的最优配置。在证券市场方面，要形成多层次的证券市场体系，加快解决股权分置改革，建立健全上市公司退出机制以发挥优化资源配置的功能。

3. 整顿市场秩序，重建社会信用体系，完善竞争机制

完善的竞争机制是市场经济得以维持和运转的基本条件，可以优胜劣汰，促进资源的合理流动，优化产业组织结构，提高产业运行效率。要整顿市场秩序，重建社会信用体系，打破垄断，进一步发挥市场在资源配置中的决定性作用。整顿市场秩序的重点是：进一步理顺政府部门职责，切实减少行政性审批，规范政府行为；加强法制建设，尽快形成以《反不正当竞争法》和《反垄断法》为核心的规范市场经济秩序的法律法规体系；建立健全以行业自律、新闻监督、群众参与为主要内容的社会监督体系；完善执法监管体

---

① 林善浪：《中国核心竞争力问题报告》，中国发展出版社2005年版，第46页。

制,强化执法监管职能,提高行政执法人员素质。①

重建社会信用体系的重点是:通过各种宣传、教育和典型示范,强化市场主体的信用观念和信用意识;尽快制定信用管理的法律制度,创造一个信息开放和公平享有信息的环境;建立和完善失信惩罚机制,加大企业或个人失信的成本;加强行业协会等民间机构的自律管理;引导企业加强信用管理,防范企业自身可能出现偿债能力不足、不履约等情况的发生。

反垄断的重点是:根据财权与事权相对等的原则,合理划分中央与地方的职能,打破地区间的市场封锁和分割,形成统一开放、竞争有序的市场体系;对电力、铁路、民航、通信、公用事业垄断行业,要通过管理体制改革,推进政企分开,强化竞争机制,创造开放和竞争的格局;对某些无法引入竞争机制的领域,国家要在授予企业垄断经营权的同时,加强宏观管理,包括制定最高限价、产品和服务的质量标准;制定反垄断法,规制滥用市场支配地位的行为,防范以消灭竞争对手和设置进入市场障碍为目的的企业兼并,控制和监管以共谋为核心的垄断协议。在反垄断的同时,要以立法或其他方式推动中小企业联合起来,以形成新形势下的有效竞争。

4. 深化政府经济管理体制改革,转变政府职能

凡是市场能做的,应该放手让市场去做。即使在公共产品、自然垄断和外部经济这些领域中,政府的干预也应十分慎重,主要通过制定有关法规,而不是政府直接干预。现阶段,我国应当强化公共服务职能,着力保持宏观经济稳定,维护市场竞争秩序,加强基础设施建设,制定和实施科学、规范的产业政策。要改革政府管理体制,转变政府职能,规范政府行为。② 要通过立法严格控制审批权的设定,严格限制行政审批的适用范围;要减少项目审批的行政

---

① 江小涓:《全球化中的科技资源重组和中国产业竞争力的提升》,中国社会科学出版社 2004 年版,第 125 页。

② 李建明、张永伟:《中国大企业培育国际竞争力的对策——基于中外企业 500 强的差距分析》,《中国工业经济》2002 年第 9 期。

管理方式，登记、备案更多地代替原来的核准、认定、批准，把政府职能转变到对经济活动的间接控制上来；对于必须保留的审批权要建立公众参与的机制，保证行政行为的公平、公正和公开；切实建立与行政审批相应的责任制，从根本上制约行政权的滥用，减少行政审批的随意性，必须建立相应的责任制。

（二）努力转变经济增长方式，从过去的资源驱动、要素驱动向技术创新驱动转变，有效地推进我国国家创新体系建设

国家创新体系的建设是一项涉及经济、社会、科技等多方面的系统工程。目前，我国仍未从根源解决科技发展与经济发展的不协调问题，并且缺乏健全的创新体制，对于创新所需资源的配置效率较低，企业缺乏创新能力和积极性。所以，我国发展迫切需要抓住关键问题和主要矛盾，稳步有序地推动建设创新体制。

1. 加强产学研合作，构建以企业为主体的技术创新体系

提高企业的创新能力，是我国目前国家创新体系建设和完善中一项十分紧迫而艰巨的任务。企业创新能力建设包括企业研发能力、利用网络能力、鉴别技术和信息吸收能力及技术、管理、组织等方面的更新能力等。要通过建立现代企业制度，形成有利于自主创新的机制，真正成为创新的主体；加强企业技术中心建设，使企业逐步形成自身的核心能力，以适应当前国际市场竞争形势的需要；要进一步强化国家财政、税收政策，完善技术引进和技术改造政策，激励企业提高技术创新的能力和消化吸收能力。同时，要进一步加快建设高新技术开发区，发挥其在企业、科研机构以及高校之间的纽带作用。要大力推动中介机构的发展。要进一步加强技术市场、工程研究中心、生产力促进中心、创业服务机构的建设，形成一批不隶属于任何政府部门的独立咨询和评审机构，充分发挥各种社会组织的中介职能，使它们在促进产学研合作、企业之间的战略技术联盟等方面，发挥更大的作用。

2. 改革我国投融资体制，优化资源配置

发达国家企业的研发任务达到全国的六七成，同时企业所承担

的研发经费在全国的占 50%—70%。在我国，政府较重视对科研院所的投入，企业的关注点主要集中在产销方面，投入研发的费用很少，而且我国的产业结构仍以劳动密集型等传统产业为主，这些产业的技术水平较低，缺乏知识和技术密集型产业的建设和发展，导致企业整体技术水平和创新能力较低，我国企业竞争力弱。因此，要改革投融资体制，优化创新资源配置。要采取多种措施，对企业的研发投入加以积极引导，培养企业作为科技创新投入的主体。要鼓励企业加大研发投入，尤其是高新技术企业，同时积极推动科技型中小企业的发展。要调整国家投资机制，推动相关科研费用和资源的使用效率，合理使用各项基金，形成企业与政府之间分摊成本、共同承担相应风险的局面。要建立并完善我国的风险投资机制，鼓励高新技术企业进军股票市场，完善对于中小科技企业的贷款担保机制，加大金融部门的科技创新方面投入，建立多元化的投融资机制。要推动建立国家、企业以及科研机构共有的研究所，可以把现有的部分应用型和开发型科研院所改组成股份制，或出售给企业。

3. 大力推进科研院所和高校科研体制改革

首先，要大力推进开发型科研机构向企业化转制。进一步推动中央和地方所属开发型科研机构向企业化转制工作，推动科研力量在经济建设过程中发挥相应的作用。同时，应加快现代企业制度的建立，对企业内部结构进行相应的调整，转变当前企业的运行机制，进一步提高企业的创新能力和技术水平。

其次，改革相关科研机构，例如，社会公益类以及基础研究类，遵循优胜劣汰的原则以及参考非营利组织，管理和运行这些科研机构，建立公益性的科研体系和一些生机勃勃的科研基地。

再次，在基础研究、高新技术研究以及社会公益的研究等方面，要重视高校的作用，积极推动建设相应的重点实验室，鼓励高校与科研机构之间建立诸如共同建设科研基地、相互间的交流以及一起承担相关科研任务等形式的合作关系。

最后，要深化科研院所和高等院校内部管理体制改革。研究工作要实行首席专家责任制，人事管理实行"开放、流动、协作、竞争"的运行机制，分配制度要贯彻"多劳多得"的原则，后勤服务要推行社会化改革，内部行政管理要精兵简政。

4. 健全和完善科技创新的宏观管理体制

首先，建立和完善科技创新的宏观管理体制，需要充分发挥市场的决定性作用，而市场不仅在资源配置中起决定性作用，在分配知识和评价创新成果等方面也起到决定性作用；不仅在技术的研究开发和应用上需要采用市场机制，在人才使用和流动上也需要采用市场机制；不仅企业需要采用市场机制，政府也要更多更好地运用市场机制杠杆发挥作用。[①]

其次，要创造一个长期稳定的有利于创新的政策环境。不仅需要短期的扶植政策，更需要有一个长期稳定的政策环境。

再次，各级政府要加大科研设施的建设，特别要加快社会公益类和基础研究型科研机构装备的更新和现代化，创造更有利于出人才、出成果的工作与生活条件。

最后，在政府的科研管理方面，要建立制订计划、执行计划和成果评价三权分立、互相检验、互相监督的制度；要改革项目立项、成果鉴定制度，逐步施行政府科技计划项目招投标和科技评估制度，制定科学、规范、民主的管理程序，切实杜绝腐败现象，提高有限资金的使用效率。

（三）深化投资贸易体制改革，改善我国的基础设施

从发达国家的经验看，不断发展并日益完善的基础设施，是工业化与现代化的重要促进因素，是提高企业国际竞争力的重要条件。因此，在现代化进程中，应当把基础设施建设放到优先发展的重要位置上来。20世纪90年代中期，我国政府实施了以加强基础

[①] 李建明、张永伟：《中国大企业培育国际竞争力的对策——基于中外企业500强的差距分析》，《中国工业经济》2002年第9期。

设施建设、带动经济发展的积极财政政策，极大地改善了基础设施。根据 IMD 国际竞争力的评价，我国基础设施的发展还是不足的，特别是技术基础设施和健康基础设施。

我国是发展中国家，正处于工业化初级阶段向中级阶段转化过程中，随着工业化的进一步发展和产业结构升级，对基础设施的要求还会进一步提高。因此，加快基础设施的建设仍然是今后经济工作的重要任务。

1. 要根据社会经济发展的需要，继续重视基础设施建设

随着我国工业化的进一步发展和产业结构的升级，今后对基础设施的需求还会有进一步的提高。同时，基础设施的发展也会促进产业结构的调整和升级，促进产业发展。改善基础设施也是促进区域经济发展的一个重要条件。在促进区域经济协调发展、实施开发式扶贫的过程中，也要把加强基础设施和生态环境建设放在十分重要的位置。一般来说，基础设施建设，作为一个国家和地区经济发展的基础条件，要适度超前于需求。

2. 要依据经济发展的不同阶段，选择不同类别基础设施建设的重点

在经济发展的不同阶段和不同地区，基础设施建设的重点要有所不同。目前，我国正处于工业化初级阶段向中级阶段转化过程中，把交通运输、能源等最基本的基础设施建设放在首位，是符合经济发展规律的。但是，转变经济增长方式，需要把支持高新技术产业发展的技术基础设施和人力资源开发所必需的健康基础设施建设放在重要的位置。同时，农业是我国国民经济的基础，也要加强农村电网改造，疏通交通"瓶颈"，搞好农田基本建设。从各地区来看，基础设施建设要从本地区经济发展阶段和产业结构的实际出发，选择优先发展的基础设施项目。对于落后地区来说，经济基础设施落后仅仅是一个方面，更落后的是卫生、教育、科技等社会基础设施。

3. 深化基础设施投融资体制改革，大力吸引民间资本投资

由于多数的基础设施并不是纯公共物品，因此，可以采取不同形式吸引民间资本参与投资、建设和经营活动。民间资本参与基础设施建设，不仅可以缓解我国建设资金短缺、投资不足问题，还可以促进基础设施领域建立竞争机制、投资约束机制和风险机制，提高基础设施运营效率和服务水平。今后，要适当缩小国家财政对基础设施的投资规模，抽出部分财政投资资金，通过财政贴息、财政担保等多种途径，间接地支持、吸纳、带动民间资金参与到基础设施建设中来。目前，政府部门本身缺乏信用观念，有时对民间资本是以"招之即来，挥之即去"的态度行事。因此，要通过加强法制建设，建立健全政府行为的约束机制，重建政府部门的信用体系，以诚信为本。

二 中观产业层面：提升产业全球技术垄断竞争力

（一）推进产业结构的战略性调整，培育中国产业的规模竞争力

产业结构是否合理，是国家竞争力强弱的重要表现。"十二五"期间，中国仍处于工业化快速发展时期，产业失衡问题仍十分突出，产业结构调整并未实现预期目标。为此，必须抓住国际产业结构调整的机会，加快调整优化产业结构。

第一，积极进行农业结构调整。

第二，加大工业结构调整力度，比如，采取有力措施，尽快提升企业技术水平，优化产品结构，大力发展高新技术产业，努力提高产品的科技含量，注重用高新技术改造传统产业。

第三，加快发展金融、保险、咨询、物流和旅游等现代服务业，逐步提高第三产业在国民经济中的比重。在此基础上，真正建立起以高新技术产业为先导、以基础产业和制造业为支撑、推进服务业全面发展的具有国际竞争力的产业格局。调整产业结构与培育企业的规模竞争力是密切相关的。

因此，在调整优化产业结构的过程中，要重视培育中国企业的规模竞争力，即要着力培育一批具有国际竞争力的大公司和企业集团。这是中国企业发挥市场竞争优势的重要力量，是扩张中国企业市场经营权的关键所在，也是提升产品与服务市场占有率的重要举措。

（二）健全市场产权制度，维护国家产业经济安全

作为市场产权主体的国家或者中央政府对市场拥有占有权、控制权以及收益权等一系列权利，同时也是制定相关市场经济制度和规范的主体。由于我国现阶段的市场产权制度有待改善和健全，导致国家经济产业安全受到一定的威胁，为此，政府应大力加强市场产权制度建设，切实维护国家产业安全。现阶段，健全市场产权制度，关键工作就是需要政府制定相关的市场经济法律和制度。具体而言，就是需要政府建立和完善相应的市场经济法律体制。具体包括以下三个方面。

1. 市场进出规范

市场进出规范指的是规范市场主客体进入和退出市场的规章制度，它为有序运行市场提供了必要的制度保障。所以，我国必须建立合理的市场进出规范制度。只有这样，我国的市场才能更好地运行，才能更好地保障其安全性、流动性和效率性。

2. 建立市场运行法律规范系列

市场运行法律规范指的是规范市场主客体的行为，使市场能够有序运行的规则，其主要有市场组建程序规则、市场价格的形成和运行规则、公平交易和竞争规则等。

3. 建立国家对产业运行调控行为的法律规范

这种调控规则涉及三个方面：一是与政府转变职能相符合以及遵循政企分开原则的方面；二是利用经济手段、行政手段以及法律手段的宏观调控方面；三是为政廉洁高效的方面等。尤其需要注意的是，现阶段外国跨国公司对我国市场所有权、控制权以及收益权等相关权利展开全力争夺，影响我国的市场安全，进而对我国的经济安全构成威胁。

此外，政府在健全和完善市场产权制度的过程中需要考虑到以下三个方面：

第一，对产权采取交错政策，加强对涉及国计民生的产业和市场的保护。

第二，加强对人才市场的监管力度，吸取发达国家的经验，为了避免跨国公司等发达国家企业凭借其市场和经济优势而只雇用高端人才，很少甚至从不聘用一般人才，从而影响就业，造成社会动荡的局面，强制开展"校园招聘"等活动，以此使跨国公司等发达国家企业必须去高校聘用一般性人才，以缓解就业矛盾。

第三，国家应大力支持那些具有一定的基础和技术条件并且拥有较大市场的日化和食品产业，以免被跨国公司等彻底取代。①

综上所述，通过建立健全市场产权制度，强化市场产权制度的功能，规范市场主体和市场客体的市场进入与退出，规范市场经营秩序，维护公平有效的市场竞争。同时，作为市场产权的主体，政府应该遵循法律对市场进行宏观调控，从法律层面规范政府的宏观调控，根据法律确定宏观调控的范围，各部门之间权责分工明确，相互之间协调配合，建立严格规范的调控程序，加强对宏观调控过程的监督，并且积极改进宏观调控的方式。以此尽可能地缩小贫富差距，避免经济发展的巨大波动，避免政府缺位、越位以及"寻租"等现象；尽可能地增强政府的服务职能，提高就业水平，从而减少或消除干扰、冲击、侵袭和破坏国家经济正常运行的威胁因素，增强国家的整体经济竞争力，有效地维护国家经济安全。此外，针对当前外资大量进入中国市场的状况，要求其不仅要遵守一般的市场进入规则，而且还要求其必须遵守国家市场所有权规则，以此来确保关系国计民生的支柱产业和要害市场安全，同时也要加大对人才市场监管的力度，把高端人才流失降到最低限度，进而不

---

① 陈向东、艾国强：《产业科技竞争力研究的比较分析：结论及方法启示》，《中国软科学》1998年第8期。

断增强自身的国际竞争力,使中国市场的控制权和收益权牢牢地把握在自己手中,以维护国家市场安全和国家经济安全。

(三)创建和发展民族产业自主品牌,扩张中国产业全球市场经营权网络

与发达国家相比,中国的自主品牌状况可以用一句话概括,即中国拥有最大的市场所有权优势,市场潜力巨大而品牌阵容狭小。中国有13亿人口,具有其他国家望尘莫及的市场潜力,但同时又是全球驰名品牌的小国。2003年,美国的《商业周刊》和纽约国际名牌公司(INTERBRAND)联合推出了2003年全球100强品牌排行榜,美国占62个,亚洲共有7个品牌入围,其中日本占6个,韩国只有1个。① 也就是说,中国的品牌一个也没入围。在市场经济中,品牌是企业扩张市场经营权的重要利器,它对企业本在市场竞争中的地位、扩大市场的潜质、消费者的亲和力和国际化程度等影响极大。品牌本身的巨大市场价值,可大大提升品牌的信誉度和竞争力,2004年全球品牌价值排行榜中,可口可乐品牌评估价值673.9亿美元,位列榜首。进入世界500强的企业都拥有著名的国际品牌,它们以品牌展示自己在国际市场中的地位和竞争实力,凭借品牌在国际市场上进行市场经营权的扩张。2010年,中国大陆仅有46个品牌进入世界500强行列。中国正成为世界品牌的加工厂,而长期缺乏自己的品牌,由此,中国的全球竞争力仅排在第19位。与此同时,国际品牌大举进入中国,抢占中国市场经营权,对中国企业造成巨大挑战。因此,要把中国最大的市场所有权优势转化为市场竞争优势,就必须重视中国自主品牌的创建和发展,以品牌推动企业核心竞争力的提升,进而推动企业市场经营权的扩张。为此,应采取以下主要措施。

1. 积极创建品牌的有利环境

创建和发展中国产业自主品牌,应该从自身的实际做起,从

---

① 金碚:《中国企业竞争力报告(2003)》,社会科学文献出版社2003年版,第63页。

经营管理的细节抓起。企业品牌的发展，涉及企业经营管理的各个方面和每一个细节，如产品设计需要了解消费者需求，进行扎实细致的市场调研；产品质量需要先进的技术工艺和技术工人的认真操作来保证等。这就要求从各个方面拟定品牌战略实施的保障措施，从制度上保证每个环节、每一处细节都为创建品牌服务。因此，必须重视品牌成长的法律、制度环境建设，既要有一定的制度来保证创建和发展中国自主品牌，又要在实践中依法贯彻和实施。

2. 制定产业发展战略，选择最适合企业自身优势的产业方向

这是一个与品牌创建有着重要关系的问题，因为一个品牌本身就具有与众不同的品质和特征。企业只有明确了自己的产业方向，才有条件去思考与确立品牌创建工作，才能做到品牌在产业选择上有自己的竞争优势。

3. 加快推进国内市场的统一，积极参与市场产业区域一体化的组建

创建和发展中国自主品牌的一个重要前提是市场规模。当一个国家统一的市场被行政分隔成许多小块时，各个小块为了局部利益而有意提高本地区市场进入门槛，限制外省商品流入本地区销售，那么，中国的自主品牌就难以创建和发展壮大。因此，国家（或中央政府）是市场产权的唯一主体，要下大力气打破条块分割，加快推进国内市场的统一，这是促进中国自主品牌创建和发展的市场条件。政府要调整各地政绩考核指标体系，把"名牌推介指标"加入到各地政绩考核指标体系中去。同时，中国还应积极参与产业市场区域一体化的组建，并以此为契机，逐步参与到更大范围的国际市场竞争。只有这样，中国的产业品牌才能成为全国知名品牌，进而成为国际品牌。

三 微观企业层面：以企业核心知识产权引领全球投资与贸易

我国企业发展方式可以有很多种选择，但是，无论选择哪种发展方式都要求一定与企业相契合，并且可以提高企业的核心竞争力。我国企业应该依照企业自身的特点和相应的环境，努力发展主

营业务，并且积极开拓和培养一项某一领域的其他业务，发展主营业务中的核心经营活动并使之成为企业的核心能力，让企业能够更好地适应当前激烈的市场竞争并且能够不断发展和壮大。虽然核心竞争力能够推动企业的发展，但是，要想其能为企业发展持续地提供动力，需要不断发展和创新企业的核心竞争力，努力使其保持活力。只有这样，才能永续推动企业长远发展。

创新是提高企业核心竞争力的关键和根本途径。如果想要给企业的发展提供持续动力，必须通过不断创新来培养企业各方面的能力，从而提高企业的核心竞争力。经济学家熊彼特曾说过："企业家的灵魂是创新，而创新的实现形式就是企业能够获取利润。"中国加入世界贸易组织已经十多年了，中国企业必须顺应国内市场国际化的趋势，努力从技术、知识、制度等方面开始全方位的创新，制定有效的措施和提高企业核心竞争力的战略规划，只有不断提高企业竞争力，才能更好地迎接全球化带来的各种挑战，使中国企业在国际市场中获得优势地位，更好地适应激烈的市场竞争。

（一）支持民族企业以核心技术垄断为依托，做大做强民族企业

1. 技术创新是企业核心竞争力的源泉

技术创新是企业开展的以产品为中心的诸如生产技术、工艺以及产品本身的创新活动，目的是更好地满足消费者频繁变动的需求。为了更好地适应市场经营环境的各种变化，尤其是在当前的科技不断发展的社会以及竞争日趋激烈的市场环境下，消费者的需求日趋多样化和个性化，知识产权的保护措施日趋完善，企业必须进行技术创新。企业产品的市场竞争力由其技术创新能力决定，具备较强技术创新能力的企业，才能研发并且生产出适应市场需求的高质量产品，并且能够进一步提高企业在市场中的核心竞争力。企业技术创新本质上是利用新技术或者新方式来直接推动企业生产力的发展。诸如跨国公司等很多大型企业都是利用技术创新来提高企业的核心竞争力，利用不断提高的核心竞争力来打造自己的品牌形象，从

而进一步提高自己在国际市场竞争中的优势地位。企业通过技术创新可以产生新产品、新工艺等很多好处，以此来提高产品的质量、降低生产成本等，进而能够产生更多的价值。当前的经济竞争仍以市场竞争为主，市场竞争本质上就是技术层面的竞争，所以，企业必须掌握属于自己的核心技术，以此来不断提高企业的核心竞争力，也就是说，核心竞争力的关键就是核心技术。然而，创新又是企业培养核心技术的关键，企业只有不断地依据自身的优势来进行创新，才能形成属于自己的核心技术并成为自己的专利，而那些不具备专利技术并且缺乏技术创新能力的企业势必会在市场竞争中处于劣势。

2. 中国企业技术创新能力提升途径

第一，大中型企业需要利用研发开发相应的核心技术，并且对该核心技术掌握自主知识产权。企业需要建立自己的技术研发中心，不断提高自身的技术研发能力，积极投入技术研发等项目，努力推动企业拥有属于自己的技术和产品。大型企业还能与外国跨国公司建立合作关系，共同设立技术研发机构以及进行各项技术合作，相互之间共享技术并且努力实现资源的优化配置。

第二，中小型企业可以采取产学研相结合的发展方式，有条不紊地进行科技创新。对于中小型企业来说，联合创新是其发展的捷径，通过联合创新能够更好地结合资金、技术、人才等各种要素，能够更好更有效地将技术创新的成果变为生产力，直接推动生产的发展；同时，企业还需要找寻适合自身的创新方式，针对"产学研"方面进行各种交流与合作，在关键性技术的研发创新上，积极与各大高校和科研机构合作，努力实现重大突破，实现科学技术成果向生产力的转变。企业应当以实现经济价值为主，核心是共享利益，积极与高校、政府机构以及科研机构等建立合作关系，构建技术创新网络体系，以更好地开展技术创新，进而能够更加高效快速地形成企业的核心技术以及提高企业的核心竞争力。

第三，利用后发优势，传播知识和技术，努力培养属于自己的核心技术。在承接国际先进产业和技术的转移过程中，我们需要努力吸收和消化其中适合自身发展的先进技术，并且在此基础上敢于创新，从而形成属于自己的拥有知识产权的核心技术，这样，可以加快企业的工业化进程，努力追赶甚至是超过国际先进发达企业的步伐。

第四，企业需要采取相应的措施，激发员工研发创造的积极性，努力使技术创新等活动更具有群众性，例如，设立相应奖项或者技术创新的成果可以折价入股等。

第五，企业需要采取诸如建立创新机构或者设立创新小组以及对创新成果强化管理和保护等措施来建立和完善企业的创新管理体制。深入改革企业的薪酬分配制度和人事制度，积极培育高新技术人才，重视知识和技术并且允许技术和知识等要素参与分配，努力增加高技术人才的聘用，提高对技术创新等活动的奖励，积极调动员工技术创新的积极性和主动性，进而使企业的核心竞争力不断增强。

（二）以核心知识产权为基石构建中国企业的全球投资与贸易网络

20世纪80年代以来，在全球化浪潮下，世界经济也产生了翻天覆地的变化，经济、知识以及信息的相互渗透日益加强，主要体现在以下两个方面：一是知识、信息等要素已经参与到企业的日常生产经营活动当中；二是企业发展过程中也越来越关注产品的知识和技术含量。当前经济逐步转为知识经济，在全球化时代背景下，与之前所有的时期相比，企业想要培养和提高核心竞争力越来越依靠知识和信息的创新，并且使其运用到企业发展过程中。知识经济指的是建立在知识和信息基础上的经济，经济合作与发展组织（OECD）概括了知识经济的含义，指出："知识经济是以生产、分配和使用知识和信息为基础的经济，它是由农业经济向工业经济以及更长远的未来发展过程中产生的一种新的经济形式。"在知识经济的时代，企业提高核心竞争力不再依靠自然资源和金融资本，而取决于对员工知识和信息以及专业技能的管理。在当前企业环境中，知识作为一种资源要素与人力和资金具有同等的重要性。企业所拥有的厂房、设备等有形资产已经很难估计企业的价值，而恰恰相反，诸如专利权、品牌等无形资产更能决定企业的价值。国外研究机构表明，企业中75%的知识等无形资产在很大程度上决定了企业的市场价值。① 为了应对当前知识经济下市场竞争的各种挑战，企业需要加强学习和相互之间的协作，加大对知识和信息等要素的管理，努力实现资金、技术、人力、知识、信息等资源要素的密切联系，更好地促进企业的发展。

在我国，由于对于知识产权的保护措施不够健全，从而对创新和研发等方面投入的积极性和主动性产生了消极影响。正如前文所提及的，企业核心竞争力的关键在于拥有自主知识产权的核心技术，而建立在这些诸如专利权、商标权等企业自主知识产权基础之上的企业核心技术应当受到相关法律和制度的保护，避免被其他企业模仿而带来不良后果。但是，我国目前对此类不正当的竞争问题缺乏强有力的解决措施，甚至出现有法不依、执法不严、违法不究等更为严重的现象，剽窃他人专利权以及模仿他人的商标等弄虚作假的现象屡见不鲜，这些都抑制了企业技术创新和投入的积极性及主动性，进而阻碍了企业培养和提高核心竞争力，对企业在激烈的市场竞争中获取优势地位产生不良影响。

（三）努力深化企业制度改革，开创公司管理体制的创新

影响企业核心竞争力的另一个重要因素就是制度创新能力。企业的制度创新指的是遵循市场在资源配置中的基础性作用的原则以及社会化大生产的要求，对企业各项制度进行改革和完善，这些企业制度以产权制度为核心，涉及公司治理结构、股权激励、独立董事监管以及法人财产等各个方面。企业制度创新主要体现在以下三个方面：第一，公司管理体制的基础性创新；第二，新组合企业的复制性创新；第三，深层次的整合性创新。根据市场资源配置的原则以及整合市场的相关要求，对企业制度从各个方面或者多个视角进行全方位、多层次、宽领域的创新。企业进行制度创新本质上是

---

① 李兆友：《技术创新主体论》，东北大学出版社2001年版，第27页。

为了解放生产力和发展生产力,通过废除旧的体制并建立适合当前发展的新体制来消除生产力发展的阻碍。企业对制度进行建立、实施和创新就是为了结合和统一企业任何职位的员工和管理人员的权利、责任和利益,紧密联系每一个员工的责任意识和利益观念。在这一过程中,关键性工作就是需要把每个人的责任和义务都落实到位,要想实现权利、责任和利益的有效结合和统一,就必须做到以责任为主导。制度创新是从制度层面为企业提供发展的动力,通过制度创新能够给企业培育和提高核心竞争力带来良好的环境和氛围,使企业更加充满生命力,所以,制度创新决定了企业核心竞争力,并且在培育和提高核心竞争力的过程中提供根本保障。

现阶段,我国绝大部分企业仍未建立现代企业制度,其中出资人和产权的模糊以及不具备健全的法人治理结构、不协调的组织和管理结构等问题较为突出,这些都对企业核心竞争力产生了不良影响。我国企业只有努力创新企业制度,才能不断提高企业核心竞争力,更好更快地、持久地发展。所以,企业必须深化企业制度的改革,充分利用企业兼并、联合、重组等手段,提高股份制改革的速度,转变企业经营方式,优化企业结构,鼓励企业"走出去"并积极推动企业在国外市场上市,要求企业遵循国际惯例进行生产经营活动,努力使企业成为市场竞争的主体,使企业具备清晰的产权,明确各部门各员工的权利和责任,实行政企分开,科学规范地对企业进行管理。同时,不断完善和优化企业的治理机制,健全和规范所有者及经营者之间的关系,实现相互之间的制衡。对企业主体进行精细化,同时将辅助方面分离出来,从而减少相应支出,以便更好地促进企业核心竞争力的培养和提高。

(四)创新优秀企业文化,塑造国际知名品牌形象

对于一个企业来说,它的本职工作就是制造产品,而一个企业是否有能力则要看其是否创造了属于自己的品牌,企业的本质则是培养出具有良好素质和技术的员工。企业培育和提高核心竞争力的关键和基础就是企业对于文化的创新,企业文化创新是企业的一种

软实力，就如同文化是国家的软实力一样，企业文化是企业特有的，因此，也具有很强的排他性并且很难被其他企业所模仿。在当前激烈的市场竞争下，企业所拥有的优秀企业文化作为企业核心竞争力的一部分，使拥有优秀文化的企业很难被其竞争对手超越，所以，企业要想培养和提高核心竞争力就必须具备优秀的企业文化，这是培养和提高企业核心竞争力的基本要求。企业文化形成并且发展于企业员工长期生产经营活动中，是企业员工共同自觉遵守的精神层面的东西，是企业的精神支柱，主要涉及企业发展历史、价值观、行为准则以及道德规范和企业的精神等各个方面，其中的核心就是企业的精神和价值观。① 企业文化作为一种指导思想和精神支柱，它可以对企业的生产经营活动和技术创新起着推动作用，从而对企业发展产生积极影响。另外，企业通过宣传和教育，在招聘和培训员工的过程中，传播企业的价值观和精神，能够更好地维持企业的经营方式和风格，并且能够保证企业的价值。企业文化不仅可以为企业塑造良好的品牌形象，使企业能够更好地吸引消费者，同时优秀的企业文化在调动员工的积极性、主动性和创造性方面也有很强的积极作用。通过传播企业文化可以更好地提高员工的团队意识，增强企业的凝聚力，同时还能够更加深入地激发员工的潜力，营造积极、良好、富有创新的环境氛围，从而能够更有效地配置企业各种资源要素，推动企业努力实现效用最大化，使企业在市场竞争中逐渐处于优势地位。而且正是由于企业文化是企业在长期发展过程中逐步形成的，并且具有排他性等特性，所以，使其他企业很难模仿，即使强行模仿也缺乏其最核心最本质的东西，也很难对企业发展产生很好的效果。

企业文化和对于文化的创新能力决定了企业核心竞争力的培养和提高，其原因主要有两个方面：第一，企业文化的核心是企业精

---

① 汤涛：《经济全球化与中国 21 世纪社会主义现代化建设战略要点》，《经济研究参考》2001 年第 41 期。

神和价值观,而其中企业的价值观更是企业发展的未来方向以及企业所具有的特征等的决定性因素,它是企业生存、发展以及在市场竞争中立足的根本保证。第二,企业文化和它对于文化的创新能力不仅可以促进企业文化进步,同时还可以指导企业技术、制度以及管理等其他方面的创新活动,从而能够促进企业核心竞争力的提高。归根结底,这也说明了企业文化和它对于文化的创新能力与企业的核心竞争力密切相关,并且决定着企业核心竞争力的培养和提高。

从现代心理学理论来看,人的行为好比是显露在水面的"冰山"的一部分,人们的身份、能力、价值观、人生观、品质以及内心世界等因素决定了人的行为。一个人的行为就是这个人的说和做,以此来向周围的环境阐述自己的思想和认知等信息;而人的价值观是无形的,无法被真实地感受到,它是人们判断事物的价值体系和标准,但是,它却时刻对我们的思想、态度以及观点等产生直接的影响,从而决定了人们的行为。

企业文化所形成的价值体系是其全体员工所共享的,员工的长期生产经营活动形成并发展了企业文化,同时企业文化反作用于员工,对员工的思想、观点和态度以及行为等都具有决定性的作用。约翰·科特和詹姆斯·赫斯特在其编写的《企业文化与经营业绩》中说:"企业文化在未来十年将会成为决定企业兴旺与衰落的决定性因素。"另外,合理运用优秀的企业文化还可以充分调动员工的积极性、主动性和创造性。企业在不同环境下所表现出来的特性等信息就是企业文化,世界闻名的管理学家沙因曾说过:"企业的核心竞争力就是企业的文化。"另外,美国知名学者弗朗西斯也指出:"你可以用钱买到别人的时间以及劳动,但是你并不能用钱买到激情、主动性、创造性以及对追求事业的热情。"建立并不断创新企业优秀的文化,并努力实现其作为企业核心竞争力的重要组成部分。企业优秀的文化虽然是精神层面的东西,但是,它仍可以在企业的生存和发展过程中起到不可或缺的作用。企业价值观外在表现就是企业的文化，它具有两个方面的作用：对于企业内部来说，企业文化可以规范员工的行为，对员工具有引导、激励、规范的作用，可以增强企业的凝聚力，激发企业员工的积极性和主动性等；对于企业外部来说，企业文化象征着企业对外的形象，是企业塑造品牌效应的关键性因素，具有很强的示范效应。正是由于企业文化具有这些方面的作用，使得其可以直接或者间接地作用于企业核心竞争力的培养和提高。在企业形成和发展核心竞争力的过程中，企业文化的重要性程度越来越高，越来越多的企业也开始更加关注这方面的问题，我国很多大中型企业也开始积极推动与企业自身生存和发展相适应的优秀文化的建设、发展和创新。

如今海尔文化中那些"零缺陷""真诚到永远"等口号早已经深入人心，海尔公司的企业文化渗透到企业的每一个部门和每一个角落，企业以"高标准、精细化、零失误"作为企业的宗旨，对于其产品的售后服务更是始终遵循"顾客永远是对的""真诚到永远"等一切为用户着想的原则，企业的研发与创新的宗旨则是将顾客的问题作为企业研发创新的目标。通过对海尔公司企业文化的审视，我们就可以很容易明白海尔公司能够为不同类型的消费者设计出适合的产品的原因，例如，专为单身人士设计的"小小王子"以及为专门客户定制的厨房，等等。另外，我们也可以很容易理解为什么消费者仅凭海尔公司的售后服务就购买其产品的原因。可以说，海尔公司的企业文化成功地成为企业核心竞争力，正是凭借企业文化带来在提高企业核心竞争力等企业生存和发展方面的积极作用，使海尔公司能够在国内和国际市场上一直维持着竞争优势。[①]

在深化企业制度改革以及创新管理机制的过程中，积极推动和深入开展企业文化创新是每一个管理者都必须关注的问题，引导企业员工树立无私奉献、团结奋斗等正确的价值观以及勇于开拓、敢于创新等崇高的精神，在生产经营管理过程中逐步形成企业特有的

---

① 吴文盛：《企业文化激励机制研究》，《生产力研究》2005年第11期。

经营方式、管理理念以及企业文化，通过优秀企业文化的传播和弘扬来更好地促进企业核心竞争力的培养和提高。

所以，我国企业管理者必须重视加强企业文化创新，培养员工乐于奉献的价值观和富于开拓的竞争精神，形成企业独特的经营理念和企业文化，建立优秀的企业文化。这样，才能大大增强企业的核心竞争力，才能在国际投资贸易中取得优势地位。

综上所述，我国只有从市场产权的角度出发，从软规则和硬规则两个方面来进行国际投资与贸易规则对策的完善，才能更好地把中国的市场所有权优势转化为市场竞争优势，才能在国际投资与贸易的经济战争中立于不败之地，才能促进我国改革开放政策和社会主义市场经济的建设和发展。

参考文献

一 中文部分

[1] [美] A. 爱伦·斯密德：《财产、权利和公共选择》，黄祖辉等译，上海三联书店1999年版。

[2] [美] 埃瑞克·G. 菲吕博顿、鲁道夫·瑞切特：《新制度经济学》，孙经纬译，上海财经大学出版社2003年版。

[3] [美] 阿尔伯特·O. 赫希曼：《退出、呼吁与忠诚——对企业、组织和国家衰退的反应》，卢昌崇译，经济科学出版社2001年版。

[4] [美] 保罗·A. 萨缪尔森：《经济学》，萧琛译，首都经济贸易大学出版社1996年版。

[5] [美] 保罗·沃尔克：《时运变迁》，于杰译，中国金融出版社1996年版。

[6] [法] 布罗代尔：《15至18世纪的物质文明、经济和资本主义》第2卷，顾良、施康强译，生活·读书·新知三联书店1993年版。

[7] [美] 布罗姆利：《经济利益与经济制度》，陈郁、郭宇峰等译，上海三联书店1996年版。

[8] 白波、郭兴文：《博弈——关于策略的63年有趣话题》，哈尔滨出版社2005年版。

[9] 常世旺：《欧盟东扩后的税收政策取向与启示》，《社会科学辑刊》2008年第4期。

[10] 程启智：《国外社会性管制理论评述》，《经济学动态》2002

年第 2 期。
- [11] 程启智：《内部性和外部性及其政府管制的产权分析》，《管理世界》2002 年第 12 期。
- [12] 程启智：《我国市场中的造假现状及政府管制分析》，《中南财经政法大学学报》2003 年第 4 期。
- [13] 程启智：《中国：市场失灵与政府规制研究》，中国财政经济出版社 2003 年版。
- [14] 程启智：《建立现代产权制度是完善社会主义市场经济体制的关键》，《学习论坛》2004 年第 8 期。
- [15] 程启智：《问责制、最优预防与健康和安全管制的产权分析》，《中国工业经济》2005 年第 1 期。
- [16] 程民选：《论市场主体及其确立的产权基础》，《社会科学研究》1996 年第 4 期。
- [17] 程恩富：《西方产权理论评析》，当代中国出版社 1997 年版。
- [18] 陈向东、艾国强：《产业科技竞争力研究的比较分析：结论及方法启示》，《中国软科学》1998 年第 8 期。
- [19] 陈勇：《制度创新是"市场换技术"战略成功的根本出路》，《经济与社会发展》2005 年第 12 期。
- [20] 陈剩勇等：《区域间政府合作区域经济一体化的路径选择》，《政治学研究》2004 年第 1 期。
- [21] 陈正：《"以市场换技术"的战略相关性——〈中国企业技术成长机制及竞争力研究〉评介》，《中南财经政法大学学报》2002 年第 1 期。
- [22] 陈晓文：《WTO 体制与中国参与区域 FTA 的路径》，《世界经济研究》2006 年第 4 期。
- [23] 陈晓文、姜学民：《区域经贸与生态环境治理的实证研究》，《国际贸易问题》2007 年第 1 期。
- [24] 陈维达：《论政府产权制度的完善》，《重庆工商大学学报》（社会科学版）2007 年第 2 期。

[25] 陈家勤：《当代国际贸易新理论》，经济科学出版社 2000 年版。

[26] 陈安：《美国单边主义对抗 WTO 多边主义的第三个回合——"201 条款"争端之法理探源和展望》，《中国法学》2004 年第 2 期。

[27] 陈安主编：《国际投资法》，鹭江出版社 1987 年版。

[28] 陈茂直：《垂直专业化贸易、公司内贸易和产业内贸易的对比研究》，《重庆教育学院学报》2008 年第 6 期。

[29] 陈咏梅：《国际投资法中的国民待遇问题》，《西北师大学报》（社会科学版）2003 年第 6 期。

[30] 陈志敏、［比利时］古斯塔夫·盖拉茨：《欧洲联盟对外政策一体化》，时事出版社 2003 年版。

[31] 蔡玉胜：《地方行为、地区发展与趋同》，《长白学刊》2007 年第 3 期。

[32] 蔡声霞：《国际技术转移与发展中国家技术能力建设的互动关系分析》，《中国科技论坛》2006 年第 5 期。

[33] 蔡文浩：《商业制度创新论》，中国审计出版社 2001 年版。

[34] 蔡昉等：《渐进式改革过程中的地区专业化趋势》，《经济研究》2002 年第 9 期。

[35] 曹钢：《产权经济学新论——产权效用、形式、配置》，经济科学出版社 2001 年版。

[36] ［美］道格拉斯·C. 诺斯：《经济史中的结构与变迁》，陈郁译，上海三联书店 1994 年版。

[37] ［美］德姆塞茨：《所有权、控制与企业》，段毅才等译，经济科学出版社 1999 年版。

[38] ［美］D. S. 沃森、M. A. 霍尔曼：《价格理论及其应用》，闵庆全译，中国财政经济出版社 1983 年版。

[39] 丁远杏：《地方政府经济行为与中央宏观调控效率》，《党政干部论坛》2002 年第 2 期。

[40] 邓敏:《WTO 规则下我国贸易政策变化的趋势及其影响》,《国际商务》2006 年第 6 期。

[41] 董书礼:《以市场换技术战略成效不佳原因辨析及我国的对策》,《科技与管理》2004 年第 4 期。

[42] 冯兴元:《中国的市场整合与地方政府竞争——地方保护与地方市场分割问题及其对策研究》,http://www.dajunzk.com/zfjingzheng.htm,2003 年。

[43] 冯涛:《"政府产权"范式的理论内涵及其对政府改革的意义》,《福建论坛》(人文社会科学版)2008 年第 3 期。

[44] 冯继康等:《论我国转型期中央政府与地方政府的职能界定及其耦合》,《东岳论丛》1998 年第 2 期。

[45] 方柏华:《国际关系格局:理论与实践》,中国社会科学出版社 2001 年版。

[46] 蒲俜:《欧盟全球战略中的环境政策及其影响》,《国际论坛》2003 第 4 期。

[47] 樊秀峰等:《国际投资与跨国公司》,西安交通大学出版社 2008 年版。

[48] [德] 弗里德里希·李斯特:《政治经济学的国民体系》,陈万煦译,商务印书馆 1981 年版。

[49] [美] G. J. 施蒂格勒:《经济学家和说教者》,贝多广、刘沪生、郭治薇等译,上海三联书店 1990 年版。

[50] 郭为桂:《中央与地方关系 50 年略考:体制变迁的视角》,《中共福建省委党校学报》2000 年第 3 期。

[51] 郭燕:《我国纺织品服装出口美国遇到的原产地规则问题》,《北京服装学院学报》2004 年第 3 期。

[52] 郭艳华:《有效政府:地方政府的角色定位》,《广东行政学院学报》2003 年第 4 期。

[53] 谷源洋:《经济全球化与"游戏规则"》,《人民日报》1998 年 6 月 10 日第 7 版。

[54] 国务院发展研究中心"中国统一市场建设"课题组：《中国国内地方保护的调查报告》，《经济研究参考》2004年第18期。

[55] [德] 黑格尔：《黑格尔政治著作选》，薛华译，商务印书馆1981年版。

[56] [美] 亨廷顿：《变动社会中的政治秩序》，李盛平等译，华夏出版社1988年版。

[57] [英] 哈耶克：《个人主义与经济秩序》，邓正来译，上海三联书店2003年版。

[58] 黄少安：《产权经济学导论》，山东人民出版社1997年版。

[59] 黄少安：《产权·人权·制度》，中国经济出版社1998年版。

[60] 黄莹：《全球生产网络与中国汽车产业升级研究》，硕士学位论文，厦门大学，2009年。

[61] 胡连生：《论马克思的廉价政府理论及其现代意义》，《江汉论坛》2008年第3期。

[62] 胡代光：《经济全球化利弊及其对策》，《福建论坛》2000年第11期。

[63] 胡帆：《论国际直接投资发展趋势和中国的对策》，《当代经理人》2005年第14期。

[64] 江小涓：《全球化中的科技资源重组和中国产业竞争力的提升》，中国社会科学出版社2004年版。

[65] 金碚：《中国企业竞争力报告（2003）》，社会科学文献出版社2003年版。

[66] 贾俐俐：《全球价值链分工下中国产业国际竞争力研究》，博士学位论文，中共中央党校，2008年。

[67] [美] 科斯、阿尔钦、诺斯等：《财产权利与制度变迁——产权学派与新制度学派译文集》，胡庄君等译，上海三联书店1994年版。

[68] [美] 科斯等：《制度、契约与组织——从新制度经济学角度

的透视》，刘刚、冯健等译，经济科学出版社 2003 年版。
[69] ［美］康芒斯：《制度经济学》上册，于树生译，商务印书馆 1962 年版。
[70] 柯武刚等：《制度经济学——社会秩序与公共政策》，商务印书馆 2002 年版。
[71] ［法］卢梭：《论人类不平等的起源和基础》，李常山译，商务印书馆 1962 年版。
[72] ［法］卢梭：《社会契约论》，何兆武译，商务印书馆 1980 年版。
[73] ［英］洛克：《政府论》上、下篇，叶启芳、瞿菊农译，商务印书馆 1964 年版。
[74] 林尚立：《国内政府间关系》，浙江人民出版社 1998 年版。
[75] 林岗、张宇：《产权分析的两种范式》，《中国社会科学》2000 年第 1 期。
[76] 林毅夫、胡书东：《加入世界贸易组织：挑战与机遇》，北京大学中国经济研究中心讨论稿系列，2000 年 4 月。
[77] 林善浪：《中国核心竞争力问题报告》，中国发展出版社 2005 年版。
[78] 卢现祥、朱巧玲：《论市场的上层组织及其功能》，《财经科学》2007 年第 1 期。
[79] 卢现祥：《论产权失灵》，《福建论坛》2002 年第 10 期。
[80] 卢现祥：《西方新制度经济学》，中国发展出版社 1996 年版。
[81] 林荣日：《制度变迁中的权力博弈——以转型期中国高等教育制度为研究重点》，复旦大学出版社 2007 年版。
[82] 李兆友：《技术创新主体论》，东北大学出版社 2001 年版。
[83] 李晓：《政府替代与经济发展》，《社会科学战线》1996 年第 1 期。
[84] 李建明、张永伟：《中国大企业培育国际竞争力的对策——基于中外企业 500 强的差距分析》，《中国工业经济》2002 年第

9 期。

[85] 李杰：《试论马克思的产权理论与现代西方产权理论的主要分歧》，《四川大学学报》（哲学社会科学版）2001 年第 5 期。

[86] 李会明：《产权效率论》，立信会计出版社 1994 年版。

[87] 李平、陈娜：《区域经济一体化的新制度经济学解释》，《哈尔滨工业大学学报》（社会科学版）2005 年第 2 期。

[88] 李荣融：《"以市场换技术"换不来领先技术》，《中国经济周刊》2006 年第 17 期。

[89] 李同泽：《市场研究——方法与技巧》，中国经济出版社 2002 年版。

[90] 李燕、冉波等：《论国家参与区域一体化的动因》，《特区经济》2006 年第 2 期。

[91] 李双元：《世界贸易组织（WTO）法律问题专题研究》，中国方正出版社 2003 年版。

[92] 刘根荣：《市场秩序理论研究》，厦门大学出版社 2003 年版。

[93] 刘力：《南北型自由贸易区：发展中国家区域经济一体化的方向》，《世界经济研究》1999 年第 2 期。

[94] 刘力、刘光溪：《世界贸易组织规则》，中央党校出版社 2000 年版。

[95] 刘力、宋少华：《发展中国家经济一体化新论》，中国财政经济出版社 2002 年版。

[96] 刘伟、蔡志洲：《经济失衡与宏观调控》，《经济学动态》2004 年第 11 期。

[97] 刘伟、李风圣：《产权通论》，北京出版社 1998 年版。

[98] 刘祖云：《政府间关系：合作博弈与府际治理》，《学海》2007 年第 1 期。

[99] 刘先江：《论马克思主义国家理论视域中的政府体制创新》，《理论导刊》2005 年第 11 期。

[100] 刘大生：《产权基本内容研究》，《唯实》1999 年第 8 期。

[101] 刘伟、平新乔：《经济体制改革三论：产权论、均衡论、市场论》，北京大学出版社2001年版。

[102] 刘伟：《经济学导论》，中国发展出版社2002年版。

[103] 刘春生：《全球生产网络特征》，《软件工程师》2006年第5期。

[104] 刘琛君：《跨国公司垄断性并购的影响及对策研究》，《中国商贸》2010年第6期。

[105] 刘永伟：《税收优惠违反国民待遇原则悖论——兼谈我国外商投资企业税收政策的选择》，《现代法学》2006年第2期。

[106] 刘颖等：《国际经济法资料选编》（上），中信出版社2004年版。

[107] 龙建民：《市场起源论》，云南人民出版社1988年版。

[108] 龙苗：《产权理论视角下的消费者行为研究》，《财经政法资讯》2008年第2期。

[109] 龙苗：《市场与地方保护主义——一个基于市场产权的分析框架》，《商业研究》2008年第3期。

[110] 龙苗：《产权理论视角下的排队经济——基于巴泽尔产权模型的分析应用》，《中南财经政法大学研究生学报》2008年第4期。

[111] 吕海霞：《碳关税：全球金融危机下的新型绿色壁垒》，《中国物价》2009年第10期。

[112] 联合国跨国公司与投资司：《1996世界投资报告》，储祥银等译，对外经济贸易大学出版社1997年版。

[113] 罗马俱乐部：《第一次全球革命》，时报文化出版社1992年版。

[114] 穆荣平：《德国向中国的技术转移》，《科研管理》1997年第6期。

[115] [法]孟德斯鸠：《论法的精神》上册，张雁深译，商务印书馆1961年版。

［116］［美］曼瑟·奥尔森：《权力与繁荣》，苏长和、嵇飞译，上海世纪出版集团2005年版。

［117］［美］曼瑟·奥尔森：《国家的兴衰——经济增长、滞胀和社会僵化》，李增刚译，上海世纪出版集团2005年版。

［118］［美］曼瑟·奥尔森：《集体行动的逻辑》，陈郁等译，上海人民出版社1995年版。

［119］［美］米勒：《活学活用博弈论》，李绍荣译，中国财政经济出版社2006年版。

［120］马宇：《对"以市场换技术"反思的反思》，《中国电子商务》2006年第2期。

［121］倪世雄、金应忠：《国际关系理论比较研究》，中国社会科学出版社2003年版。

［122］［美］奥利弗·E.威廉姆森、西德尼·G.温特：《企业的性质》，姚海鑫、邢源源译，商务印书馆2010年版。

［123］［南斯拉夫］平乔维奇：《产权经济学：一种关于比较体制的理论》，蒋琳琦译，经济科学出版社2000年版。

［124］潘隽永：《中国在经济全球化中如何增强国际贸易竞争力》，《时代经贸》2008年第6期。

［125］彭星闾等：《建立市场新秩序》，中国财政经济出版社1997年版。

［126］彭珊：《论国际投资新特征对湖北利用外商直接投资的影响》，《现代商贸工业》2010年第9期。

［127］庞华玲：《论国家与市场规则》，《法学杂志》2002年第5期。

［128］［日］青木昌彦等：《市场的作用国家的作用》，林家彬等译，中国发展出版社2002年版。

［129］［日］青木昌彦：《比较制度分析》，周黎安译，上海远东出版社2001年版。

［130］［美］乔治·弗雷德里克森：《公共行政的精神》，张成福等

译，中国人民大学出版社2003年版。

[131]［美］史普博：《管制与市场》，余晖等译，上海三联书店2008年版。

[132]［意］萨尔沃·马斯泰罗内：《欧洲民主史》，黄华光译，社会科学文献出版社1990年版。

[133]世界银行：《1990年世界发展报告》，中国财政经济出版社1990年版。

[134]［日］山口重克：《市场经济：历史·思想·现在》，张季风等译，社会科学文献出版社2007年版。

[135]宋秋霞：《论中国财政体制改革的目标选择——新税制实行以来中央与地方财政关系的分析》，《财经研究》1998年第4期。

[136]申剑、白庆化：《论我国经济区域内的政府间关系》，《河北科技大学学报》2006年第2期。

[137]盛文军等：《经济全球化进程中的国家主权》，《社会主义研究》1999年第3期。

[138]桑百川等：《跨国公司给中国带来什么》，《世界知识》（网络版）2006年第7期。

[139]石晓梅：《跨国公司对我国经济安全的威胁与对策》，《商业经济》2005年第2期。

[140]［埃及］萨米尔·阿明：《不平等的发展》，高铦译，商务印书馆2000年版。

[141]司美丽：《汉密尔顿传》，中国对外翻译出版公司1999年版。

[142]［法］托克维尔：《论美国的民主》上册，董果良译，商务印书馆1991年版。

[143]汤涛：《经济全球化与中国21世纪社会主义现代化建设战略要点》，《经济研究参考》2001年第41期。

[144]谭崇台：《评曾繁华博士的〈中国企业技术成长机制及竞争力研究〉》，《经济研究》2002年第5期。

[145] 谭崇台：《发展经济学》，山西经济出版社 2000 年版。

[146] 田野：《交易费用：解读国家间关系的一个重要维度》，《世界经济与政治》2002 年第 3 期。

[147] 万举：《公共产权、集体产权与中国经济转型》，《财经问题研究》2007 年第 5 期。

[148] 魏杰：《仅有产权清晰是不行的》，《改革与理论》1998 年第 11 期。

[149] 王逸舟：《西方国际政治学：历史与现实》，上海人民出版社 1998 年版。

[150] 王绍光：《中国政府汲取能力下降的体制根源》，《战略与管理》1997 年第 4 期。

[151] 王毅：《WTO 国民待遇中的法律规则及其在中国的适用》，中国社会科学出版社 2005 年版。

[152] 王学鸿：《论新世纪跨国公司发展的新趋势》，《学术探索》2004 年第 4 期。

[153] 王学：《世界贸易组织原产地规则及其贸易影响探析》，《西南民族学院学报》2000 年第 6 期。

[154] 汪应洛：《系统工程理论、方法与应用》，高等教育出版社 1998 年版。

[155] 吴文盛：《企业文化激励机制研究》，《生产力研究》2005 年第 11 期。

[156] 吴宣恭：《论法人财产权》，《中国社会科学》1995 年第 1 期。

[157] 吴宣恭等：《产权理论比较：马克思主义与西方现代产权学派》，经济科学出版社 2000 年版。

[158] 吴宣恭等：《产权理论比较——马克思主义与西方现代产权学派》，经济科学出版社 2000 年版。

[159] 吴萌、高玉林：《市场概念研究》，《江汉论坛》2001 年第 10 期。

[160] 万成林等：《市场学原理》，天津大学出版社 2004 年版。

[161] 王根蓓：《市场秩序论》，上海财经大学出版社 1997 年版。

[162] 王铁男：《关于政府规范竞争行为的探讨》，《管理世界》1999 年第 4 期。

[163] 王威：《博弈理论与区域经济合作实践》，《重庆工商大学学报（西部论坛）》2006 年第 2 期。

[164] 魏成元：《市场规则论》，武汉大学出版社 2003 年版。

[165] 魏成元等：《市场经济秩序的本质属性及其启示》，《湖北社会科学》2002 年第 10 期。

[166] 卫兴华：《市场功能与政府功能组合论》，经济科学出版社 1999 年版。

[167] 王红茹：《跨国巨头中国展开廉价掠夺式并购》，《中国经济周刊》2006 年第 2 期。

[168] 王利民：《物权本论》，法律出版社 2005 年版。

[169] ［美］希尔斯曼：《美国是如何治理的》，曹大鹏译，商务印书馆 1986 年版。

[170] ［日］小岛清：《对外贸易论》，周宝廉译，南开大学出版社 1987 年版。

[171] 谢庆奎：《中国政府的府际关系研究》，《北京大学学报》（哲学社会科学版）2000 年第 1 期。

[172] 夏兴园：《宏观经济调控论纲》，陕西人民出版社 2003 年版。

[173] 夏永祥、王常雄：《中央政府与地方政府的政策博弈及其治理》，《当代经济科学》2006 年第 2 期。

[174] 徐泉：《国家经济主权论》，人民出版社 2006 年版。

[175] ［英］亚当·斯密：《国民财富的性质和原因的研究》，郭大力、王亚南译，商务印书馆 1972 年版。

[176] ［美］约瑟夫·熊彼特：《资本主义、社会主义与民主》，绛枫译，商务印书馆 1979 年版。

[177] ［美］Y. 巴泽尔：《产权的经济分析》，费方域、段毅才译，

上海三联书店 2006 年版。

［178］［美］约翰·N. 德勒巴克等：《新制度经济学前沿》，张宇燕等译，经济科学出版社 2003 年版。

［179］杨小森：《加强地方政府间横向合作与协调机制建设》，《黑龙江社会科学》2006 年第 1 期。

［180］杨汇智：《诺斯制度变迁理论考察：方法论的视域》，《求索》2005 年第 8 期。

［181］杨波：《产权理论与实务——兼论我国企业产权改革》，知识产权出版社 2007 年版。

［182］杨再平：《市场论》，经济科学出版社 1997 年版。

［183］银温泉、才婉茹：《我国地方市场分割的成因和对策》，《经济研究》2001 年第 6 期。

［184］尹进：《中国古代商品经济与经营管理》，武汉大学出版社 1991 年版。

［185］尹淑兰：《政府与市场经济秩序》，《湖南经济》2004 年第 4 期。

［186］颜佳华等：《转型期中央与地方关系的困境及其对策》，《湖南社会科学》2004 年 6 期。

［187］于新东：《跨国公司和东道国的产业保护与产业安全》，《社会科学战线》1999 年第 6 期。

［188］姚梅镇：《比较外资法》，武汉大学出版社 1993 年版。

［189］［美］詹姆斯·布坎南：《自由、市场和国家》，吴良健等译，北京经济学院出版社 1988 年版。

［190］曾繁华：《以"市场换技术"制度安排问题研究》，《管理世界》2000 年第 5 期。

［191］曾繁华：《市场的新功能与市场竞争的新特点》，《中南财经大学学报》2001 年第 2 期。

［192］曾繁华：《论市场所有权》，《中国工业经济》2002 年第 5 期。

[193] 曾繁华：《提高企业国际竞争力的途径》，《中南财经政法大学学报》2002年第5期。

[194] 曾繁华：《市场所有权的起源与归宿》，《财政研究》2002年第11期。

[195] 曾繁华等：《市场产权成本及其经济学意义》，《财政研究》2006年第12期。

[196] 曾繁华等：《论市场产权及其成本构成要素》，《中南财经政法大学学报》2007年第1期。

[197] 曾繁华、彭光映：《跨国公司全球技术垄断竞争战略研究》，《武汉科技学院学报》2007年第4期。

[198] 曾繁华、曹诗雄：《国家经济安全的维度、实质及对策研究》，《财贸经济》2007年第11期。

[199] 曾繁华：《中国企业技术成长机制及竞争力研究》，湖南人民出版社2001年版。

[200] 曾繁华、鲁贵宝：《基于市场产权的国家竞争优势研究——一个新的经济全球化"游戏规则"及其博弈框架》，经济科学出版社2008年版。

[201] 张方华：《转型时期地方政府非正当利益行为的有效控制》，《学术季刊》2000年第1期。

[202] 张五常：《中国的前途》，香港信报有限公司1985年版。

[203] 张五常：《经济解释》，商务印书馆2000年版。

[204] 张军：《现代产权经济学》，上海人民出版社1994年版。

[205] 张明龙：《产权分类与产权制度选择》，《学术论坛》1999年第5期。

[206] 张明龙：《重视市场规则，健全市场规则体系》，《江苏商论》1999年第6期。

[207] 张明龙：《健全市场规则体系的宏观对策》，《宏观经济管理》2001年第7期。

[208] 张维迎：《博弈论与信息经济学》，上海三联书店、上海人民

出版社 1999 年版。

[209] 赵峰：《外商对华倾销的原因及对策》，《价格月刊》2003 年第 8 期。

[210] 赵凌云：《市场力论——一个新的理论框架及其在中国经济体制分析中的应用》，湖南人民出版社 1996 年版。

[211] 赵伟：《干预市场——当代发达市场经济政府主要经济政策理论分析与实证研究》，经济科学出版社 1999 年版。

[212] 赵闻等：《国际生产与贸易格局的新变化》，《国际经济评论》2007 年第 1—2 期。

[213] 郑志国：《关于以市场换技术的代价》，《中国工业经济》1996 年第 12 期。

[214] 郑通汉：《经济全球化中的国家经济安全问题》，国防大学出版社 1999 年版。

[215] 郑雪姣：《碳关税：绿色贸易壁垒旧瓶装新酒》，《经济论坛》2010 年第 9 期。

[216] 周军：《市场规则形成论》，人民出版社 2005 年版。

[217] 祝小宁、刘畅：《地方政府间竞合的利益关系分析》，《中国行政管理》2005 年第 6 期。

[218] 张志元：《国际直接投资新理论介评》，《世界经济研究》1998 年第 3 期。

[219] 张纪康：《跨国公司与直接投资》，复旦大学出版社 2004 年版。

[220] 朱庆：《跨国公司内部贸易透析》，《经济师》1999 年第 10 期。

[221] 中国地方政府官员综合调查报告课题组：《中国地方政府官员综合调查报告》，《管理世界》1996 年第 2 期。

[222] 中国地方政府竞争课题组：《中国地方政府竞争与公共物品融资》，《新华文摘》2003 年第 1 期。

[223] 中国网：《美国从"中国组装"中获益最大》，《纽约时报》

2006年2月27日。

[224] 中国产业地图编委会、中国经济景气监测中心编：《中国产业地图（2005—2006）》，社会科学文献出版社2006年版。

二 英文部分

[1] Adolph A. Berle and Gardner C. Means, *The Modern Corporation and Private Property*, New Brunswick, NJ: Transaction Publishers, 1991.

[2] Andrews Beyer, Jurgen A. Doornik and David F. Hendry, "Constructing Historical Euro-zone Data", *The Economic Journal*, 11, February, 2001.

[3] Alwyn, Y. , "The Razor's Edge: Distortions of Incremenal Reform in the People's Republic of China", *The Quarterly Journal of Econlmics*, issue. 4, 15 November 2000.

[4] B. Malinowski and Julio de la Fuente, *Malinowski in Mexico, The Economics of a Mexican Market System*, London: Routledge & Kegan Paul, 1982.

[5] Balassa, B. , *The Theory of Economic Integration*, Homewood, II: Irwin, 1961.

[6] Baron, D. P. , "Non-cooperative Regulation of a Non-localized Externality", *Rand Journal of Economics*, No. 16, Winter, 1985.

[7] Coase, R. H. , "The Problem of the Social Cost", *Journal of Law and Economics*, No. 3, 1960.

[8] Che J. Rent Seeking, "Government Ownership of Firms: An Application to China's Township Village Enterprise", *Journal of Comparative Economics*, 2002.

[9] C. P. Kindleberger, *American Business Abroad: Six Lectures on Direct Investment*, New Haven: Yale University Press, 1969.

[10] David Andolfatto, "A Theory of Inalienable Property Rights", *Journal of Political Economy*, Apr, 2002.

[11] De Alessxi Louis, "Property Rights, Transaction Costs and X - Efficiency: An Essay in Economic Theory", *American Economic Review*, Vol. 73, 1983.

[12] Demsetz, H., "Some Aspects of Property Rights", *Journal of Law and Economics*, No. 9, 1966.

[13] Demsetz, H., "The Exchange and Enforcement of Property Rights", *Journal of Law and Economics*, No. 7, 1964.

[14] Edward, P. L. and Sherwin, R., " Rank - order Tournaments as Optimum Labor Contracts", *Journal of Political Economy*, No. 89, 1981.

[15] Fama, E. F. and Jensen, M. C., "Separation of Ownership and Control", *Journal of Law and Economics*, No. 26, 1983.

[16] Grossman, S. J. and Hart, O. D., "The Costs and Benefits of Ownership: A Theory of Vertical and Lateral Integration", *Journal of Political Economy*, No. 94, 1986.

[17] Glaeser, Edward, Simon Johnson and Andrei Shleifer, "Coase vs. Coasians", *Quarterly Journal of Economics*, 2001.

[18] Hart, O. and Moore, J., "Property Rights and the Nature of the Firm", *Journal of Political Economy*, Vol. 98, 1990.

[19] Fisher, I., *Elementary Principle of Economics*, New York: Macmillan, 1923.

[20] Jean - Jacques, L. and Qian, Y., "The Dynamics of Reform and Development in China: A Political Economy Perspective", *European Economic Review*, No. 43, 1999.

[21] Dunning, J. H., *International production and Multinational Enterprise*, London: George Allen & Unwin, 1981.

[22] Kojima, K., *Direct Foreign Investment: A Japanese Model of Multinational Business Operation*, London: Croom Helm, 1978.

[23] Libecap, Gary D., *Contracting for Property Rights*, Cambridge U-

niversity Press, 1989.

[24] Lawrence, J. L. , Yingyi, Q. and Gerard, R. , "Pareto Improving Economic Reforms through Dualtrack Liberalization", *Economic Letters*, No. 55, 1997.

[25] Lieberthal, K. G. and Oksenberg, M. , *Policy – Making in China: Leaders, Structures and Processes*, New Jersey: Princeton University Press, 1988.

[26] Li, H. , "Governments Budget Constraint, Competition and Privatization: Evidence from China's Rural Industry", *Journal of Comparative Economics*, Vol. 31, No. 4, 2003.

[27] Nutter, G. W. , "The Coase Theorem on Social Cost: A Footnote", *Journal of Law and Economics*, No. 11, 1968.

[28] Pejovich, S. , *The Economics of Property Rights – Towards a Theory of Comparative Systems*, Kluwer Academic Publishers, 1990.

[29] Posner, R. A. , *Economic Analysis of Law*, 3rd ed, Boston: Little Brown, 1986.

[30] Qian, Y. and Barry R. Weingast, "Federalism as a Commitment to Preserving Market Incentives", *The Journal of Economy Perspective*, Vol. 11, No. 4, 1997.

[31] Reinicke, W. H. , *Global Public Policy: Governing Without Government*, Washington D. C. , Book Institute Press, 1998.

[32] Rana Foroohar, "Why China Works", *Newsweek*, Jan 19, 2009.

[33] Vernon, R. , "International Investment and International Trade in the Product Cycle", *Quarterly Journal of Economics*, May 1966, pp. 190 – 207.

[34] Aliber, R. Z. , *A Theory of Direct Foreign Investment*, in Charles P. Kindlebergered, the International Corporation, 1970.

[35] Pejovich, S. , "Toward on Economic Theory of the Creation and

Specification of Property Rights", *Review of Social Economy*, No. 30, 1972.

[36] Stigler, G. J., "The Theory of Economic Regulation", *Bell Journal of Economics*, No. 2, Spring, 1971.

[37] Hymer, S., "International Operations of National Firms: A Study of Direct Foreign Investment", *Doctoral Disseration*, *Massachusetts Institute of technology*, 1960.

[38] Tinbergen, J., *International Economic Integration*, Amsterdam: Elsevier, 1954.

[39] Wellisz, S., "On External Diseconomies and the Government Assisted Invisible Hand", *Economics*, No. 31, 1964.

后 记

光阴似水,韶华如梦。不知不觉间,人已渐近中年。但是,拿出这洋洋数万言的文稿,扪心自问,又觉得十分汗颜,也从心里感到"学术"二字的庄重与不易。由于研究论题牵涉面广,尽管本人潜心钻研,但不足和缺憾在所难免,而这也将成为我今后努力探索的动力和方向。文章辛苦事,得失寸心知,本书只不过是我志大才疏的又一个明证罢了。

在此,我要感谢那些爱我如同我深爱着的亲人和朋友们。首先感谢我的父母,多年来,父母为了支持我的学习和工作,鲜有怨言,任劳任怨。其次感谢我的妻子和女儿,妻女对我全身心的支持是我顺利完成此书所不可少的条件。最后感谢所有关心和帮助过我的亲朋,你们的支持才是我一直努力和前进的动力。亲友之爱促使我有勇气面对人生中的各种逆境和困难。在我的生命中,亲友既是我最坚实的依靠,也是我最大的幸福,我深深地爱着你们!

学术之路虽远,可我将不畏艰险、不惧劳苦、充满信心、勇敢前行!我相信,人生一个目标的完成,恰恰是迈向更高目标的起点。"雄关漫道真如铁,而今迈步从头越。"期待与大家共勉。

龚征旗

2017 年 5 月 1 日